U0957780

"十三五"江苏省高等学校重点教材
业财融合系列教材
总主编　王开田　蒋建华

业财融合案例

章之旺　张小燕　主　编

中国财经出版传媒集团
中国财政经济出版社

图书在版编目（CIP）数据

业财融合案例 / 章之旺，张小燕主编．-- 北京：
中国财政经济出版社，2023.5
“十三五”江苏省高等学校重点教材．业财融合系列
教材 / 王开田，蒋建华总主编
ISBN 978－7－5223－1828－8

Ⅰ．①业…　Ⅱ．①章…　②张…　Ⅲ．①企业管理－财
务管理－高等学校－教材　Ⅳ．①F275

中国国家版本馆 CIP 数据核字（2023）第 018240 号

责任编辑：孙　琛　　　　责任校对：胡永立
封面设计：王　颖　　　　责任印制：党　辉

中国财政经济出版社 出版
URL：http：//www.cfeph.cn
E－mail：cfeph@cfeph.cn

社址：北京市海淀区阜成路甲 28 号　邮政编码：100142
营销中心电话：010－88191522
天猫网店：中国财政经济出版社旗舰店
网址：https：//zgczjjcbs.tmall.com
北京中兴印刷有限公司印刷　各地新华书店经销
成品尺寸：185mm×260mm　16 开　13.25 印张　246 000 字
2023 年 5 月第 1 版　2023 年 5 月北京第 1 次印刷
定价：62.00 元
ISBN 978－7－5223－1828－8
（图书出现印装问题，本社负责调换，电话：010－88190548）
本社质量投诉电话：010－88190744
打击盗版举报热线：010－88191661　QQ：2242791300

业财融合系列教材编写委员会

总主编： 王开田　蒋建华

编　委： 王开田　蒋建华　胡晓明

王　昊　章之旺　戴雪艳

《业财融合案例》

主　编： 章之旺　张小燕

副主编： 胡晓明　徐慧亮　宋亚洁

总　　序

科技是第一生产力，它不仅促进生产效率的提升、组织结构的变革，而且推动着学科专业不断演变，使其不断分化，产生许多新兴学科专业，使企业管理范式不断创新，以适应生产关系与生产力的不断发展。财务管理脱颖于会计，发展于组织结构的扩大和复杂化，成熟于信息技术发展的不断深化，其技术方法不断创新，其范式也不断创新并向精细化、网络化、综合化、国际化等不断演进。

当今时代，信息技术日新月异，企业管理范式、商业模式发生了深刻变革，财务管理已经从以融资、投资和分配等为重心，向以“大智移云”为技术支撑，以共享服务为平台的业财融合方向发展，开启了业财融合新范式。所谓业财融合，是指业务部门与财务部门通过信息化技术和手段，实现业务流、资金流、信息流等数据源的适时融合、共享，基于价值目标共同作出控制、评价、规划和决策等管理活动，以保证企业价值创造过程的实现。未来企业管理中，财务与业务的界限将变得日趋模糊、融为一体。新技术、新模式、新业态的出现使企业的财务管理范式进一步转型和优化，财务的触角逐渐向采购、销售、研发、人力资源等业务领域渗透，进而实现财务与业务数据的双向转换和互动。业务人员的操作将通过智能化系统直接触发财务数据的生成，财务人员可以从财务数据中挖掘出有价值的业务信息加以分析，形成对决策更加有价值的信息，增强企业决策的科学性和精准化，以提升企业的核心竞争力和促进企业可持续健康发展。

业财融合是未来企业发展中的核心，它不仅是业务经营与财务管理发展过程中的时代要求，更显示出社会经济组织对商业行为、企业管理的理解，既为业务发展、价值创造、协作共生而管理，也为打破职业、岗位、职能壁垒而管理。业财融合是一个具有长期性和复杂性系统工程，是一个不断优化的动态过程，支持企业实现可持续发展。因为在数字经济时代，经济行为均可量化，而量化的主要载体就是数字货币，与货币有关的业务均是财务追逐服务的对象。业务与财务的融合，在当代社会经济发展中则成为必然现象，是企业成功的一般规律和规则。因此，企业应强化业财融合意识，融合智能技术，搭建智能平台，打造智慧财务，营造良好的业财融合氛围，使专业人才职责互换、角色互变、智能扩展，以适应企业新业态、商业新模式。这种范式的形成，经历了一定的历史演进，包括前提条件的形成、功能定位和价值认可的过程。

一、业财融合的兴起

（一）业财融合理念根植于会计，成熟于财务管理

纵观会计发展史，会计自古以来就将业财融合贯穿其中。无论是会计初期，业务、会计、财务混为一体，还是后来财务会计和管理会计的分离，业财融合都是一种客观存在，只不过在缺乏相应的信息技术支撑的条件下，在具体业务处理过程中，形成了会计核算、业务核算和财务管理各自为营的状态。如20世纪50年代，管理会计提出财务应预测企业前端业务，催生了业务与财务融合的理念；20世纪90年代，由于信息技术的发展与应用，公司再造理念中强调业务流程应与财务流程相融合，企业应淡化财务与业务的专业分工，提倡业财融合，业财融合进入了操作阶段；进入21世纪，随着信息技术的巨变，企业内外环境骤然变化，会计更倾向于由财务会计向管理会计转型，而管理会计的核心和根本就是业财融合，强调业务与财务的合作和制衡。近年来，我国财政部发布了一系列指导意见和指引，全面推进管理会计体系建设，强调管理会计应嵌入企业各领域、各层次、各环节，并遵循融合性原则，即在业务流程的基础上，利用管理会计工具整合财务和业务，使其成为财务管理的新方式，并推广应用于财务管理之中，业财融合进入推广应用阶段，成为财务管理的新范式。业务是财务的表现形态，财务是业务的价值体现，对企业而言，所有的活动都是围绕业务而展开，其目的就是创造价值，实现企业价值最大化。

（二）业财融合实践源起于专业化分工

早期的工业生产通常将业务和财务作为两个独立的系统。传统财务工作侧重于融资、投资和收益分配等，与企业业务部门的职能关联性不强，很少关注企业目标及业务发展的实际需求，导致业与财分离状态。第三次工业革命后，专业化生产、协作化分工在全世界兴盛，这在一定程度上提升了企业的生产效率。然而，专业分工也造成业务链过长、环节过多，部门之间的隔阂较大、沟通交流不畅，企业被分割为条块各异的制度化“铁笼子”。从地位职能来看，财务部门是企业专门从事财务管理工作的行政或职能机构，业务部门是企业组织实施采购、生产、销售等业务的专业性机构；由于企业内部机构任务与职责不一致，信息不对称，导致业务部门与财务部门各自为政，出现横向协作的低效率。基于系统论的思维，业务部门需要与财务部门相互配合支持，实现财务职能与业务职能相互动态制衡。

（三）业财融合方式体现了互通互融

以IT为核心技术的第四次工业革命，使人类社会进入信息化时代，社会已经成为一个有机整体，各行业互联互通，企业各部门构成整条信息链，避免信息孤岛，业务、财务同步进行，同频效应明显。

从经济管理本质上讲，业务与财务具有天然的一体性和交融性，财务管理总是与经营业务相伴而生，业务的发展带来了财务的兴盛，同时财务兴盛又促进了业务的繁荣。在企业运营中，财务信息与业务信息互通互融、有机结合，业务与财务浑然一体，业务流程离不开财务流程，二者互为表里。同时，商业模式离不开财务参与渗透，发展战略需要财务事前预测，进而提供有力的信息支撑，业务绩效需要财务评价反馈，财务不仅要监督业务，更要服务业务，为业务提供保障；业务活动的开展需要业务人员掌握并运用财务管理理念，成为懂财务的业务人，为高效优质开展财务管理提供支持。

二、业财融合的前提

业财融合虽然由来已久，但直到今日才得到推广应用，成为财务管理新范式。业财融合需要一定的前提条件，即信息技术的充分开发与广泛应用。具体来说，主要体现在以下三个方面。

（一）科技进步奠定了业财融合的基础

科技的发展是永恒的，是社会进步经济发展的不竭动力，促进着生产效率的不断提高，管理效率的提升，利润的增加。所以，它是第一生产力，不断触发着业务的拓展。在空间上，管理环境决定着财务管理的定位，管理环境包括很多要素，如信息化技术、商业模式等，决定着财务管理职能的发挥和地位的轻重；在时间上，信息化技术的变化和业务的发展，使财务管理开阔了空间，突破了原有阵地，融入了业务行列。在简单电子化阶段，企业逐步将线下事务转移至线上，构建线上平台，一定程度上解决了信息交流的效率与成本问题；基于ERP的财务管理理念的引入，尤其是近年来新信息技术的广泛运用，促进了业财融合的深入发展。技术进步凸显了岗位角色的转换与对接，拓展了财务管理工作的边际。财务管理由传统理财主导型向经营管理主导型转变，由事后的财务分析向事前的财务预测与事中的财务控制转型，构建了时间、空间、流程等业财生态圈，实现了业务流程化、人员专业化、财务标准化与共享化。财务人员可以通过业务部门提供的数据，进行科学的分析，编制业财融合报告，为企业管理者提供及时、真实、完整、有效的财务信息。因此，科技进步尤其是现代信息技术的发展和应用，奠定了业财融合的基础。

（二）科技进步架起了业财融合的桥梁

业财融合的中心思想是把企业的财务、业务和管理有机地融合在一起。但这三方面工作的有机融合需要信息技术、大数据以及信息共享中心的支持。智能时代，生产的自动化系统和管理的信息化系统将逐步贯通，由业务型财务向战略型财务转型。传统模式下业务部门实施粗放式目标管理，财务部门实行精细化成本管理，通过信息技术打通各个部门之间的信息屏障，形成统一的信息转化、可视和展示体系，实现信息共享与融合、实时流程管理、跟踪和反馈，使业务部门能更好地利用财务部门提供的信息进行高效决策。科技进步架起了业财融合的桥梁，使业务与财务实现了无缝对接。

（三）科技进步支撑了业财互融数据化发展

在智能时代，强大的数据库和数据平台功能为业财融合提供了强大的数据支撑。人工智能可以使用云计算、大数据、数据挖掘等技术，将数据信息共享贯穿于企业经营的上下游，帮助企业更高效地运营；“云平台”的建设，大数据技术、云计算等信息技术的使用，数据和信息的实时共享，使企业内部各个部门均能够及时掌握财务、业务等多方面的信息，连接、融通内部数据和外部数据，实现从静态数据到动态数据质的飞跃，提高数据分析的综合性和全面性，为业财互融提供了完备的技术支撑。

三、业财融合的效用

信息技术的发展，打破了“业”和“财”的壁垒，使其贯通融合，实现了 1 + 1 > 2 的质的飞跃。

（一）注重共享价值创造

业财融合与财务共享相辅相成，业财融合是财务共享的关键因素，财务共享是企业财务管理的有效方式，企业价值创造的逻辑由创造单一价值转变为创造共享价值。企业财务共享服务实质是追求共享价值的实现，是新时代企业的基本目标。新时代企业以共享价值为指导，协调价值链上各方的资源及利益，优化业财融合的应用环境。共享价值并不是“分享”企业已有的价值，而是做大整个经济和社会价值“蛋糕”。共享财务将业务系统与财务系统的数据对接，通过规范化、标准化的操作，由业务人员自动完成财务职能，大大减少了传统财务的工作量，使财务和非财务信息更及时、精细和精准。

（二）促进商业模式创新

业财融合理念逐渐应用于具体的经营管理实践，集中体现在采购、生产、仓储以及销售的监控和处理等业务环节。业财融合被视作战略地图中的首要目标，通过先进经营管理经验和现代企业财务理念的整合，推进内部财务管理效率和质量的提高以及流程的优化。在业财双向融合下，各行各业都已进入“管理驱动型”增长模式，财务角色也将经历从“管账”到“管家”再到“业务伙伴”的变化；业务人员的操作通过智能化系统直接触发财务数据的生成，财务人员从财务数据中挖掘有用的业务信息，呈现明显的经营者思维，经营者既懂业务、又懂财务，视角更为外向和开放，站在客户和市场方面谋划企业行为。企业通过战略规划、经营决策、管理控制和绩效评价，寻找满足社会需求的创新性商业模式，优化资源配置，促进企业高质量发展，创造更高的企业价值。

（三）提升精益管理高度

现代企业规模大、板块多、业务广、供应链长、客户差异化程度高，要求各业务流程优化，形成标准化的数据，再通过高度自动化的业务和财务处理系统以及综合性分析系统，更好地将企业的财务工作和业务活动对接，有利于实行精细化管理，提高经营效率。信息技术的迭代发展，使数据成为企业价值创造和社会财富增进的主要源泉，数据是价值、财富和决策的保障。科学技术可以为企业各项财务工作，如预算编制、财务决策等，提供充分的数据支撑，使财务工作能够与业务活动相结合，更具有针对性和指向性。业财融合深度发展，在一定程度上能够对企业经营管理提供较大帮助，在融资、税收筹划、成本管理等方面为企业创造更多的价值；利用信息技术进行动态监控与数据分析，为企业管理层进行精细化管理提供数据支持；通过参与企业战略规划、标准制定、管理革新、资本运作和风险管理，在企业内部形成集成化协同效应，发挥战略决策支持作用，推动业务结构转型升级和合作协同，成为企业价值最大化的引领者。

四、本系列教材基本内容与特点

业财融合这一财务管理创新范式虽然产生已久，并在不同国家进行不同程度的应用，也有不少学者进行了一定的理论研究和实践经验总结，但一直没有形成系统的理论方法体系，更少见理论专著和教科书。其主要原因是它一直处于发展变化中，没有形成固化的模式。这是因为科技尤其是信息科学技术的迅猛发展，新技术、新手段不断出现，而且企业的形态不同，采用的商业模式等方式方法多种多样；到目前为止，还没有找到统一的相关业财融合的标准和模式，仁者见仁，智者见智，各种观点、方法散见于论文和教科书的章节之中，理论和教育远远落后于业财融合的实践。鉴于此，在中国企业财务管理协会、江苏省教育厅和三江学院的大力帮助和支持下，我们聚集了南京财经大学、南京审计大学和三江学院等众多高校的学者专家，集思广益，进行深入系统的研讨，并到多家企业进行实地调研和观摩，最终形成了《业财融合概念结构》《业财融合架构》《业财融合规范》和《业财融合案例》系列教材。

《业财融合概念结构》，主要对业财融合概念、基本特点、意义、理论框架以及大数据发展与应用进行了论述，从不同视角对业财融合的特征进行了描述，如从治理结构的视角描述业财融合的文化，从内部控制的视角描述业务融合的制度，从内部审计的视角描述业财融合的业绩评价，并分析了业财融合对职业素养和职业道德的要求，同时对智能时代业财融合平台进行了描述。《业财融合架构》，主要分析业财融合的形成与发展，系统打造业财融合基本架构，包括业财融合组织系统、方法系统、决策系统、控制系统、评价和报告系统。该书阐述业财融合组织机构设置、业财融合师工作岗位和能力框架，介绍业财融合的战略管理、预算管理、成本管理、营运管理、风险管理等方法，以及经营预测、决策与长期投资决策，重点阐述了业财融合的生产系统与销售系统，构建 KPI 绩效考核（即关键指标法）、平衡计分卡、MBO 目标管理法、360 度绩效考核等业财融合评价系统，以及按照报告内容、报告功能、责任中心、责任主体、管理层级和报告对象等维度描述业财融合报告系统。《业财融合规范》，主要从精益化财务管理概念出发，以财务业务一体化概念为基础，描述了业财融合脉络；以财务管理规范和业务管理规范为基础，阐述了业财融合的一般规范；介绍了公司基础业务：研究与开发、采购与合同、生产与质量控制、销售与经营成果、投资活动等主要业务业财融合的流程和规范；最后以制造业、进出口、工程建设三个行业为例，详细叙述了这三个行业业财融合的流程与规范。《业财融合案例》基于实践视角，选取国网江苏公司、舜天股份等大型企业，对业财融合的流程、规范和技术实现路径进行了深入的案例解剖，为致力于推动业财融合和财务转型的企业提供了操作思路和参考范式。丛书致力于拓宽财务管理人员的知识结构，希望读者读完本丛书后，对智能时代的业财融合有一个清晰、完整、多维的了解。

本系列教材编撰委员会本着立足当代、面向未来、促进新商科发展的宗旨，根据我国业财融合人才的发展趋势、人才培养的目标、培养规格、课程设置、师资队伍建设等进行深入地分析、思考、研究，在全面探索相关行业岗位、专业和学科建设的基础上，构建了理论框架和规范模式，提供了实践范例。我们力求做到分工负责、科学精炼、简洁实用。

（一）科学精练、分工负责

本丛书是我国目前第一套“业财融合”系列教材，作者聚集了南京地区相关专家，编撰委员会对每本书要求以主编为主导，组建具有丰富教学经验的学习型、创新型编撰团队，编撰、推出首套适用于在校专业教师、相关学生以及在职人员使用的较系统的“业财融合系列教材”。本系列教材紧密结合实践，融合当代最新技术的发展，注重理论知识在业财融合实务工作中的具体应用。业财融合虽已在实务中推广应用，但其尚未形成系统的理论、方法和标准，这些都需要我们不断地探索和求证。为了进一步加强各参编者的责任心，力求完美，尽心尽责，穷尽可能的文献和有价值的案例，系列教材编委会决定，每本书的主编、副主编和参编者，各负其责，尤其是文责完全自负，最后由王开田、蒋建华两位教授统稿、润色和修正。

（二）定位准确、结构严谨

本系列教材定位于帮助业财融合人员学习和掌握业财融合工作基本范畴和技能，突出针对性、实用性和前瞻性；该系列教材遵循企业价值管理理念，依据经营业务运作规律，运用智能化工具和平台，协同业务与财务的功能与方法，实现整体数据信息从业务到财务、从内部到外部、从静态到动态的实时共享，在结构上进行了大胆的探索。本系列教材形成系列知识体系，各本又自成体系，每篇章按照一定的逻辑顺序逐章展开，力求结构严谨，内容充实。

（三）质量保障、简洁实用

尽管该系列教材的编写时间短，但我们力求保障质量，理论观点阐述深入浅出，精练实用，重点突出业财融合的基本知识、基本业务、基本技能，以期丰富业财融合人员的知识，提高其能力水平。该系列教材内容精心选材、反复推敲，确保理论、政策、业务上的严谨、精准，语言简练、通俗易懂，注意归纳提炼，选用最新数据资料。通过知识模块、结语等方式，梳理了知识脉络，为学习中加深理解、拓展阅读提供便利。

在本系列教材交于出版社付梓之际，回首近三年的编著过程，心中五味陈杂，如履薄冰。因为没有可供参考的蓝本，我们只能自行探索，从概念讨论到丛书的框架设计，再到每本书的章节安排，我们经历了争论、辩论，阅读了大量的相关资料文献，从中吸收、借鉴有价值的养料；参观、走访了多家央企、国企和民营企业，从不同性质的企业、行业探寻共同的理念，形成最初的概念，构建丛书结构，充实章节内容。在大家的不懈努力下，求同存异，布局开篇，不懈前行，终于形成此系列教材。在此，我们衷心感谢中国企业财务管理协会的李会长、胡秘书长及各位朋友的鞭策、鼓励和支持，感谢江苏省教育厅和三江学院的大力支持和帮助，感谢给我们提供参考意见和建议的专家学者，感谢为我们提供参考文献的作者，感谢中国财政经济出版社的大力支持和厚爱，感谢各位同仁的求真探索精神和毅力。感谢我们的精诚合作！

业财融合系列教材编写委员会
2021 年 1 月

前　言

业财融合，即业财一体化，是指借助大数据和人工智能技术，实现业务流、资金流、信息流等数据源的实时共享，为企业各层级根据战略规划做出精准决策提供支持、业务与财务高度融合的财务管理新模式。业财融合的兴起，引发了学界和业界的广泛讨论，相关理论研究文献陆续发表，但是业财融合本质上是实践问题，业财融合实践亟需成熟的案例提供参考与指导。本书汇集的多个案例从不同的视角为业财融合的实施提供了思路与可资借鉴的经验。

本书案例的写作遵循“业财融合实施路径——举措——成效”的编排逻辑。案例 1 和案例 2 研究业财融合和财务智能化的实施路径；案例 3 探讨业财融合的具体手段和实现形式；案例 4 和案例 5 从多个维度对信息化与数字化给企业带来的绩效进行单项与综合评价。

案例 1 基于 T 集团的原有财务管理模式，分析其实施业财融合的背景，重点从完善财务共享平台系统功能、流程优化再造、财务组织结构变革和人才培养四方面分析 T 集团业财融合的实现途径；从提高财务信息质量和工作效率、提升集团管控能力和风险应对能力、优化财务组织结构等方面总结了 T 集团业财融合的实施效果，从完善制度和方法建设、提高员工业财融合意识、完善快捷交流平台、重视系统维护等方面分析 T 集团业财融合实施中的保障措施，最后得出研究结论，期望能够为企业开展业财融合提供一些参考。

案例 2 聚焦数字经济发展所带来的企业经营管理变革，以 LH 集团为例，研究企业财务智能化建设框架与实现路径，从理论和应用层面探讨财务智能化建设的必要性和可行性，以全景式视角探讨数字经济背景下财务智能化建设的价值赋能作用。该案例既丰富了智能财务研究的内容，也有助于企业新时代背景下的智能财务建设探索。

案例 3 以国网 S 公司为例，构建基于智能运检体系的电网运维监控决策支持和风险管控系统。S 公司通过智能管控平台集成的多套应用系统，实时、全面、精准的展示各类静态和动态数据，实现对设备状态的全景可视，强化设备的运行属性监测，通过对静、动态数据的比对分析，及时掌握数据异动及异常发展趋势；通过平台及时掌握各类主设备异常情况，自动推送设备预警信息，强化对各类潜在风险的预判与防控能力，实现对基层单位的“警钟长鸣”，防患于未然。案例公司创新运用智能管控平台为核心的运检管理模式，为业财融合推进和管理价值重塑提供了基础。

案例 4 和案例 5 均以 LP 科技为例。案例 4 致力于探讨“大智移云”时代的企业转型问题，研究该公司在数据驱动之下的成本管理创新策略。研究指出，互联网的使用无法直接带来企业投资回报，“大智移云”的运用并非企业前进的“万能药”。石油石化行业不应舍本逐末，“大智移云”不应仅仅是噱头，“大智移云”仅仅是工具，是增效提速的助推器，企业应立足产品创新与用户体验，究其根本企业应聚焦产品本身及技术提升，以用户为中心，在“仰望星空”的同时“脚踏实地”。

案例 5 首先运用价值链和资源观理论揭示数字化转型制造企业特征、制造企业数字化转型的可能性与必要性和价值创造模式，在现行绩效评价指标的基础之上，通过选取具有制造企业数字化转型特征的评价指标，采用平衡计分卡与模糊综合评价方法相结合的方式构建绩效评价体系；然后从 LP 科技实际案例出发，揭示制造企业如何数字化转型并将绩效评价体系应用到案例公司之中，用以衡量其数字化转型价值创造效果；最后指出制造企业数字化转型实践中可能存在的问题。该案例所构建的绩效评价体系能够促进我国制造企业加快数字化转型步伐，旨在帮助我国制造企业更好的数字化转型实践以及从绩效评价指标体系构建方面出发，更加深刻地掌握并应对数字化转型趋势给企业带来的机遇与挑战，有助于提升与增强制造企业制定战略决策的可行性及有效性。

与现有的业财融合文献与著作侧重于概念描述与理论框架搭建不同，本书采用多案例研究，从业财融合的实施路径、具体手段以及融合成效等多维度探索业财融合的实践问题，具有案例解析深入、可操作性和实用性强的特点。必须指出的是，不同企业实施业财融合，应充分考虑自身所处行业、组织结构和管理流程，选择适合自己的业财融合具体做法。本书案例仅提供参考，未必具有普适性，这也是案例研究自身的局限性。

本书的具体分工如下：案例 1 由河南工业和信息化职业学院宋亚洁老师撰写；案例 2、4、5 由南京财经大学会计学院张小燕老师和胡晓明教授撰写；案例 3 由南京审计大学会计学院章之旺教授和三江学院徐慧亮副教授撰写。全书的框架设计和最后总纂由章之旺教授完成，各案例文责自负。在写作过程中，南京财经大学原副校长王开田教授和三江学院法商学院蒋建华教授提供了悉心指导，在此深表谢意！

作　者

2022 年 9 月

目录 Contents

案例1

业财融合实现途径研究——以 T 集团为例

随着经济的飞速发展，企业面临的市场环境在不停地发生变化，在激烈的市场竞争压力下，优化和推动企业财务管理模式转型已成为大型企业集团重点关注的问题之一，而人工智能、大数据 、云计算等信息技术的发展，推动企业财务管理模式发生了深刻变革，向以新兴信息技术为技术支撑的业财融合方向发展，开启了财务管理发展的新范式。

业财融合，通常被认为是借助于信息化的平台和方法，将业务信息和财务信息进行数据共享和深度融合，从服务公司战略目标出发，从公司整体视角来制定营运决策、控制以及评价的财务管理模式。未来财务管理中，财务与业务的界限将变得日趋模糊、融为一体，财务逐渐向前端业务工作范围和内容拓展，业务信息和财务信息进行互相融合转换，企业利用数智化系统、业务数据可以激发财务数据产生，形成对决策更加有用的信息，增强企业决策的科学性和精准化，以提升企业的核心竞争力和可持续发展，助力企业价值创造。随着新信息技术的发展和应用，业财融合以其独特的优越性、较显著的降本增效的效果，已经被越来越多的企业接受，成为财务管理发展的新趋势。

本案例以 T 集团为研究对象，对业财融合实现途径进行探讨。T 集团为能源行业的一家大型企业，其在早期采用传统的财务管理模式，业务和财务相互分离。随着 T 集团早期财务管理模式的缺陷日益明显，不再能适应集团的新发展，T 集团开始探索业务和财务的深层次融合，将公司业财流程进行重新梳理和设计，利用信息化技术和方法，逐步完成了业财融合的建设，产生了较明显的降低营运成本、提高营运效率的作用。

1.1 研究背景

1.1.1 发展背景

企业日益强烈的财务管理变革需求推动业财融合的产生。

随着市场环境变化，企业的经营风险和竞争压力增大，传统的财务管理模式逐渐难以为企业战略目标的实现助力，企业产生变革财务管理模式的需求，希望财务管理活动能够对业务活动的进行更为有力的支持作用。企业财务与业务脱节的现象，使企业财务管理中存在的问题日益凸显，例如由于业务部门缺乏财务的专业知识，在业务数据传递过程中易产生差错，财务数据质量难以保证；传统核算型会计大多只是在后端进行事后的核算和监督工作，传递给管理层的财务信息往往相对滞后；财务人员由于对业务工作缺乏足够了解，仅通过对业务活动数据进行分析而得出的决策信息对管理层制定决策的支撑力度较弱。这就使企业的财务管理工作难以发挥更大的职能作用，造成了财务管理成本高但效率低的尴尬局面。为了解决财务管理工作当前面临的诸多问题，达到为企业降本增效的目的，不少学者提出业财融合的观点，并成为当下的研究热点。

1.1.2 政策背景

国家政策背景指引使业财融合成为大势所趋。

《会计改革与发展“十三五”（2016—2020 年）规划》指出，探索推动会计信息化系统与业务系统的有机融合，推动会计工作从传统核算型向管理型转变，探索建设财务共享机制，促进企业财务、业务数据之间的融合与互联。

《关于全面推进管理会计体系建设的指导意见》中提出，鼓励培养具有管理、决策职业能力管理型的财务会计新人才的人才培养计划。

《管理会计基本指引》，鼓励企业将财务与企业业务深入联结，服务于企业业务活动的发展。

企业通过推行更智能、更精细的财务管理模式，可以为企业提供更科学有力的决策帮助，为企业的健康稳健发展提供帮助，业财融合的发展模式符合当前财务管理的发展趋势。

1.1.3 技术背景

新兴信息技术为业财融合的发展提供强大助力。

在竞争日益激烈的环境下如何维持持续的竞争优势，成了企业经营发展的重点，而怎样实现业财融合，促进财务工作模式转型，成为企业财务管理重要的工作。企业实施业财融合的过程是业务和财务耦合创新的过程，通过这一融合过程，财务管理活动能够在推动企业价值目标实现的过程中发挥更大的作用，对于增强企业的竞争能力具有非常重要的意义，因此，探索财务管理模式的创新变革是企业的必然之路。以大数据、云计算、人工智能等为标志的新信息技术快速更新发展，并逐渐与传统产业进行深层结合，新兴信息技术和手段的出现和发展，使业财融合的实施有了技术上的保障。

1.2 概念界定与理论基础

1.2.1 概念界定

业财融合即企业根据自身的价值目标，利用新兴的信息化技术和平台，将业务部门的业务信息和财务部门的财务信息进行深度融合，利用融合信息进行管理决策、风险管控、绩效考核等财务管理活动，从而助力企业价值目标实现。

业财融合要求财务工作向业务前端延伸，将财务与业务环节中的信息、流程、人才等方面联结起来，以信息系统为基础，以流程优化再造与组织结构的重新规划为重点，强调财务数据在业务活动中的作用，而不仅是将业务和财务部门在组织结构上粗略合并。业财融合通过企业搭建的信息化平台，将业务信息和财务信息相互融合，业务人员可以在系统中直接操作，促使财务数据生成，财务人员选取价值信息进行分析，为决策提供更多有用且更为精准的信息，增强业务决策的科学性和精确性，业务部门和财务部门通过这一过程，打破职能界限，实施协同合作。

业财融合的特点体现在：业财融合实施过程中，需要不同部门的协同作用；业财融合模式下，财务工作由被动向主动转变，财务职能由传统模式下的侧重事后核算逐步朝着参与事前管理活动延伸，提高财务工作对集团战略的支撑力度，帮助企业创造价值。

1.2.2 业财融合的理论基础

1.2.2.1 信息系统理论

信息系统可以以不同的形式存储、收集、显示、处理和组织所有类型的信息。信息系统的理论通常分为三个阶段：初期收集和处理业务信息；中期改进系统、完善流程、提高处理水平；后期利用信息技术手段和数据信息向管理层提供决策支撑。

信息技术的发展改变了信息的传输方式，信息系统已成为企业管理中不可或缺的部分。人工智能、大数据、云计算等新兴的信息技术飞速融入传统行业，信息技术帮助企业优化流程，降低成本，为业财融合的实现提供了强有力的技术支持和保障。而借助信息系统建立业财数据库，使信息共享成为可能，是业财融合得以实现的关键要素之一。

1.2.2.2 流程再造理论

流程再造是一种方法和技术，指从根本上改变业务流程以达到提高效率和更现代化的目的。流程再造的重点是通过增加数据和信息的传播、最大限度地减少资源消耗、改进决策流程和理顺企业的职能来降低企业成本，以及为企业的流程增加价值。它专注于业务流程的各个环节，将整个流程视为单个业务单元，然后尝试将其从零基数重塑，以提高其整体产出。流程再造有两种基本模式：一种是重新设计模式，即基于企业战略发展而对新流程进行重新构想和设计；另一种是改造调整模式，即旨在整合、优化和改进现有流程。

借助信息化的流程再造，可以提升企业的效率，流程再造的目的也是通过对企业流程的梳理、优化，来实施流程标准化管理。当企业面临的经营环境发生变化，财务管理的模式和流程不再能够满足企业自身发展需求的时候，企业围绕财务领域进行流程再造和优化，重建跨部门的流程整合及信息整合，可以帮助集团公司增强竞争力。

要想变革以往的财务模式，就需要以流程再造为理论基础，全面彻底地变革流程，实现财务资源共享。因此，业财融合的实现与流程再造密不可分，企业业财融合的过程也是借助先进的信息技术，对业务流程和财务流程进行整合、优化，跨越了部门界限，实现高效协作的过程。

1.2.2.3 组织变革理论

组织变革，是指组织根据内外部环境变化，及时对组织中的要素，如组织的管理理念、工作方式、组织结构等进行调整、改进和革新的过程。企业的发展离不开组织变革，企业内外部环境的变化，企业资源的不断整合与变动，这些都会给企业带来管理挑战和压力，因此企业的良好发展离不开适时的组织变革管理。

在组织变革过程中，首先，企业管理层面上要有全面的、完整的实施目标、计划和流程步骤。同时对在变革过程中可能会遇到的问题和阻碍有一定的认知；其次，在实现业财融合的过程中，必然要突破原有组织结构，打破业务、财务之间的分界，使业务与财务部的工作内容能够相互支持，充分发挥业财融合的效能。

1.2.2.4 协同理论

1971 年哈肯首次提出“协同”的观点。协同理论认为，若把企业作为一个有机的整体，企业的各个系统即便属性和职能等方面都不尽相同，但是相互间仍然具有相互影响、彼此协作的关系。集团企业中的不同职能部门及其控制的资源，包括人力资源、物力资源和数据资源等，都是企业信息系统的一部分，为了最大限度地发挥系统的协同效应，各子系统必须朝同一目标努力。业财融合中所体现的协同理论主要表现在业务数据与财务数据、业务部门和财务部门在流程、数据信息、组织职能等方面的相互协同。

1.3 T 集团业财融合实施背景

1.3.1 T 集团简介

T 集团是一家包括能源、化工、物贸、智能制造等的国有独资特大型能源化工企业，到 2019 年年末，其总资产已破 2800 亿元，化工产品产能约 1000 万吨，煤炭产能约 8000 多万吨，员工约有 18 万人。T 集团拥有大有能源、九天化工、濮阳绿宇泡绵 3 家上市公司。2019 年，T 集团在世界 500 强企业排行中位列第 484 位、中国 500 强企业排行中位列第 119 位、中国石油和化工企业 500 强位列第 7 位、中国煤炭企业 50 强中位列第 11 位。

T 集团资源储量丰富，产业结构合理，发展后劲充足。煤炭资源储量达 318 亿吨，已形成包括煤炭开发、洗选加工、销售等完整的一体化煤炭产业体系。电力产业除了覆盖多地矿区电网，正在加快推进煤电一体化发展，构建中原银行豫北、豫西地区电网。在多地建设循环经济园区，拥有高性能纤维的生产园区、煤制乙二醇生产园区。集团的智能制造和新材料产业，目前拥有约 150 万吨的铝金属资源储量，近 1 亿吨的国内铝土矿资源量，90 万吨氧化铝产能，拥有 1000 万只/年铝合金轮毂生产线，铝产业拥有采选、冶炼、深加工直至消费终端的产业链。同时，T 集团正在积极借助信息技术手段，致力于由传统制造向智能制造方向的升级更新，向成为国内一流的高精度和高性能铝合金板材和汽车零部件制造商发展。

1.3.2 T 集团业财融合的实施背景

T 集团在进行业财融合前，虽然已经进行了财务共享的建设工作，但是财务管理上仍存在较多问题，这些问题的亟待解决使 T 集团产生了实施业财融合的财务管理变革需求。

T 集团财务管理上存在的问题主要包括以下几个方面。

1.3.2.1 财务管理成本高而效率低

通过对 T 集团进行调查分析，其财务管理成本高、效率低下的问题主要体现在以下几个方面。

首先，财务部门的日常业务大多是重复、缺乏技术性的基础工作内容，这些工作大多没有借助先进的技术手段来完成，仍依赖手工完成，人工处理的效率和准确性远低于计算机。此外，员工工作量也存在安排不均衡的问题，一部分岗位的工作量较少，而一部分岗位上的员工经常因工作量大而加班，导致人力资源的浪费，不合理的分工增加了公司的营运成本。

其次，总公司和下属公司分布相对分散，又缺乏统一的信息传递系统，信息传递较为不便，增加了信息传输的时间和成本。而信息传递延时，会延迟企业的决策，也在一定程度上增加了企业的营运成本。

再次，T 集团在以往的财务管理模式中，财务和业务系统是独立的，财务人员依据业务人员传递的数据信息，得出财务信息，进行财务分析。在这个过程中，由于业务复杂多变，财务人员又缺乏对业务的了解，在数据传递、填制、计算和分析过程中经常出现错误，更存在部分数据需要财务人员反复与业务人员沟通、核实后才能确定的情况，使得工作效率低下。

最后，T集团尚未建设成完整的信息系统，大量的原始单据还无法全部直接传递到信息系统，需要仍然采用传统的核对方法，导致数据信息的可靠性减弱，影响财务信息的及时生成，财务信息的时效性降低。

1.3.2.2 业财流程不完善且标准化制定欠缺

T集团业务和财务流程不完善和标准化制定欠缺加剧了业务和财务之间的分离，根据调研，其业务和财务流程存在的问题主要集中在以下几个方面。

采购流程：

T集团现有采购流程主要应用的是核算功能，但是在优化采购业务方面发挥的作用仍欠缺。

首先，采购订单的生成权限设置还需要改善。采购订单在通常情况下，是采购部门进行统一订立的，但是当公司的采购需求量较大时，等待采购部门进行统一处理，时效性就会大打折扣，对后续工作造成影响，因此在业财融合建设中有必要对采购订单的生成和审批流程进行改革。其次，该系统目前没有给予财务人员能够更多参与采购业务的权限，财务人员无法从该流程中获取供应商的信息，从而不能及时利用数据信息，起到优化采购业务的作用。

销售流程：

目前也仅实现了基本的核算功能，主要负责核对销售合同、提交收款报账单等基础工作，无法完成销售业务与财务更多的融合，例如销售预算、成本控制等，也缺少让财务干预或影响销售业务发生的环节。从业财融合的要求来看，目前的销售流程还处在初始发展阶段中。

应收账款流程：

T集团公司有多家下属公司，都是应收账款较多的公司。但是日常经营中，由于财务部门职员缺少和公司其他部门职员之间的交流，对客户的实际情况、销售业务和合同管理方面都缺少跟踪和全面详细的了解，更多是通过业务人员递送来的数据对应收账款进行核算管理，缺少对业务活动所存在的问题的认知，无形中也削弱了财务信息对企业决策的支持力度。因此，在应收账款的管理流程中，增加对应收账款涉及的合同管理、信用审批、资金数额设置等内容的环节设置很有必要。

费用报销流程：

缺少分级审批制度，该集团的许多下属公司，在日常审批流程中一直采用的都是固定的“一刀切“的统一审批程序，这就使得一些不重要的工作事项，也需要层层上报审批，而且由于公司信息系统的建设还不完善，大多数事项的审批仍然需要采用面签的形式，这些情况无形中增加了管理层的工作量，也使得费用报销环节的业务处理效率严重降低，影响了后续工作流程的高效快速开展。

除上述具体中存在的问题之外，但是 T 集团在流程标准化的制定上还存着欠缺。由于各个下属公司的能力不同，对流程系统或标准的理解和执行存在偏差，处理问题的角度和方法也不统一，在业务和财务流程推行过程中，对于一些需要凭借职业经验作出判断的执行条款，在具体执行中并没有做到统一标准的执行。流程标准化对于业财融合平台的良好运转具有重要作用，T 集团在流程化制定上还有很大的改进空间。

1.3.2.3 财务部门职能欠缺

公司各部门应当结合公司的财务资源制定中长期目标，财务部门在公司发展中具有的作用本不容小觑，然而在实际工作中财务部门人员普遍对公司业务内容知之甚少，非财务人员对于财务工作的流程和内容同样缺乏了解，业务部门普遍认为财务部门为其提供的服务和帮助并不多。在公司管理中，T 集团财务部门的职能主要是事后报告，财务工作仅限于核算阶段，大大削弱了在企业价值创造中的作用。

1.3.2.4 缺乏信息交流平台

T 集团信息交流平台的缺乏，降低了信息传递的准确性和效率性，而信息交流的准确和效率决定了企业财务处理的效率，因此，建设快速、全面的信息交换平台的重要性不言自明。T 集团因缺乏多元化的信息交流平台，企业员工使用信息平台，只能在企业内部登录，而无法在其他工作地点登录，因此业务数据和信息无法及时传送到财务部门。员工多数通过电话、微信等进行业务联系，很容易导致信息传递不到位和信息泄露等问题，同时向上反馈渠道不畅，员工的意见反馈不能够直接、及时地传达到管理层。

1.4 T 集团业财融合实现途径和保障措施

T 集团从业财融合的关键要素入手进行平台具体构建，构建过程中着重集中于完善财务共享平台、搭建信息系统、流程优化再造、财务组织结构变革等四个方面。

1.4.1 T 集团业财融合的实现途径

1.4.1.1 完善财务共享平台系统功能

T 集团前期搭建的财务共享平台，为业财融合的实施奠定了一定基础。

T 集团的财务共享平台虽然集中了企业内部大量的数据信息，但是由于财务共享平台使用时间还较短，部分的功能仍处于初步的应用阶段，因此，平台的工作重点仍然是集中核算和部分财务控制等工作内容，而忽视了信息分析作用，只做到常规报表的显示，并没有将其作为业务决策的基础，未能有效体现出对业务决策的指导作用。而业财融合的作用不只是为了提高财务核算工作的效率，更应该充分挖掘分析集中起来的数据资源，提出有助于企业价值实现的建设性建议。

因此，T 集团财务共享平台现有的功能远远不能满足企业设置的业财融合的标准，为了满足业财融合建设进一步的需求，T 集团在财务共享平台已有的功能之上，逐步增加其他功能，完善财务共享平台的功能模块，搭建更完善的信息系统。

信息系统是在部门相互协作、信息渠道通畅的背景下，借助于财务共享平台的功能建立的，信息系统是企业日常经营活动、财务信息和管理决策之间的桥梁，确保系统功能的充分发挥，推进企业业财融合的顺利完成。

信息系统能够为企业提供业财融合所需的数据库。通过该系统，企业数据信息流的传输实现实时共享，打破了以往各部门信息孤立、缺乏交流沟通的状态；还可以防止财务数据被人为篡改，从而有效保障数据信息的可靠性和数据传输的效率性；财务部门可以更及时、准确地从数据库获取有效信息，更全面精准地对业务活动作出判断，从而监督和协助业务工作更高效地进行。

T 集团搭建和完善的系统功能主要包括以下方面：

（1）财务系统

财务核算系统主要是为公司提供财务和成本核算服务，整合传统财务核算功能和业务，在线进行数据处理，创建集约化、标准化的财务流程。T 集团的财务核算系统主要由以下模块组成：核算模块、费用模块、预算模块、结算模块和管理会计模块。

核算模块：

核算板块主要负责资产、日常收入、成本费用的核算等。业务部门生成和传输的数据由信息系统自动核算，财务人员主要负责复核工作，会计核算结果在系统中统一进行处理，实时进行生成各式财务报告。

费用模块：

系统通过影像扫描，能够将纸质单据的信息进行快速采集和存储，直接生成对应报销任务流程，管理人员可在平台直接进行审批。同时员工可以将个人的移动设备与业财融合系统相连接，可以随时随地关注业务流程的进度，实现一站式报销流程，极大地简化了费用报销程序，提高了业务进展效率。

预算模块：

预算模块不仅要有明确的预算目标，还应通过关注公司的战略目标和计划来制定，同时应发布足够详细的信息，以供不同部门实时使用和反馈。公司员工可通过网络不受限制地学习企业制度和流程，该系统把不同的员工划分成不同的权限级别，进而让公司所有员工都能通过信息技术参与预算控制，促进预算优化。

结算模块：

T集团结算板块的功能主要体现在集团资金的集中管理以及支付作用。系统设置有供应商管理，系统可以全程跟踪合同进行情况，合同批准后，在业务系统内提交报销单并经管理层批准后，可直接链接到财务共享资金平台进行支付，支付的结果将会自动传递到平台，方便以后数据的查询。这种方法可以实时了解资金的使用情况，保证企业对资金进行有效的实时把控。

财务管理分析模块：

由于企业面临的市场环境复杂且变化迅速，财务人员无法完全做到全面精准的财务分析和管理工作，基于这样的原因，T集团将一部分财务分析工作转移到系统中进行，利用平台对财务数据进行分析，提高了财务分析预测、决策的精准度和速度，为企业提供更为可靠的决策依据。此外，当财务信息出现问题时，也可以在对比分析后的相关信息中，找到问题发生的原因，配合业务部门一起制订改善计划，切实发挥财务和业务的协同效应。

（2）资金管理系统

在建立财务共享平台前，T集团主要通过线上银行开展资金的流转活动，随着共享平台的投入使用，为了方便总部集中管理银行账户和统一处理以往分散在各地的支付工作，加强公司总部对下属公司的资金控制，T集团将财务系统与合作银行的系统进行彼此连接。借助此系统，可以使企业与银行实现资金数据的实时共享，大大缓解了之前存在的信息不对称的情况。企业可以更方便快捷地掌握资金的变化情况，更好地对财务信息进行了解，更迅速地进行资金的调配和使用。

（3）评估系统

通过完善评估系统，防止在业财融合推进过程中业务和财务部门只关注自己的工作范围内的事项，促进各部门的深入沟通和信息融合。效益评估体系中既包含销售数量、销售任务完成情况等业绩指标，还包含有销售利润率、存货周转率、应收账款周转率等财务指标，将售后服务作用、行业趋势、政策变化等也纳入该体系。另外将各部门对业财融合建设的关注度和配合程度也纳入体系参与考评，且建立赏罚制度，激励业务和财务人员彼此的交流合作，激发参与业财融合的积极性，推动业财融合的实施。

（4）影像系统

影像系统为财务核算和财务分析，以及经营管理决策提供比较准确完整的数据基础，有利于企业有效开展日常工作，提高工作效率，为集团实现业财融合提供良好的条件。

T 集团构建财务共享平台，实现了信息的图像化处理，提高了业务核算的效率。T 集团图像系统主要由影像的采集、传送和调用的功能构成。业务人员通过使用扫描仪等设备将业务活动的单据资料扫描上传到系统中，该系统还可以对不同信息进行存取权限的设置，公司员工可以在自身权限范围内通过系统来查询和使用所需信息。

1.4.1.2 流程优化再造

业财融合致力于打造高效、标准化的过程，流程作为构成企业日常经营活动的单元作业，要从根本上解决企业财务管理中的问题，就需要优化或者重造流程。流程再造是实现业财融合的核心步骤，规范化和标准化的设置是打造业财融合完整流程的关键点。因此，T 集团利用信息技术进行流程优化再造，特点为：事件驱动流程、自动化流程控制、操作简单便捷、去掉复杂繁复的环节和删减不必要的人为干扰因素以保障数据信息的可靠真实。

业财融合需要通过对流程的重新设计、建造、优化，来推进标准化管理的建设，帮助企业实现降本增效目的。从业财融合的角度来看，借助财务共享平台已有的功能，对业务流程和财务流程进行优化重组，强化业财两部分的进一步融合，从而增强财务部门在集团的决策和管理上的支持力度。

T 集团的流程优化再造过程主要集中在两个方面：

第一，将财务和业务的信息流实现同步实时更新。传统核算模式下的流程中，财务部门只是末端介入，主要承担核算职能，业务和财务部门之间系统相互独立。由于财务人员对业务活动的相关内容了解甚少，所以业务部门传递过来的数据，财务人员需要进行梳理确认，再选取信息进行分析和转换成可供使用的决策信息。这个过程花费的时间较多，工作效率低，很容易造成信息传递延时，信息的及时性较差，造成信息在企业管理中起到的作用价值下降。T 集团在信息技术的助力下，对业务流程进行重新搭建，系统在业务被触发时，自动进入处理流程，财务人员可以及时获取业务信息，对业务活动进行更加全面、更加准确的判断，及时发现业务活动中存在的不足和错误之处，从而更加主动地进行干预，充分发挥财务对业务的协助作用。

第二，合理调整业财系统权限匹配制度，实现财务对业务的参与权。

为提高业财融合的实施效果，加强财务人员对业务活动的参与，使财务部门的建议在业务执行中有效发挥作用，T 集团对系统已有的权限设置进行了适当的增删调整，并将业务和财务部门的权限范围、岗位职责、监督管理制度等纳入流程中，这样财务人员便可以通过对业务完整流程的监测，对业务活动开展财务评估，并从财务的专业角度进行反馈，而且对业务活动进程中不合理的部分，有发出警告和喊停的权限，从而保障财务真正能够参与到业务活动当中，切实有效地服务于业务工作。

具体情况如下：

针对采购流程：在采购业务中增加财务人员对采购业务信息的查询权限以及对采购行为的监督和控制的权限。财务人员可以依据获取的采购业务信息，结合库存、业务需求等各种信息，加强分析和预警信息，从财务角度提出采购活动的意见，当业务人员的采购行为不合理时，财务人员可以提出终止建议。同时，系统预计建立与供应商的接口，以满足供应商掌握对物流信息、支付进度等信息的实时需求，实现了采购信息的实时交流。

针对应收、应付账款流程：首先对凭证的管理进行优化，在凭证的编制、审核、整理方面，通过平台进行处理，极大地减轻了财务人员处理简单繁琐基础性工作的压力，提高了工作的效率，降低了人力成本；其次对资金数额设置了标准，到达标准的资金会收回到总部，对资金起到了一定的把控和监管作用。

针对费用流程：该流程优化主要是将集团下属公司的费用信息集中到平台，进行统一整理，通过这一功能，管理层可以及时获知集团的费用情况，有助于加强集团对费用的管控。

1.4.1.3　变革财务组织结构

T 集团要顺利进行业财融合模式，必须要打破传统的财务组织模式，打破以往会计人员只关注本部门的财务工作的状况，优先采用绩效考核、职能分工和组建业财融合团队等方法，鼓励基层财务部门和业务部门深入交互管理，加强与业务的合作和联系，提高为企业的业务经营提供有效财务信息的能力，帮助不断改进业务活动，降低企业成本，提升企业的运营效率。

T 集团对财务人员的工作岗位和内容进行了重新设置，安排工作经验尚不足的财务人员担任出纳、资料档案管理等基础岗位，安排经验丰富的资深财务人员担任公司财务控制、战略决策等方面的岗位，经过这一调整，逐渐形成财务前、中、后端全方位支持的财务管理人员结构，助力业财融合的实施。

1.4.1.4 人才培养

业财融合对企业财务人员提出了新的要求，对人员的要求不只是进行一般的数据传输，还需要财务人员结合具体业务数据进行模型分析。在此要求下，为了业财融合的顺利实施，T集团针对在复合型人才的供给方面存在不足的情况，进行了人才培养的工作。

在业财融合开展的初期，T集团为了缓解管理会计人才缺乏的实际情况，积极迅速地制订了人才培养计划，为业财融合后续的推进做人才储备建设。

T集团一方面从下属公司中抽调了一部分工作能力强、经验丰富的财务人员进行统一的培训，并要求培训合格的员工负责对其所在公司的财务人员进行培训。另一方面积极招聘管理会计人才，并从计划、招聘、人员培训等方面制定了全方位的实施标准体系。T集团对员工进行业财融合的职业技能培训，并制定赏罚制度，以此来促进员工工作的积极性。同时，T集团建立线上学习平台，为员工在线学习和互动提供支持，使员工获取更多的知识储备。T集团通过线上线下相结合的模式进行培训，及时为业财融合的顺利实施提供人才保障。

1.4.2 T集团业财融合的实施保障

为了使业财融合的实施得以真正落到实处，达到预期效果，T集团在进行业财融合建设的过程中采取了一些保障措施。

1.4.2.1 完善制度和方法建设

T集团业财融合建设采取的是自上而下的推行模式，为了保障业财融合工作顺利推行，T集团不断完善自身的制度建设，从总部到下属公司制定统一的管理制度。集团总部对集团业务进行集中管理，能够更准确、全面地掌握和把控业财融合的实施情况，有利于管理到位，从而为业财融合的顺利实施提供保障。

由于制度管理、组织结构、工作方式等多方面同时发生变动，T集团在业财融合过程中，采取分批次、分阶段、分步进行优化调整的循序渐进的实施方案，该方案有助于平稳度过改革过渡期，有助于组织各部门员工一同参与其中，逐步推进业财融合工作。

1.4.2.2 提高员工业财融合意识

由于T集团在业财融合推行初期，忽视了各下属公司不同的实际情况以及职工的适应需求，导致一部分下属公司开展业财融合的积极性和配合度不高，一定程度上阻碍了业财融合的推行进程。

首先，虽然 T 集团在开展业财融合之前，已经开展了部分财务共享的工作，但是没有对员工进行系统全面的培训，T 集团员工对业财融合理念了解得并不深入透彻。其次，员工普遍对公司的战略部署等方面的变化并不主动关注，反应并不迅速，对数据的重视程度以及分析的积极性并不高。具体表现在以下两个方面。

一是，大多数财务人员一方面仍会受到旧有的工作习惯的限制，另一方面，对于推行初期重新设置的会计工作岗位的定位上的理解并不明确，并没有严格按方案执行其岗位所要求的工作内容和职责，特别是在需要多人共同配合才能进行的工作内容上，往往同时负责多个模块的工作任务。工作量极大且权责不明确使员工滋生消极倦怠的工作态度，甚至互相推诿。同时由于业财融合投入成本大、回报周期长、短期效果不明显，而且需要花费大量时间和精力学习新的知识技能，引起部分财务人员的负面情绪和消极态度。

二是，业务人员对业财融合工作的重视程度不如财务人员。业务部门关注重点主要在于自己业务指标的完成情况和业务活动带来的效益，所以业务人员对于配合业财融合要求调整自身的业务管理活动并不特别重视；加之大多业务人员财务知识的缺乏，因而在业财融合过程中，业务人员对财务人员采集数据的标准和原则并不十分了解，无法及时满足财务人员的实际需求，也不能够及时发现和纠正所提供的数据中的错误，这些问题一定程度上造成了部门间的沟通障碍，业务人员参与和配合业财融合的积极性并不高。

这种情况下，业财双方人员的积极性都有挫伤，彼此之间的沟通和配合并不特别积极主动，因此在业财融合推行初期阶段，进展缓慢。

因此，当 T 集团意识到员工业财融合理念的培养是工作顺利进行的思想基础时，开始非常重视业财融合的文化氛围的营造。

首先，T 集团非常注意对业财融合内容的宣传工作，通过多种形式在日常工作中引导员工重视业财融合工作。同时分批次组织员工进行统一的业财融合专项培训，并进行考核，帮助员工掌握业财融合所需的工作技能；其次，积极组织业务和财务部门的互动学习活动，让业务和财务人员在活动中体会业财融合的理念和具体实施方法，并交流学习彼此的工作内容，财务人员可以了解业务工作内容和流程，业务人员也可以了解财务工作的制度和要求以及方式方法等。此外，T 集团制定了奖惩制度，对积极进行业财融合的员工给予肯定和物质奖励，对未完成业财融合工作任务的员工进行惩罚。通过以上的方法，T 集团提高了员工的业财融合的意识，使各部门更加积极地投入到业财融合的建设工作当中。

1.4.2.3 完善快捷交流平台

由于T集团以往的交流平台比较单一，除通过已有的交流平台加强财会人员与业务人员沟通外，T集团还添加了一些即时沟通的方式，以增加业务和财务人员接触的机会，使员工随时随地进行移动办公，及时接收重要通知，便捷查询业务进展情况，实现不同部门和地区的信息高效顺畅。

（1）完善异地办公平台

为了满足异地业务人员查询和将业务数据及时传递给财务人员的需求，T集团通过建立专门网站、开通微信公众以及微信小程序等，方便员工不受时间和空间场所的限制与业财融合平台联接。业务人员可以随时随地通过手机或者电脑等设备登录线上平台，进行业务操作，同时公司的管理人员也可以随时查阅以及在线审批。通过加强办公硬件设施搭建，业务数据信息可以得到及时更新，提高了业务进行效率。

（2）设立信息交流平台

为减轻员工的对实施业财融合的消极情绪，加快业财融合的建设，T集团创建了业财融合的专属交流平台。一方面，员工可以将在业财融合过程中遇到的问题发布在平台里，方便问题得到更快的处理，并定期对这些问题进行整理，方便员工查询。另一方面，通过交流平台发布与业财融合相关的政策信息和管理会计专业理论知识，员工可以通过这些信息对业财融合进行更多的了解，也更方便地学习到管理会计的理论知识。

1.4.2.4 重视系统的日常维护与完善

业财融合的建设工作是一个持续变动的过程，业务系统和财务系统的连接融合需要在工作测试中根据实际情况的变动进行及时的调试，以保障系统更有效地发挥其作用。

T集团非常重视系统的日常运行和维护的情况，聘请专业技术人员对系统进行定期的检测和调试，并在系统日常使用过程中，加强对系统的排查和日常的维护，保障系统的使用功能并不断优化完善。

1.5 T集团业财融合实施效果

T集团业财融合的实施效果主要体现在以下三个方面：

1.5.1 提高了财务信息质量和工作效率

财务信息的真实性和时效性对于业财融合至关重要，而业财融合平台的信息系统为信息传递提供了保障。

实施业财融合，一部分的记账凭证采用自动制单的方式，显著提高了记账的准确度，减少了人为记账引起的错误风险，更好地保障了业务数据与财务数据的匹配程度，有效改善了财务分析的数据基础准确度。财务人员可直接通过平台对获得所需的业务数据和信息进行更为精准的分析，使财务分析和经营决策更准确，价值更高。同时还可以对关注的事项进行更便捷直观的跟踪观察，从而针对事项能够更好地制定应对方案等。

传统会计核算模式下，首先，集团总部与各级下属公司相互独立办公，指令耗时较长；其次，财务人员主要从业务部门传递过来的纸质凭证获取数据信息，因此在纸质凭证传递过程中，业务人员和财务人员交接耗时过长，工作进展速度慢，效率低下。业财融合模式下，业务与财务信息跨越了部门、系统、权责等方面的信息壁垒而实现共享，信息传递效率显著提高，处理流程时间明显缩短，也使财务部门和业务部门的沟通效率大大提高。

1.5.2 提升了集团管控能力和风险应对能力

T 集团在业财融合之前，其分布多地的各下属公司各自设有财务部门，各公司的财务工作相对独立，加之 T 集团并没有做到将各公司所执行的财务标准进行统一，各公司会计人员的业务水平也参差不齐，以上使得集团总部难以对分公司进行有效的管理控制，管理风险也在无形中增加。T 集团业财融合实施之后，带来了以下的改变。

首先，业财融合增强了财务对业务数据准确性的把控。实施业财融合之后，集团总部通过平台，将原本分散在各地及各部门的数据信息进行统一收集，按照统一标准进行管理，各管理流程更加自动化、标准化、规范化，大大降低了人为干预因素造成信息失真的可能性。

其次，数据和信息的传递和反馈更加迅速及时，管理层赢得更多在遭遇危机时做决策的时间，不仅有助于更好地解决危机，更能规避一些因延误处理而可能出现的潜在风险。此外，在日常营运过程中，管理层利用平台中共享的信息，来了解企业整体运营状况，及时改进风险管理薄弱的环节，并做好风险防范和控制，以及对企业未来的发展趋势作出预测，从而制定出更符合企业实际的规划。

1.5.3 优化了财务组织结构

T 集团在实施业财融合的过程中，为财务部门制定了新的职能定位，增加了财务人员在管理决策工作上的权限，优化了组织结构。

通过岗位和工作内容的重新设置调整，将以往负责基础工作的会计人员从繁重的低价值工作中解脱出来，将更多的时间精力用来进行能够创造更高价值的财务管理工作，从而使财务会计和管理会计的职能逐步分离。

T 集团与地方高校合作设立实训基地，增加公司员工与高校课程的互动，安排高校学生来企业参观和实习，从而增加公司会计人才的引进和培养的渠道，缓解因转型导致的人员流失现象，同时从绩效、晋升机制等方面激励员工向管理会计转变，会计人员综合素质得到提升，逐步由传统的核算型会计向复合管理型会计人才发展，从而增强财务部门的整体效能，坚实业财融合的根基。

1.6 研究结论与局限

1.6.1 研究结论

本案例以 T 集团为研究对象，剖析了其业财融合的实现途径，旨在为有意进行财融合的企业提供些许业财融合实践经验的参考。具体结论如下。

（1）企业可以通过搭建财务共享平台及完善平台功能模块，从将企业作为统一整体的视角构建企业业务和财务信息系统，重塑和优化业务和财务流程，变革组织结构和开展人才培养等方面来着手实施业财融合。

（2）在业财融合实施初期，注意关注业财融合理念和制度的推广、员工业财融合意识和积极性提高的问题；在实施的中后期重点关注财务共享平台功能、信息系统、业务财务流程的完善以及多样化信息交流平台的搭建等核心问题；在实施的后期注意关注系统的日常维护和优化问题。同时，建议企业在实施业财融合过程中循序渐进，分步实施和完善，逐步推进业财融合工作。

1.6.2 研究局限

虽然编者在撰写本章之前对大量的文献进行了研读，以及参与企业调研，但由于个人理论知识和实践经验欠缺，本章的研究内容中还有很多不足之处，对业财融合的理论研究及 T 集团的业财融合案例的调研、描述和分析可能还不够具体和细化，存在诸多不足，恳请专家们批评指正。

参考文献

[1] 陈虎，孙彦从．财务共享服务 [M]．北京：中国财政经济出版社，2018.

[2] 张瑞君．E 时代财务管理 [M]．北京：中国人民大学出版社，2009.

[3] 王兴山．数字化转型中的财务共享 [M]．北京：电子工业出版社，2018：242 –244.

[4] 张庆龙．财务共享服务数字化转型的动因与技术影响 [J]．财会月刊，2020 (15)：12 –16.

[5] 张庆龙．财务共享服务数字化转型路径探析 [J]．财会月刊，2020 (17)：12 –18.

[6] 张庆龙．业财融合实现的条件与路径分析 [J]．中国注册会计师，2018 (01)：109 –112.

[7] 胡庭阳．T 公司业财融合案例研究 [D]．中国财政科学研究院，2019.

[8] 陈虎，郭奕．财务数字基建 赋能企业转型 [J]．财会月刊，2020 (13)：15 –21.

[9] 秦荣生．大数据、云计算技术对审计的影响研究 [J]．审计研究，2014 (06)：23 –28.

[10] 秦荣生．大数据时代的会计、审计发展趋势 [J]．会计之友，2014 (32)：81 –84.

[11] 秦荣生．数字化与财务分析的发展趋势 [J]．新理财 (政府理财)，2017 (8)：53 –54.

[12] 何瑛．基于云计算的企业集团财务流程再造的路径与方向 [J]．管理世界，2013 (04)：182 –183.

[13] 冷继波，杨舒惠 "互联网 +" 背景下业财融合管理会计框架研究 [J]．会计之友，2019 (12)：19 –23.

[14] 吴一平．财务共享服务中心 运作模式分析 [J]．财会通讯，2009，(07).

[15] 李心合．信息化与财务流程再造 [J]．财务与会计，2008 (04)：61 –63.

［16］张艳玲．基于集成信息系统的国际业财一体化管控［J］．财务与会计，2019（08）．

［17］孙庆亮．“业财融合”在企业的实现途径分析［J］．中国商论，2910（17）：114－115.

［18］马贵兰．基于大数据思维的“业财融合”管理会计体系应用——以通信行业为例［J］．财会月刊：2015（11Z）：24－26.

［19］陈东锋．建立共享服务中心，发挥企业集团规模优势［J］．当代经济管理，2010.

［20］陆兴凤，曹翠珍．管理会计内部应用环境优化—— 以“共享价值＋业财融合”为指导［J］．财会月刊，2020（05）：150－156.

［21］牛艳丽，钦梅．财务业务一体化实现财务精细化管理［J］．财会观察，2017，03）：66－68

［22］何军．财务共享模式下财务人员转型的探讨［J］．国际商务财会，2018，（10）：74－75＋81.

［23］栗兴仁．煤炭企业集团建设财务 共享服务中心探讨［J］．会计之友，2019（03）.

［24］常媛，左宪磊．我国制造企业财务共享服务中心实施效率研究［J］．财会通讯，2020（11）：148－152.

［25］刘微．企业中业财融合实施途径探索［J］．中国国际财经（中英文），2018（06）：137.

［26］王小琛．集团企业财务共享服务中心的构建及实践研究［D］．首都经济贸易大学，2016.

［27］李炎．财务共享中心建设反思［J］．中国商论，2018，6（16）：161－162

［28］袁月琳．财务共享下 HD 集团公司资金管理研究［D］．南京理工大学，2019

［29］焦钰琪．大数据时代的业财融合研究［J］．财会学习，2018（18）：16－17

［30］杜英，贾兴恒．大数据背景下财务信息化建设研究［J］．智慧商业，2018（7）：5－6.

［31］王竞春．大数据背景下业财融合在企业中的应用［J］．智库时代，2019（18）．

［32］张文利．构建财务共享的业财一体化管控平台构想［J］．冶金财会，2020（08）；35－37.

［33］郝晓露．基于价值链的企业财务业务一体化管理模式构建研究［J］．绿色财会，

2019（02）.

［34］刘雪松．积极推进业财融合助力公司价值创造［J］．中国总会计师，2014（1)：78－81

［35］赵加锋．大数据时代下集团公司的业财融合研究［J］．中国商论，2018（10）.

［36］曾祥兴．大数据时代背景下企业业财融合一体化建设研究［J］．中国商论，2020（5)：33－34.

［37］李文倩，陈磊．浅析人工智能下会计人员职能的转变［J］．中国乡镇企业会计，2017（11)：278－279.

［38］刘嘉宏．企业财务管理中的业财融合问题探析［J］．财经界（学术版)，2016（15)：182.

［39］孔玉谦．大数据时代下的业财一体化研究［J］．河北企业，2020（5)：107－108.

［40］张燕．浅谈通过加强业财融合提升财务管理水平［J］．当代经济，2015（26)：54－55.

［41］徐国汝．企业业财一体化建设研究［J］．纳税，2019（12)：47－48.

［42］李闻一，王嘉良，陈桢．基于“业财融合”的一体化管控——中石油湖北销售公司案例［J］．财会月刊，2015（28)：11－15.

［43］肖博雯，张昌文，刘怡婷．“大数据”背景下的业财融合问题与对策研究［J］．中国商论，2020（10)：40－41.

［44］林跃飞．ERP信息化系统在制造企业财务管理中的应用［J］．全国流通经济，2019（11）.

案例2

LH集团财务智能化建设框架与实现路径

随着以人工智能为代表的信息技术迅猛发展，人类社会已经进入了一个以数字化为表征的新时代，围绕数字经济发展所带来的企业经营管理变革，逐渐成为学术界与实务界的重点研究课题，而财务作为企业数字化变革的重要环节，实现智能化财务体系建设尤为关键。在分析数字经济对企业财务影响基础上，并结合LH集团的实例，研究了企业财务智能化建设框架与实现路径，从理论和应用层面探讨了财务智能化建设的必要性和可行性，以全景式视角探讨了数字经济背景下财务智能化建设的价值赋能作用。案例既丰富了智能财务研究的内容，也有助于企业新时代背景下的智能财务建设探索。

2.1 数字经济对财务的影响：从提升效率到创造价值

2.1.1 数字经济对财务影响背景

近年来，数字化逐渐成为全球技术变革的核心战略发展方向，数字经济正在重塑世界经济格局，成为中国经济增长的新动能。据中国信息通信研究院发布的《中国数字经济发展白皮书（2020 年）》和前瞻产业研究院发布的《中国数字经济行业市场前瞻与投资规划分析报告》显示，随着 2015 年提出“国家大数据战略”以来，良好的产业基础以及支持数字经济发展的政策快速落地，使数字经济成为我国国民经济高质量发展的新动能，数字经济增加值规模由 2005 年的 2.6 万亿元增加至 2019 年的 35.8 万亿元。与此同时，数字经济在 GDP 所占比重逐年提升，由 2005 年的 14.2% 提升至 2019 年的 36.2%。其中，2014—2019 年，数字经济对于经济增长的贡献率均在 50% 以上，2019 年数字经济对经济增长的贡献率达到 67.7%，数字经济对于经济增长的贡献均高于三次产业对经济增长的贡献。未来随着新型基础设施建设的加快，云计算、大数据、人工智能等技术创新和融合应用的进一步发展，实体经济数字化转型将迎来新的发展时期，数字经济发展规模将进一步提升。根据中国信息通信研究院预测，到 2025 年中国数字经济规模将达到 60 万亿元，数字经济将成为经济高质量发展的新动能。

诚然，数字经济发展的风口已然到来，我国数字化产业发展前景明朗，但企业的数字化转型进程依然亦步亦趋，2019 埃哲森中国企业数字化转型研究表明，中国企业在数字化转型方面成效显著的比例仅有 9%，这些企业被称为“转型领军者”。领军企业借助于巧妙管理数字转型，在智能运营、主营增长和商业创新三大价值维度实现协同推进。尤其智能运营方面，通过搭建具有高扩展性及对业务快速变化提供强支撑的智能化反应体系，实现了运营的智能性、敏捷性、高适应性。而作为企业智能运营的核心，基于业财融合的财务智能化体系搭建和流程改造成为数字经济背景下企业经营管理的重点，在数字化成为无可逆转的趋势背景之下，财务智能化的基本框架和实现路径如何设计和落地是目前企业管理者和财务工作者的重大研究课题。

针对数字经济背景下财务领域的应对与发展，国内外所涉研究较为集中于财务共享和流程再造层面，而对数字经济蓬勃发展的情况下，企业财务如何搭建完整的智能化框架和实施路径仍存在诸多空白。基于此，本部分拟在梳理数字经济对财务影响的基础上，从数字经济发展特征和智能化财务内在需要理论层面出发，结合房地产企业 LH 集团的应用实际，研究财务智能化建设整体框架，并在此框架下对企业财务智能化进行实现路径分析，以期助力智能财务理论与应用的向前发展，为企业探索智能财务建设实践提供参考。

2.1.2 数字经济背景下财务生态分析

传统企业的财务行为和活动都是在确定的实体环境中进行，其时间、空间、流程等要素都长期保持合理稳定，企业基于自身的业务活动与财务在规定的工作界面范围内发生业务互动，部门间职责分工、制度的遵从度和流程的设计至关重要，财务层面忠实执行核算和监督的基本职能。随着信息技术的发展，财务信息化程度得到了很大的提升，流程审批和核算自动化快速发展。然而面对如今数字经济的高速发展，建立在数字化基础上的虚拟业务和活动在财务生态中所占比例越来越大。实体与虚拟的交融，既丰富了企业的生命周期活动，更带来了财务环境的深刻变化。为便于直观地理解财务生态的变化，表 2－1 从时间、空间、流程、客户需求、竞争者关系等五个层面对目前财务生态的变化进行分析，通过比较来分析数字经济的超强影响力。

表 2－1　从时间、空间、流程、客户需求和竞争者关系维度分析财务生态变化

要素	传统经济模式下	数字经济模式下
时间	节点相对稳定；在特定时间窗口提供成果；同业间差异小	节奏加快，工作周期压缩；临时性成果交付需求增加，非标准作业量高频；同业间效率拉大
空间	集中办公为主；业务范围稳定，变动周期较长；服务对象有限	分散式办公增加；业务范围迅速切换及更新；服务对象多样，涉及更多线上客户
流程	相对固化；审批环节相对稳定；人工干预程度高	更加开放，自动匹配；审批链精简，充分体现授权
客户需求	服务内部员工为主，兼顾部分供应商	内部员工业务标准化，更多面向客户提供非常规业务，对接线上客户
竞争者关系	以竞争为主，核算监督自设体系，聚集竞争优势	合作共赢，取长补短；赋能经营，创造价值

从时间要素来看，数字化背景下业务逻辑变化大，财务工作突破原有的时间节点框架，快速迭代与变化的非标准业务增加，对财务的处理效率提出新的要求；同时，相对于以前的常规财务工作，数字化技术释放了更多的非增值作业时间，企业财务工作需要面对大量的临时性成果交付需求，且同业财务能力的不断提升，也使同业间的效率拉大。

从空间要素来看，数字化技术扩展了财务的工作范围，分散式办公增加，面对企业业务范围的切换与更新，工作的受众对象也变得多样，帮助企业更好地应对需求长尾现象；对于企业的线上业务，依托互联网和财务系统，财务人员可以迅速地处理合同的提取、款项的收取和电子发票的开具等，最典型的例子就是电商、直播和各类APP的出现，极大地便利了消费者的购物行为，同时也促使财务的工作生态更加丰富。

从流程要素来看，传统企业模式下财务更多按照固定的审批流进行风险管控，审批环节相对稳定，过程中适度的需要人工干预审批效率。随着数字经济的发展，虚拟空间中业务的交互更加频繁，越来越多的智能系统上线，使业务、供应链之间的联系日益密切，财务也需要进行更加开放的流程再造，精简审批链，针对不同业务实现自动匹配流程，充分体现授权；流程的提效有助于降低沟通成本，这导致了财务相关工作内容权重的极大变化，推动了财务生态圈的革新。

从客户要素来看，数字经济的发展，推动了财务活动的标准化和智能化，以往针对内部员工提供的服务更多地被系统取代，财务工作开始从后台走入前台，开始处理一些客户的非标准化业务，并根据公司的线上业务情况，适度介入线上财务工作。

从竞争者关系要素看，财务相对稳定的形象保证了财务成果的可信度，企业间的竞争使财务信息和财务流程保持相对独立，而数字经济背景下，企业间的壁垒被打破，更多的是合作的姿态，财务在提效的同时，也需要不断地进行互动交流，取长补短，从而创造价值，从赋能到使能。

2.1.3 智能财务的现实需求：以赋能，促使能

一直以来，各种数字化技术的变革不断推动着企业进行创新，面对数字化进程不断加速，企业的创新能力和创新深度进一步加强。企业财务模块在数字化大潮的推动下也从最初的电算化向着智能化及数字化方向发展。如图2-1所示，随着IT技术等数字化程度的发展和普及，数字化“赋能”企业不断进行财务领域的革新，从最初的基于提升效率需要，对内部流程进行信息化变革，发展到基于赋能经营、创造价值的视角，重构组织的价值链，以响应数字化经济背景下快速应对市场和业务多变的学习型组织。当前各种跨学科的新技术和新势能共同推动了数据向信息汇集，信息创造价值的变革链条，正在重构整个财务系统的生态环境和组织结构，带来财务智能化的“非线性”发展。企业财务不仅要像过去一样继续利用技术赋能提升效率，更需要借助“大智移云物”等数字化程度更高的新技术，创新财务智能化模式，为企业、合作伙伴和顾客创造新价值，即所谓的“使能”创新。随着数字化程度的不断提升，企业财务的变革深入，企业财务智能化的创新模式将从赋能向使能演进，由核算型职能向管理型及价值型职能转变。

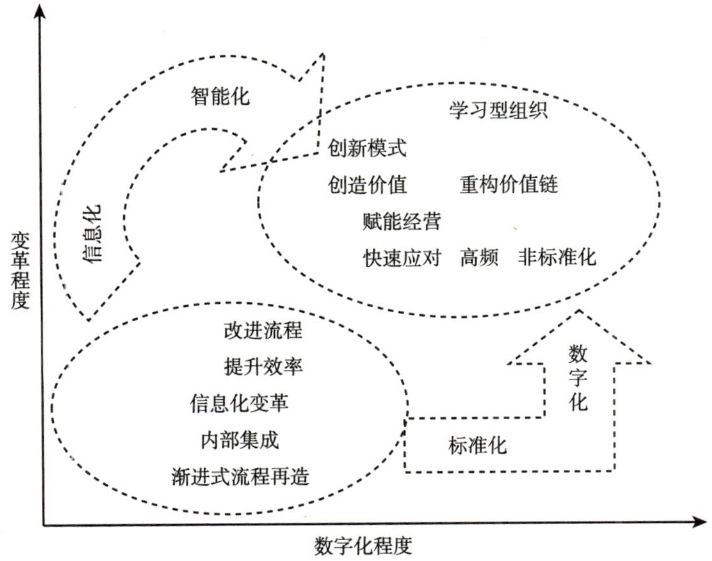

图2－1　数字经济与财务智能化：效率提升到价值创造

随着“大智移云物”等技术革新为代表的数字化程度的逐渐成熟，财务管理工作面临着新的机会和挑战，财务智能化变成一项必为并有为的工作，核算型财务的工作逻辑变得相对滞后，在提升效率上发挥着作用，管理型及价值型财务亟须登上舞台，实现数字经济背景下的“使能”管理。数字化的向前发展，使财务预测与决策、财务风控管理以及财务成本费控系统等有了更先进的算法、模型和分析能力。数字化技术可以抓取更全面的信息，学习更智能的财务分析模型，财务机器人可以实现财务管理全周期的自动化操作，经过改造的ERP系统可以消除业务、财务、资金和税务等之间的信息和管理壁垒，打通企业经营信息的全通道流通。在当前数字经济背景下，财务得到了新的发展契机，正在使财务从后端辅助职能走向企业经营的全流程中，财务管理模式从信息化向智能化深刻转变（见图2－2）。

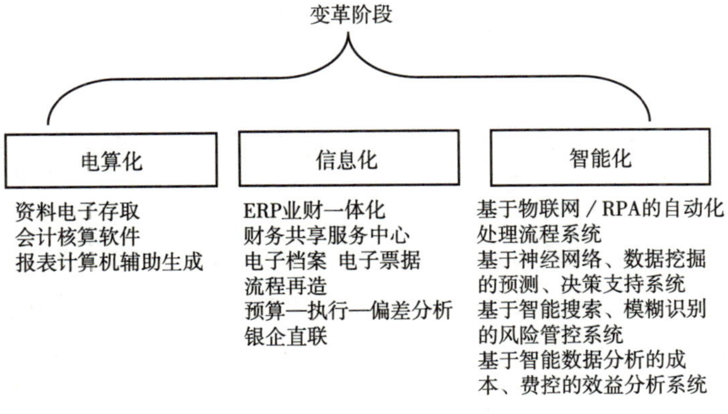

图2－2　财务管理的模式变革

2.2 数字经济背景下财务智能化建设框架

财务智能化过程不仅是财务流程中架构自动化技术成分，也不仅是某个财务模块的整体优化和重构，而是财务管理模式和财务管理理念的革新，财务智能化是借助于人机深度融合的方式来实现数字经济背景下财务模式的转型，构建新型财务管理模式。随着数字经济的发展，目前很多行业涌现出一批财务智能化改革的典型企业，近年来房地产行业整体智能化水平的不断提升，本部分将以国内某房地产集团 LH 为例，通过对其战略定位的分解，研究房地产企业集团财务智能化的总体发展框架（见图 2－3）。

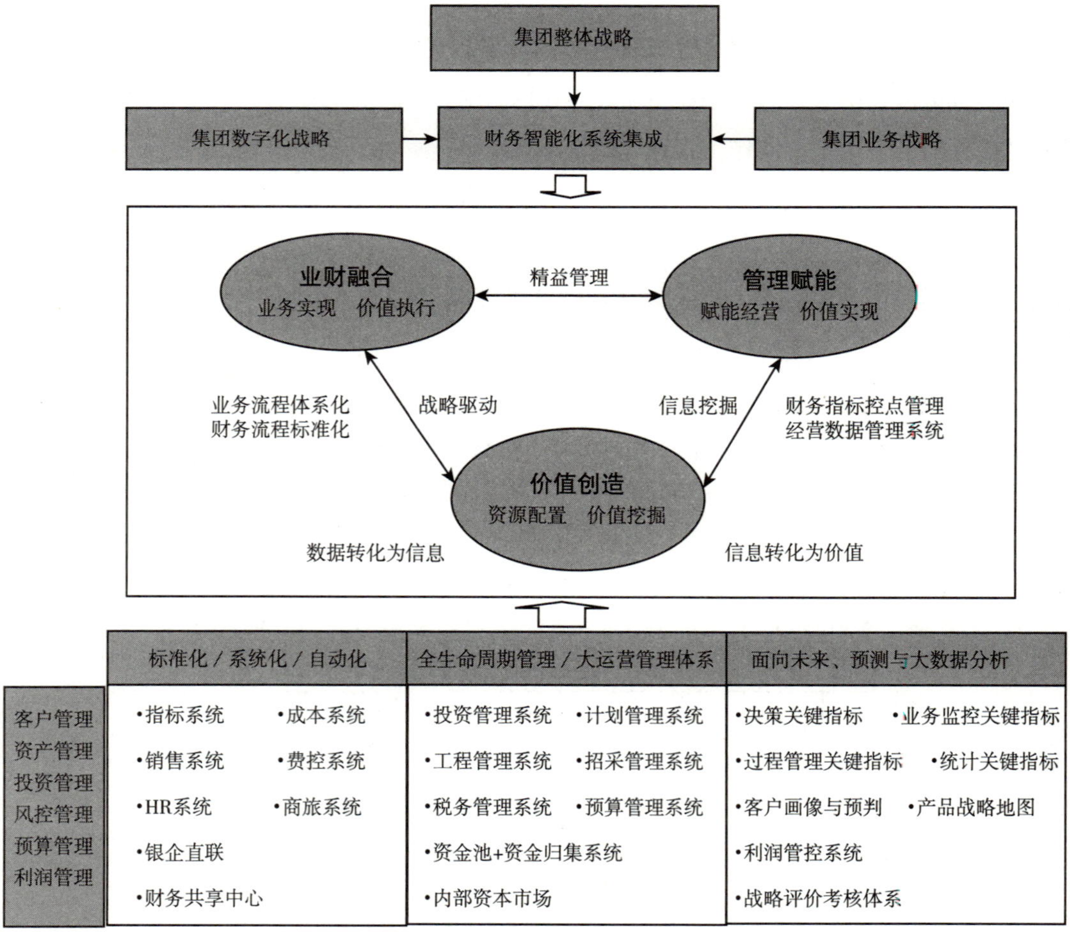

图 2－3　LH 集团财务智能化发展总体框架

2.2.1 财务智能化发展战略定位与建设目标

在 LH 集团房地产业务跨越千亿的关口，遭遇了国内房地产政策的强调控窗口，以往的土地红利、人口红利和资金杠杆红利均呈滑坡趋势，为了保持集团规模的进一步提升和业绩的稳定，向管理要红利变成了未来战略的必然选择。尤其在当下房地产“白银时代”，如何去挖掘数据资产价值，推动数字化经营提升经营业绩已成为房地产行业转型升级的共识。LH 集团在充分调研和研判的基础上，决定通过打造智能化运营管理体系，在业务经营层面提供更多智能化的决策场景，帮助集团实现穿越周期的持续发展。在集团整体发展战略和数字化经营战略的引导下，财务职能开始了智能化系统集成的建设任务，将企业财务与业务的融合作为首要突破口，通过梳理标准化接口，整合各端口经营系统，全力打造基于集团与地区相容的整体数字化系统网络，旨在实现财务转型，构建集团战略体系下的新型财务管理模式，从而推动企业整体数字化的快速发展，并通过财务管理综合能力的提升带动企业整体经营业绩的全面提升。

在清晰的战略引领下，集团财务智能化的任务是将核算型财务管理模式，通过数字化和智能化的改造，打造成管理型和价值型财务管理模式，让业财融合，数据转化为信息，信息创造价值。

2.2.2 LH 集团财务智能化发展整体框架

基于价值驱动打造的财务智能化整体框架是对集团的整体战略定位，以及集团数字化战略和集团业务战略的落实。为实现集团管理能力和管理效益的提升，在集团整体战略的基础上，着力研究业务战略规划，协同数字化发展路径，形成了三位一体的财务智能化发展框架。

业财融合：业务实现、价值执行。高周转、高杠杆、高收益的房地产行业需要精准的数据实现对企业及项目进行准确、快速、全面的支撑，提升运营效率。用数字技术来重塑业务流程，实现效率提升、智能决策、体验优化、创造营收等价值是满足房地产企业从投资拿地，到工程建设，再到长期运营的基本需求，也是实现企业战略落地的根本保障。近年来，房地产企业大多处于数字化转型的阶段，数字化将助力企业实现转型升级。通过数据链接开发、销售、招商、运营、服务等全流程，实现房地产项目全周期的管理，提升项目回报率。LH 集团财务智能化系统构建的基石是实现业务的落地与相关价值活动得到有效的执行与监督。这充分体现了财务智能化建设的根本逻辑是从最基础的业务单元出发，通过层层抽丝剥茧，挖掘业务最底层的价值点，并将这些价值点进行分类整合，形成标准化的刻度，并将业务流程体系化，基于此重新架构标准化、系统化及自动化的网格系统，打破数据孤岛，如研发数据指标系统、目标成本系统、明源销售系统、商旅与费控系统，再通过银企直联和财务共享中心这一平台将全量数据进行汇总，实现业务流与财务流的自动融合，推动业务活动和财务活动的执行。系列工作主要基于标准接口情境下的数据抽取、数据转换和数据存储，旨在处理好业务高质量完成下的数据质量控制工作，实现业务数据以房地产业态为颗粒度进行归集。

管理赋能：赋能经营、价值实现。在数字化背景下，房地产企业建立基于业财联动的财务管理架构，通过 RPA 和智慧化财务共享中心建设等创新举措提升财务运转效率，推动业务发展。通过对企业内部各个职能部门之间各项资源与工作流程加以归纳整理，从而完成财务共享与重新规划。运用科学的信息技术，对传统财务管理模式的分散式组织管理存在的各项问题进行优化创新，实现流程规范、效率提升、成本节约，从而实现向专业化、标准化、科学化的财务管理模式转型。LH 集团在进行财务智能化建设的过程中，将核算型财务向管理型财务的转变定位于从企业宏观层面的业务战略、数字化战略及集团管控模块出发，综合房地产集团业务决策与分析需求，识别出业务流程的关键管控点和经营价值点，设计业务分级界面，并基于中观层面业务规则标准化、全生命周期业务流程规范化以及业务控制系统化要求，进行了相应的架构设计，将房地产涉及的众多系统进行对接，打通系统间的取数壁垒，清洗冗余和决策无关数据，实现经营管理分析数据的高质量和共用性。从微观层面，进行技术落地设计，并组织开展系统化建设工作，基于管理层的决策进行底层系统的部署与搭建，联系数字化小组设计具体系统连接方案，以及框定其他系统需要改造创新的模块。

价值创造：资源配置、价值挖掘。在大量经济或商务决策过程中，企业需要通过研究决策变量和结果变量之间的因果关系才能有效地制定干预性的决策或政策（Bottou 等，2013）。对于房地产企业而言，核心价值是提供产品和服务，为消费者创造价值。借助于先进的分析技术和可视化工具，配合智能化的财务管理模式，把房地产经营过程中的数据转化为有价值的信息，充分挖掘经营信息的价值点，输出正向反馈并实现房地产业务的经营复盘与管理修正，这正是数字化环境下开展财务智能化建设的意义所在。LH 集团致力于实现价值创造功能的智能化模块搭建，主要涉及预算管控系统、战略评价体系、客户画像与预测系统、存货管理与分析系统和供应链生态圈系统等。这一系列系统的搭建均是基于数据已然生产有价值的点状信息，结合房地产经营的需要，设计了一整套涉及全周期管理的工具体系，可以实时高质量地进行经营指标动态分析，从而真正实现业务驱动财务、信息驱动价值创造的作用。

尤其在当前各大房地产集团进行多元化发展的背景下，物业管理服务和商业运营成为房地产行业的重要子板块，近年来获得了资本市场的高度青睐，各大房地产企业纷纷借由其物业管理和商业运营端口打造品牌竞争力。传统物业服务和商业运营的管理模式已无法满足企业发展需求，客户需求导向促使对物业及商业的多场景进行智慧分析，传统业务需要深度融合互联网、物联网等为代表的数字技术，构建以“生活＋服务体系”为核心的新型经营管理模式，通过大数据的充分运用来创造企业新的业务价值。在此情况下，LH集团结合了传统房地产开发和销售的业务模式下财务管控的逻辑，并基于与阿里、华为等头部企业的对标和实地调研，搭建了借助于大数据和数字信息高速匹配分发的智能财务处理体系。智能化的财务体系保障了流量信息的即时获取，并通过大数据分析技术实现了盈利点的精准定位，迅速定位发展痛点，纠偏经营风险点，制定更具战略视角的发展策略，实现了物业服务和商业运营模块的平稳健康发展，延长了客户服务生命周期，为LH集团在房地产开发主业的基础上增加了更多的业绩发展极。

2.3 数字经济背景下智能财务实现路径

在理清财务智能化发展框架的基础上，LH集团着力打造了以数据输入、数据处理、信息提取到价值输出为横向轴，分职能、跨系统、集团—平台—地区联动为纵向轴的财务智能化实现路径。将业财融合、价值管理融为一体，通过系统间的串联与并联，实现数据流、信息流、资金流及价值流的畅通流动。财务智能化实现路径建设如图2－4所示。

2.3.1 组织架构与对应系统的连接

目前，房地产企业基本采用集团—地区—项目的三级管控模式，具体到地区与项目层级则按照投资发展、市场营销、研发设计、运营管理、工程管理、合约成本、人力行政和财务管理等分职能进行组织架构的设置，不同的职能会配置与使用特定的系统来处理相应的业务。LH集团在财务智能化搭建时，首先处理的问题即摸排目前各职能使用的系统情况，以及系统使用的效率，然后针对未来可集成进智能化分析体系的系统进行保留与改造，最后实现系统的互联互通，数据信息的共享与输出。在此过程中，涉及几个关键的系

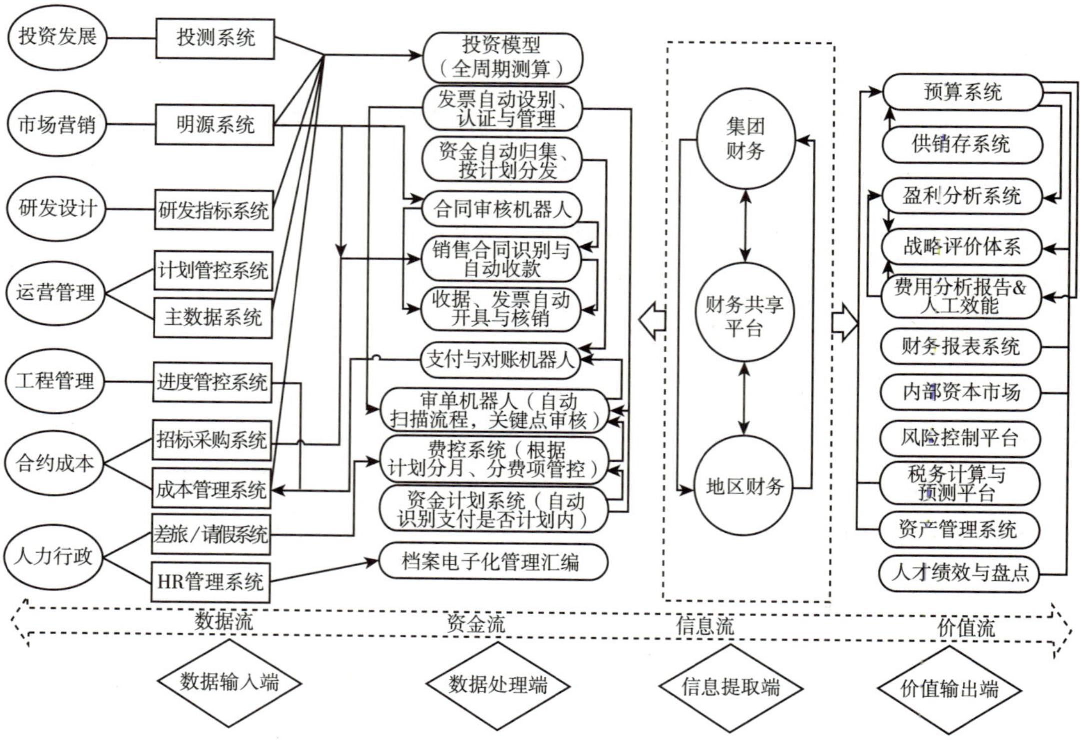

图 2－4　财务智能化实现路径建设

统集成，如投资模型系统、明源系统、主数据系统、计划管控系统和成本管理系统。

投资模型是房地产进行全周期管理的重要工具，投资端在拿地初期便开始使用，开发运营期会进行动态运维，项目后期持续的输出投资评价指标，直至项目的最终清算，完整地呈现了项目全周期的经营发展过程。主数据系统则是大运营管理必备的工具，充分集成了项目分期、研发指标、节点计划、经营指标等众多信息，并承担数据收集与分发。以上两个系统不仅功能强大，更涉及团队所有职能的参与，在权限配置和相应界面设定上需做到精心设计、数据接口精准和运行稳定。明源系统则是营销专属工具，庞大的数据库支撑着销售数据的每一条新增与修改记录，包括认购、签约、回款、存货管理等详细的数据处理与输出过程。成本管理系统则肩负着项目目标成本与动态成本的管控、合同管理与支付等多重功能，勾画着项目的完整建设过程。

各职能系统的内容可以展示出基于特定维度对项目、区域和集团业绩指标的分析与管理，但鉴于全周期管理与数字化管理的需要，打通各系统之间的连接，集成到财务智能化系统则尤为重要。针对需要进行全周期业绩评价与追踪管理的需要，投资模型系统集成了投资发展的投测系统、营销的明源系统、研发设计的指标系统、运营的主数据系统和成本的成本管理系统，形成了数据的闭环与自动化动态运维功能。同时，明源系统庞大的数据量也集成到合同自动审核、签约收款及票据自动开具等相关模块。在资金的收支模块集成了各职能部门涉及现金流的业务，做到了资金的自动归集与统一管理，节省了资金成本，提高了资金使用效率。

2.3.2 集团—平台—地区财务职能的权责划分与定位

集团—平台—地区三位一体的财务管理模式是目前众多集团化企业的主要财务管控形式。LH 集团是围绕房地产主业、商业、物业等多轮驱动的综合性企业集团，在财务的组织结构上经过多年的不断摸索，搭建了依托智能化财务平台，连接集团财务和地区财务为一体的稳定三角结构（见图 2－5）。

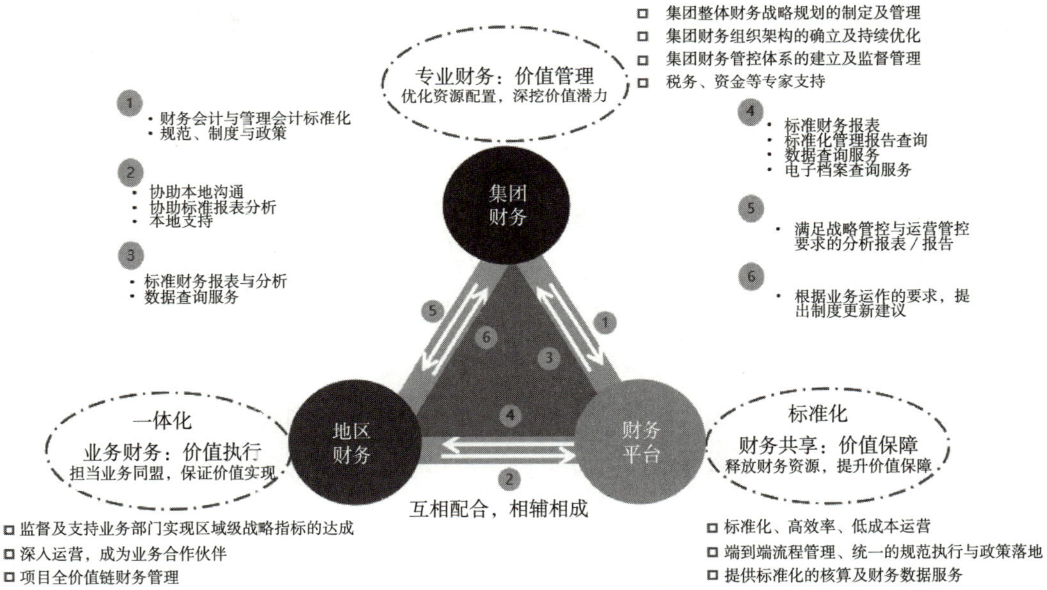

图 2－5 集团—平台—地区三位一体权责划分与定位

集团财务定位于提供整体财务战略规划的制定与管理，进行顶层设计，搭建更加智能化的财务管控体系，承担专业财务工作，深挖价值潜力；在具体权责划分中，主要负责财务共享平台的搭建，财务会计与管理会计标准化规范、制度与政策的制定，相关财务分析模块的设计与搭建，集团层面各职能、各系统的拉通、优化等。

地区财务则定位于充分利用集团搭建的智能财务管控体系，担当业务同盟，支持地区业务的推进开展，重在财务管理和风险控制等工作的执行。地区财务的权限划分内容是针对集团财务制定的政策、制度，以及新增或优化的系统进行地区内部的解读与执行，深入运营，充分运用财务专业知识来跟踪分析与监督业务指标的达成，并与财务平台配合，持续提效核算与分析等标准化业务，赋能业务的同时，对财务智能化工作的迭代与升级提供来自于业务一线的意见与建议。

财务平台是基于集团财务与地区财务一体化的需求而设立的标准化操作平台，实现端到端流程管理和统一规范的执行与政策落地。财务平台主要从事财务日常核算业务的集中化处理，收支的统一管理，充分利用智能化财务体系来实现降本增效的效果，提高人均效能。同时，财务平台也承担部分地区财务的常规作业，为地区财务储备和培养人才。

2.3.3 智能化财务系统的运行管理

LH 集团搭建的智能化财务体系主要依托于系统间的打通与关联，以及对各项系统数据标准化工作的梳理与重新设定，并将职能间的分工协调在同一语系框架内实现。智能化财务系统的有效运行借助于组织架构与系统的对接，权责划分与角色定位设定，以及财务主导下的业财融合协同发展，将各系统产生的数据汇总到主数据平台，并依据相应的内控机制进行甄别与提炼，形成具有使用价值的信息，有效信息导入财务分析系统（涵盖预算系统、盈利分析系统、战略评价系统等），实现对企业业绩的智能化分析与报告，提交给决策层进行战略决策，完成信息向价值的转化。

业务端与财务端的分工与协调如下：业务端负责所有底层系统数据的收集与管理，并通过智能化系统自动更新进运营主数据系统，运营主数据系统会对涉及房地产相关的研发指标、业态及货值、目标成本与支付等自动进行勾稽核验，产生差异分析报告反馈给运营端和财务端，运营端与财务端会结合项目投资模型及前期资料判断差异原因，反馈到相关职能，提示进行数据的再复核与修改，反复清洗数据后，最终形成有效信息，存储在主数据系统供分析调用。

智能化财务系统的高效运行保障了数据流—信息流—价值流的输入与输出，通过多部门配合清洗过的数据流最终形成了信息流，流淌在各子系统与主数据系统之间，同时，财务分析系统会抽取信息流按照既定的规则进行分析，形成各项分析报表，财务对分析结论进行提炼，并与战略目标进行匹配，最终输出有价值的战略分析报告，供管理层决策。

2.4 研究结论

在数字经济时代，“大智移云物”是社会发展和技术创新的产物，是促进人类进步的重要技术形态。数字经济的发展给管理实践带来了重大转变，并且对传统的管理思想和管理方法产生了巨大冲击。数字经济背景下的企业财务智能化探索与实践也是应对当前企业不断面临新环境、新技术与新发展机遇的一项重大战略行动。对于领先型企业而言，智能化财务体系建设是企业整体数字化建设的重要组成部分，也是数字化战略的重要突破口，财务智能化体系建设可以有效地提升组织效率，并能通过智能化建设产出的结果来反观整体数字化进程顶层设计的可及性。

本部分从数字经济对财务的影响着手，在理论层面分析了数字化对财务生态圈的影响，并探讨了数字经济背景下企业智能化财务建设的现实需求：从赋能到使能的管理变革需求。基于理论分析，结合 LH 集团的数字化、智能化财务体系实例，本部分继续研究了房地产企业集团财务智能化建设框架和实现路径，研究发现，财务智能化建设需要在集团整体数字化建设框架下，处理业财融合、管理赋能与价值创造的稳态三角圈，把“大智移云物”等新的数字技术有效的运用到企业实际之中，通过顶层设计与技术的衔接，把各系统打通，借助于重新设计的财务三位一体管控模式，重新构建智能财务平台和新型财务管理模式，实现大运营管理和效率提升。

2020 年年初的新冠肺炎疫情以及社交距离限定所产生的各种停摆对全球经济发展带来极大的挑战和不确定性，但同时也因此加速推进企业进行更多的新技术与数字化转型尝试。当然，转型的道路不可能一帆风顺，过程中可能会有一些弯路。领先型企业需要结合自身管理提升的需求，以及业务拓展的战略诉求，结合日新月异的技术方案以提出更契合自身需求的数字化、智能化财务转型方案，甚至是跨越传统行业边界的创造性财务变革方案，并持续跟踪并优化方案效果，利用数据化转型真正实现企业战略升级，为企业发展赋能，实现弯道超车。

参考文献

[1] 戚聿东，肖旭．数字经济时代的企业管理变革 [J]．管理世界，2020 (6)：135 -152.

[2] 徐鹏，徐向艺．人工智能时代企业管理变革的逻辑与分析框架 [J]．管理世界，2020 (1)：122 -129.

[3] 陈剑，黄朔，刘运辉．从赋能到使能—数字化环境下的企业运营管理 [J]．管理世界，2020 (2)：117 -128.

[4] 刘梅玲，黄虎，佟成生，刘凯．智能财务的基本框架与建设思路研究 [J]．会计

研究，2020（3）：179－192.

［5］李立成，刘勤．数字经济背景下的财务创新［J］．会计研究，2019（10）：95－97.

［6］张庆龙．下一代财务：数字化与智能化［J］．财会月刊，2020（10）：3－7.

［7］刘勤，杨寅．智能财务的体系架构、实现路径和应用趋势探讨［J］．管理会计研究，2018（01）：84－90.

［8］秦荣生．人工智能与智能会计应用研究［J］．会计之友，2020（18）：11－13.

案例3

基于智能运检体系的国网S公司电网运维监控决策支持和风险管控研究

国网公司在2017年工作报告中明确提出，推进现代信息技术与电网技术深度融合，构建覆盖输变配全电压等级，集信息汇集、过程管控、预警研判、指挥协调功能于一体的智能运检体系。智能运检管控平台是实现覆盖全电压等级、具备各项指挥功能的智能运检体系的核心载体，依托智能运检管控平台，实现对公司所辖设备及附属设施运行工况、运检专业工作过程的管控监督。国网S公司运检公司响应省公司的要求，建立了集信息汇集中心、过程管控中心、预警研判中心、指挥协调中心为一体的智能运检管控体系（平台）。智能运检管控平台以智能化为支撑手段，将生产信息以人工收集转为平台实时抓取，将以人工经验为主的辅助决策转为以大数据分析为主的辅助决策，形成了基于管控平台的生产指挥决策体系。

运检公司通过智能管控平台集成的多套应用系统，实时、全面、精准地展示各类静态和动态数据，实现对设备状态的全景可视，强化设备的运行属性监测，通过对静态、动态数据的比对分析，及时掌握数据异动及异常发展趋势；通过平台自动推送的故障告警，可第一时间获知故障情况，根据辅助研判信息以及查询其他辅助监视系统，实现异常情况的信息收集、分析研判和指挥协调，及时为现场故障异常处理提供技术支持；通过平台进一步强化缺陷管控能效，建立更加扁平化的缺陷管理流程，全过程跟踪管控缺陷处理情况；通过平台及时掌握各类主设备异常情况，自动推送设备预警信息，强化对各类潜在风险的预判与防控能力，实现对基层单位的“警钟长鸣”，防患于未然。运检公司创新运用智能管控平台为核心的运检管理模式，为业财融合推进和管理价值重塑提供了基础。

3.1 引言

随着国民经济增速放缓、电力体制改革推进、企业社会责任意识日益增强以及特高压、智能电网和能源互联网的迅猛发展，电网企业面临着来自经济、社会、科学、自然环境等各方面巨大的冲击和挑战。电网企业作为自然垄断的公用事业型国有企业，承担着社会经济用电安全的重要职责。科学精准配置企业资源有利于企业的良性发展。对电网企业资源的决策和风险评价问题进行研究，具有积极的现实意义。

面对复杂的外部经营环境和竞争压力，在不能改变外部环境的情形下，电网企业必须自力更生，加强公司内部治理与风险管控，创新完善运营模式与机制，促进企业提质增效。科学地进行电网企业运营的综合评价与管控是电网企业科学发展的需要，有助于电网企业更好地履行社会责任，适应未来的社会需求。

国网 S 公司在 2017 年工作报告中明确提出，推进现代信息技术与电网技术深度融合，构建覆盖输变配全电压等级，集信息汇集、过程管控、预警研判、指挥协调功能于一体的智能运检体系。智能运检管控平台是实现覆盖全电压等级、具备各项指挥功能的智能运检体系的核心载体，依托智能运检管控平台，实现对公司所辖设备及附属设施运行工况、运检专业工作过程的管控监督。作为运检管理的信息汇集中心、过程管控中心、预警研判中心、指挥协调中心，全面支撑智能运检体系对运检业务的信息化、自动化、智能化提升要求，着力解决目前运检管理模式下运检管理系统多且相对独立，相关数据来源分散，标准不统一，数据融合难，运检数据量大，应用分析少，运检专业管理注重常规报表和静态统计等问题，更好地满足“大检修”集约管理的需要。

针对公司资产规模大、管辖设备多、地域分布广的特点，加上近年来特高压电网的快速发展，急需建立更加有效的生产指挥协调机制，提升专业管控水平。智能运检管控中心作为运检管理指挥场所，可对公司所辖 500KV 及以上电网进行实时监控、统计分析以及信息展示，对调度监控、生产管理 PMIS、电网在线监测、现场视频监控等信息系统数据进行综合处理，实时监测高负荷设备的潜在缺陷。并通过大屏幕直观形象的展示方式，方便生产管理人员全面掌控主网设备运行工况，为生产管理人员提供研判、评价、决策的依据，支撑运检策略优化与应急指挥，有利于增强对突发事件的响应能力，进一步提高 S 电网安全水平。

3.2 智能运检平台的搭建

运检公司以国网公司智能管控中心建设部署为指引，适应大电网发展趋势，立足于公司电网运检管控实际，搭建了输变电智能运检管控平台，创新建立以智能管控平台为核心的运检管理模式。通过平台，做精做实信息汇集、预警研判、过程管控和指挥协调四方面的运检管控模式，构建协同高效规范的运行机制，加强公司、各专业与运维站之间的信息集成，实现上下联动、资源共享。深化应用“大云物移”技术手段，充分发挥智能运检管控平台优势，深入开展信息汇集与信息流转、数据融合与数据分析、实时监测与设备预警、智能诊断与状态分析、任务督导与指令决策、辅助研判与现场管控，创建多渠道、多层级、多维度、多系统、多手段的生产指挥决策体系，创新大电网背景下运检管理模式。实现对公司主网设备的全面覆盖，对设备状态的全景监控，对运检业务的全程管控，持续增强设备状态管控力与运检管理穿透力，提升生产资源配置效率与水平。

3.2.1 智能管控平台总体架构

智能运检管控平台以中心业务需求为导向，以中心工作实际为出发点，建立总体架构。架构分为公司总览、当日概况、设备状态、生产业务、故障异常及统计分析。公司总览展示公司设备规模、中心职责定位、公司运检模式等信息；当日概况展示公司当日工作情况、次日工作计划、当日故障、缺陷及风险预警情况，实时监视主变、线路重超载情况，辅助监视变电站内各辅助系统，实时掌握公司生产运行信息；设备状态模块结合 D5000、气象、变电站视频、线路通道视频、在线油色谱等系统，对公司电网设备运行情况进行辅助监视，实时掌握公司电网设备状态。生产业务对公司生产计划进行管控，对临近开工及竣工工作进行实时跟踪，强化高位作业现场视频监控，确保公司生产安全；故障异常模块，对跳闸设备缺陷等进行辅助研判、过程管控及统计分析。智能运检管控平台以智能化支撑手段，将生产信息以人工收集转为平台实时抓取，将以人工经验为主的辅助决策转为以大数据分析为主的辅助决策，形成了基于管控平台的生产指挥决策体系。

3.2.2 三个层级 + 三个模块

智能运检管控平台是一套兼具业务处理、实时监控、大屏展示的运检业务管控系统，系统分为应用展示层、业务逻辑层、数据服务层。应用展示层以定制扁平化风格展示多维度

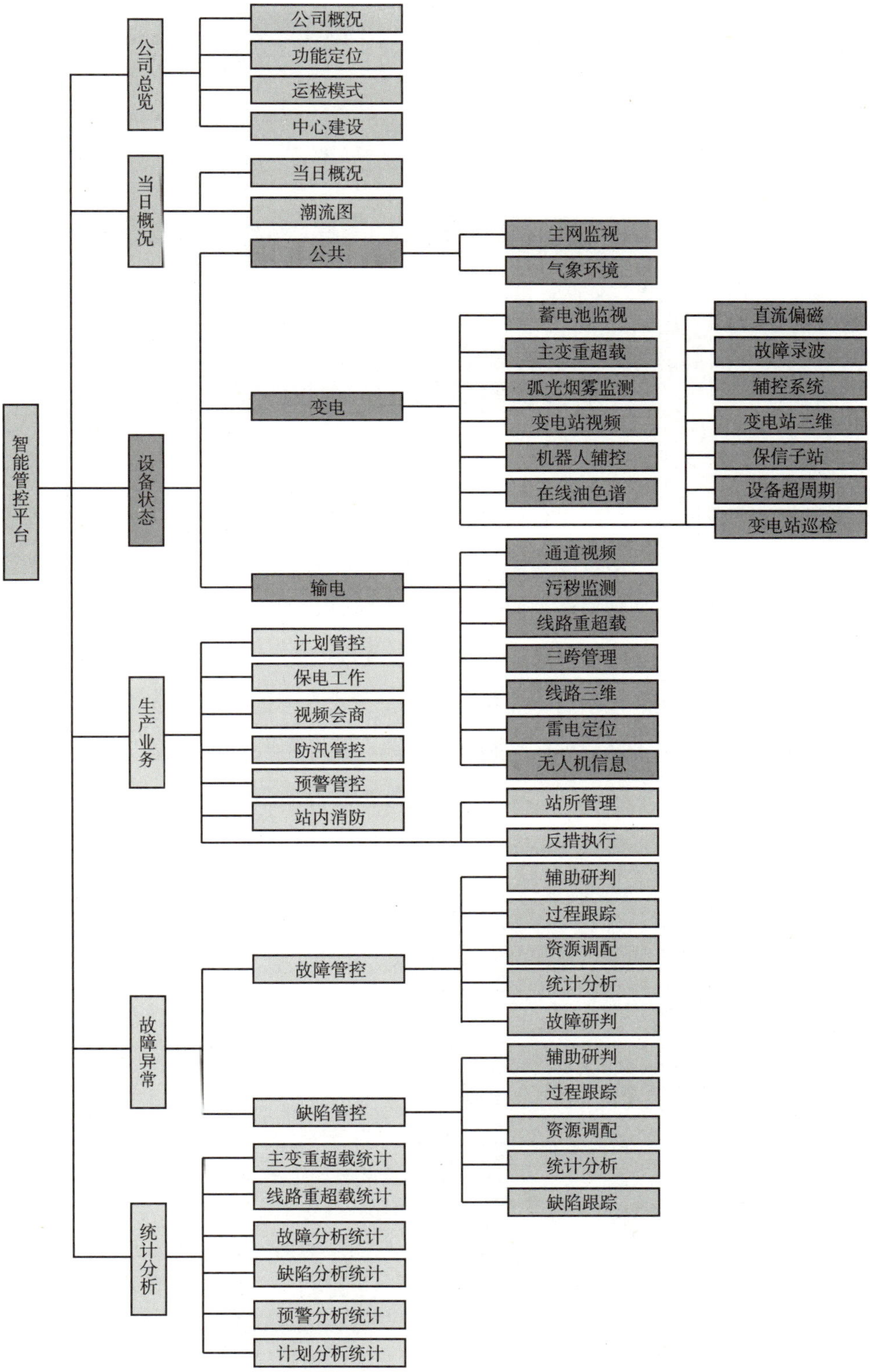

图3-1　智能管控平台总体架构

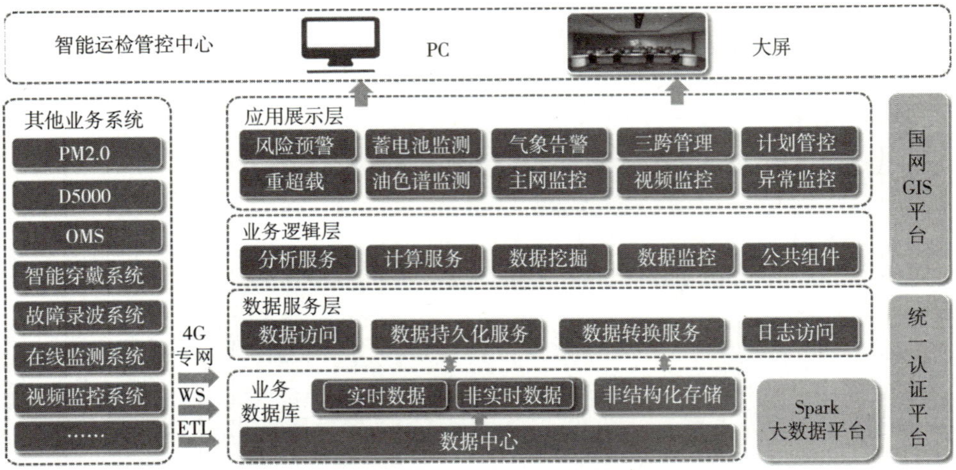

图 3－2　系统架构的三个层级

的运检管理业务，采用国网 GIS 平台作为地图展示，精准定位设备位置；业务逻辑层以统一认证平台进行权限管理，通过 Spark 大数据平台进行大数据分析处理，结合运检业务的实际情况梳理并实现业务处理；数据服务层处理内网以及 4G 专网，通过 WebService 接口、数据中心 ETL 等方式，与 31 个系统进行交互和系统集成。

智能运检管控平台业务包括当日业务概况、设备状态管控、故障异常管控、生产业务管控等模块，集中展示预告警数据，精细展示缺陷、故障跟踪管控流程，全面收集设备历史运行情况、检修计划、巡视计划、项目信息等数据，开展多维度统计分析，为管理人员提供辅助决策信息，提升工作效率。

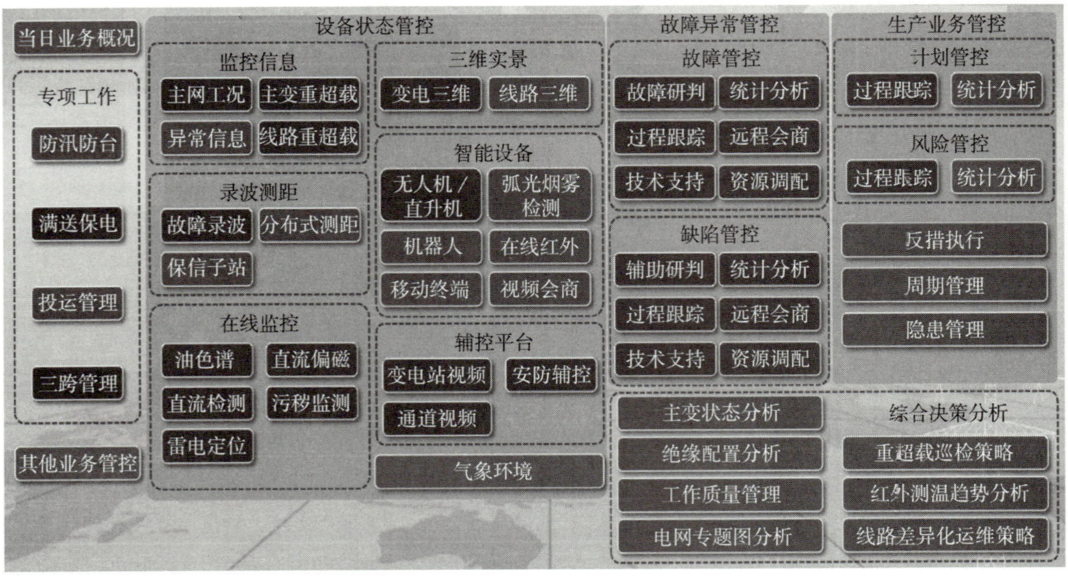

图 3－3　平台融合的各系统

通过与调度监控系统、生产管理 PMIS 系统、电网在线监测系统、现场视频监控系统等的集成融合，实现实时调用各生产系统数据。通过数据接入层实现数据的汇集；通过业务管控层实现日常业务的管理、掌控；依托指挥决策层在已有数据的基础上，通过数据挖掘、分析，实现辅助决策。

3.3 基于智能运检平台的运检业务决策支持系统

以智能运检管控中心作为重大故障、缺陷的协调指挥中心，日常强化现场督导与作业质量管控。针对电压等级高、影响范围大的重大故障、缺陷，依托智能运检管控平台，融合视频会商系统以及智能穿戴装备，实现领导、专家与现场多层级实时互动，指挥与作业人员双向可视沟通。配合故障快速定位、研判功能，发挥统一指挥、专家指导、协同调配优势，实时跟踪抢修处置进程，协调解决处置过程中存在的车辆、物资、装备、人员等问题，提升多专业协同作业能力，进一步提高抢修效率。

运检业务的远程监督和过程管控须依托智能运检管控平台建立远程视频会商系统，采集现场移动音视频到内网组建视频会议，同时提供文件共享、权限控制等功能，将生产管理穿透延伸到作业现场，为管理层提供现场作业实况，为现场提供专业分析指导。通过对移动终端进行状态跟踪，可对多个作业场景有选择性地进行视频、音频会商，保证重要工作现场与决策指挥层进行充分、及时的交流、讨论、协商。

通过智能运检管控系统并结合现场可移动终端的广泛应用，可方便地实现与现场的信息交互。以智能穿戴设备为例，智能穿戴主机集智能手机、对讲机、视频、巡检 PDA、红外热成像测温仪、经纬度测试仪、NFC 电子标签读写器于一体，是一个为电网作业量身定做的内网安全接入的移动式交互终端，具有集约化、轻量化、智能化的特征。上行可传输设备数据、报告、实时多媒体会议至管控平台；下行可接入检测仪器和传感器采集数据，可实现双向交互式信息通讯。二级部署智能运检管控平台，打通本部—运维站管控系统纵向信息交互通道，使底层信息直联本部机构，本部中心能实时穿透到各个作业现场，实现班组级现场管控，有效提升运检管理穿透力。

3.3.1 基于智能管控平台的设备状态辅助监视

3.3.1.1 电网运行数据全画面监视

应用智能运检管控平台，全面、实时获取调度监控系统、生产管理 PMS 系统、电网在线监测系统、现场视频监控系统等多维设备状态信息，实施对公司主网设备固有属性的全面掌控、运行属性等的全时监测。通过当日电网概况画面的开发，可从宏观到微观全方位地掌握电网运行的整体概况。通过对全省电网负荷的实时记录、峰值比对，加强电网运行整体状态的宏观把控。结合地理信息接线图的形象展示，可实时监视电网潮流信息、重要线路的检修信息以及电网预警信息。同时电网内所有设备的故障、缺陷及相关告警信息都可以在画面中实时更新。

图 3－4　电网全画面监视

3.3.1.2　设备静态数据全口径展现

智能运检管控平台通过硬件集中、软件集成，实现多系统集成应用，全面覆盖设备的类型、运行参数、投运年限等静态数据，展现设备的固有属性。对设备的固有属性多维度分类统计，实现同类设备全关联，可精确查询同类型、同批次设备的概况信息，以此对比分析同类设备的共性问题；通过关联设备验收投运、运维检修、退役等的静态数据，实现单一设备全寿命过程展现。高效数据分析工具、大数据分析设备在线监测信息、设备缺陷故障、气象等信息，实现运检规则与设备状态自动匹配，提出运检计划建议。依托平台对设备检修数据进行智能处理，实现检修质量智能评估，提升设备状态管控力。

3.3.1.3　设备动态数据全方位监视

智能运检管控平台通过 D5000 系统以及融合设备重超载、油色谱、蓄电池监测、污秽监测、直流偏磁、三跨监测、红外在线监测等各类在线监测系统。全时段在线监测设备的动态数据，强化设备的运行属性监测，通过对动态数据的比对分析，实时掌握数据异动及异常发展趋势。以油色谱在线监测为例，平台实时展示主变及高抗等充油类设备的油色谱告警信息，并可通过油色谱趋势产生预警信息，实时推送预警画面，自动匹配设备台账、上次检修、相关班组等信息。2016 年 11 月 19 日主变油色谱在线监测系统告警，显示 500 千伏某变主变乙炔含量异常升高，立即通知现场进行油色谱复测和跟踪，经专业分析确认，安排对主变进行停电处理，及时消除了中性点套管均压罩脱落的危急缺陷。

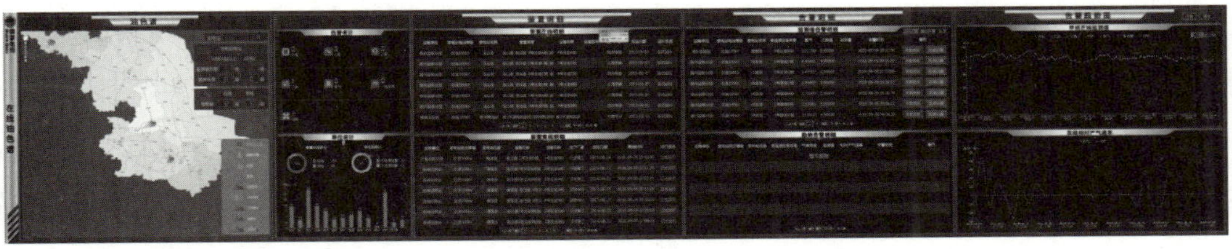

图 3－5　在线油色谱

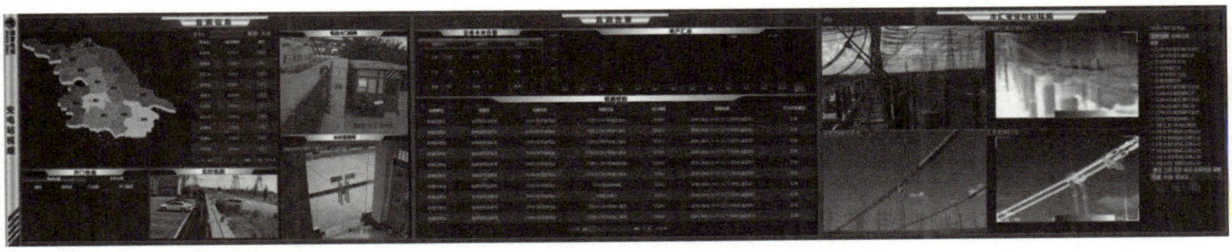

图 3－6　红外在线监测

3.3.1.4　设备环境数据全天候监视

应用运检智能管控系统，对设备运行的环境数据进行全方位实时监测，包括高温、暴雨、强雷暴、强降雪、大雾、污秽、雷电等气象信息，强化设备的环境属性跟踪监测。结合运检现场地理位置、交通情况，实时运检资源配置情况，构建运检承载力自动分析模型并及时发布各类预警信息。如台风预警管控，中心及时发布各级预警信息，督促各单位落实防范措施，密切关注台风路径，开展汛情隐患视频巡查，及时发布故障异常信息，为台风过境期间设备的安全运行提供支撑。

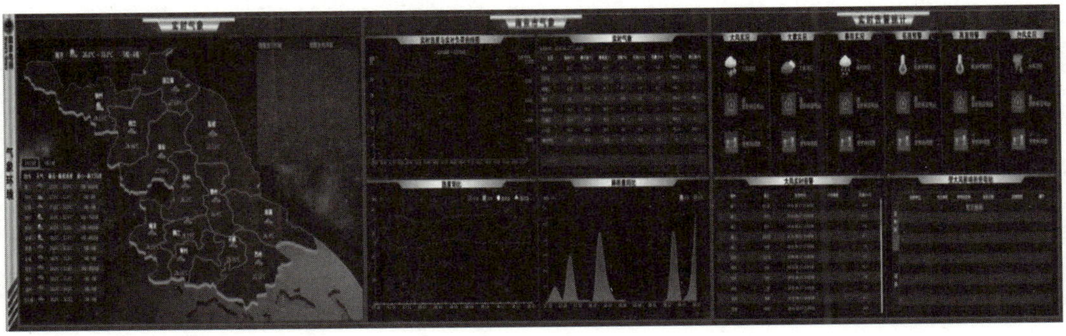

图 3－7　气象监测

3.3.2　基于智能管控平台的运检业务过程管控

3.3.2.1　故障研判穿透可视

在重大故障、异常情况下，通过管控平台第一时间通过 D5000、故障录波、监控视频及雷电定位等系统全面收集相关信息，对故障异常进行辅助研判，及时为值班人员提供技术支持。通过辅助研判模块快速查看故障发生时间、故障跳闸开关、故障时间段前后10分钟内故障告警信息、故障间隔光字牌、故障录波图、变电站视频、故障发生变电站所属运维班组、电话、当班人员等信息。通过变电故障录波器测距、雷电定位、分布式故障测距等手段，以及线路坐标精确定位到具体杆塔位置。结合故障信息推送功能，为现场查找故障点提供高效技术手段。以2018年3月4日，500kV堡安5253线故障跳闸为例，中心及时查看跳闸线路两侧变电站运行状态、故障信息、光字牌信息等，及时准确掌握设备变位情况；通过调阅故障录波文件，掌握保护动作行为；结合雷电定位系统，发现故障发生时线路附近有频繁雷电活动，初步判断故障性质为雷击跳闸，重合成功。中心进一步结合故障录波测距信息以及PMS台账杆塔信息，快速精准定位到故障杆塔位置，第一时间为线路人员提供可靠、有效的巡视依据。

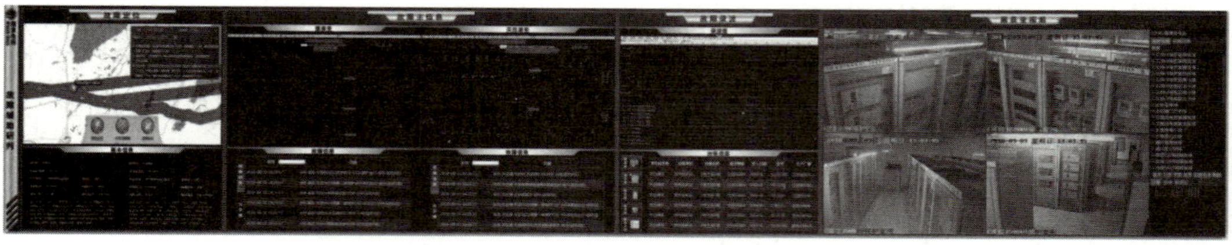

图3－8　故障管控

3.3.2.2　隐患缺陷全程跟踪

依托运检智能管控平台公司进一步强化缺陷管控能效，建立更加扁平化的缺陷管理流程，从一线运维人员直接获取运行信息，缩短了信息获取渠道。将缺陷流程细分为缺陷发现、分析诊断、资源调配、方案制定、消缺处理、缺陷验收、恢复送电七个阶段，通过跟踪不同阶段，实现对重大缺陷的全过程管控，快速有效开展处置工作。对缺陷管理、检修日计划、运维巡视、状态评价等进行集中管控，明确各项管控举措要求，督促相关单位细化现场处置措施。采取视频轮巡、记录抽查等方式，实现“痕迹管理”，确保措施有效落实。

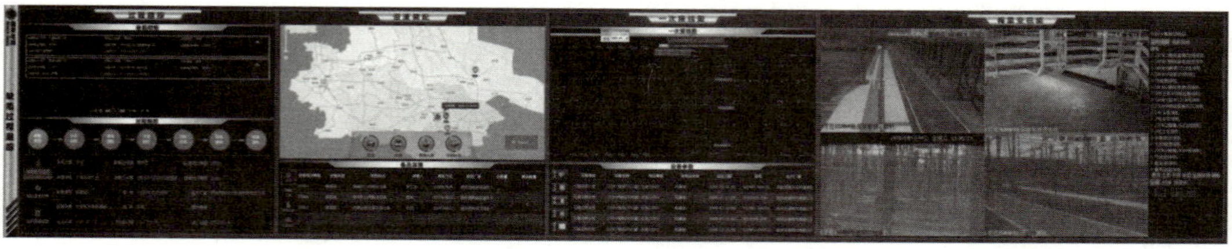

图3－9　缺陷管控

3.3.2.3 作业计划执行管控

应用智能运检管控平台，全面监督每日工作进展情况，加强工期管控可视化管理，使用不同的颜色表征临近结束、超期以及未按期开工的工作。重点关注500千伏及以上计划停电、临时停电工作，并按日、周进行信息发布，便于各级人员及时制定到岗到位计划。通过密切关注计划批复、停电操作、开工许可、竣工汇报以及复役操作等重要环节，严抓实施进度和工期管控。

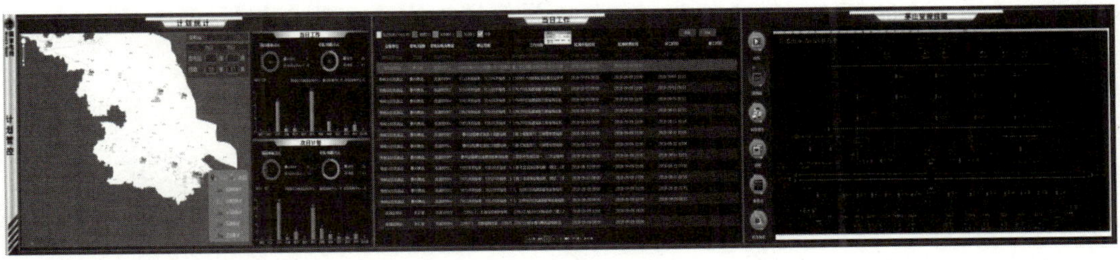

图3-10 计划管控

3.3.2.4 预警信息自动推送

依托生产指挥网络，收集与发布电网预警、设备预警、气象预警、高危作业预警及专项保电任务的信息，全面掌握异常信息，强化对各类潜在风险预判与防控能力。强化生产指挥网络关于主设备严重及以上缺陷信息报送制度执行，及时全面掌握各类主设备异常情况，从缺陷发现、缺陷定级、方案制定、组织实施，直至消缺闭环等环节进行全过程跟踪与管控，为运检部相关专业及时组织分析诊断，提供技术支持。结合运检、安监在重要时段、关键节点的工作要求以及以往各类安全事件、设备故障发生的潜在规律，在特定时段将相关工作要求、提醒信息及时推送至各单位，实现对基层单位的“警钟长鸣”，防患于未然。

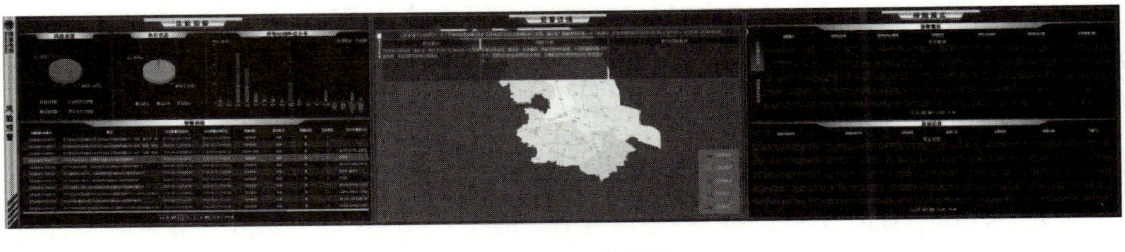

图3-11 预警管控

3.3.2.5 反措执行跟踪管控

通过管控平台全过程跟踪反措执行情况，动态更新“反措执行一本账”，督促各单位严格落实执行计划，并为生产计划、技改大修项目的编制提供依据，确保设备治理有序推进。

3.3.3 基于智能管控平台的运检业务远程监督

3.3.3.1 运检现场多元管控

智能管控平台通过OMS、PMS、视频、安防辅控、机器人、智能锁具、移动终端等多元管控手段实现运检作业精益管控。通过OMS掌握查询计划执行情况，通过PMS查询工作票执行情况以及运维、检修记录，通过视频调阅实时掌握现场的安措布置、人员行为、实施进度，通过安防辅控、智能锁具远程检查运维巡视质量。机器人和移动终端的应用也有效地丰富了管控手段。

3.3.3.2 作业现场远程督察

通过管控平台关联工作录音、工作票进行查阅；关联现场视频，对现场的安措布置情况、检修作业开展情况及人员作业行为进行远程监督，加强作业现场安全管控。对重点工作、高危作业现场可通过管控平台遥控机器人到作业现场进行旁站监督，依托机器人视频系统全方位监督作业现场，发现人员违章行为可实时喊话及时制止。保障检修作业现场安全可控。

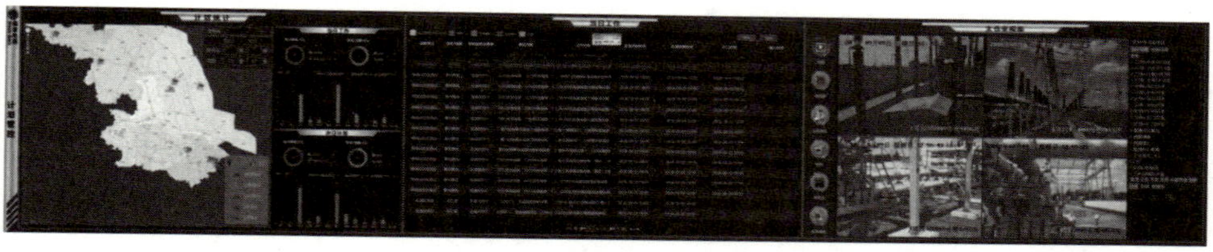

图3-12 远程督察

3.3.3.3 运维质量远程监督

通过管控平台PMS系统巡视、测温记录可自动匹配巡视视频画面，通过视频回放以及结合变电站门禁记录、视频回放以及智能锁具的开启记录进行核查，严抓相关工作开展的真实性及工作质量，包括日常巡视是否按期，特殊巡视是否及时，全面巡视是否精益。

3.3.3.4 专项工作重点监控

针对各专业布置的专项工作，中心通过电话询问、措施考问等方式开展现场执行情况专题检查，检查一线人员相关要求是否清楚、措施是否落实，并将检查结果纳入远程督察通报，不断强化专业要求的有效落地。以特高压直流满送保障为例，中心编制了2018年《特高压直流满送保障管控方案》，按照“技术保障、质量督察”的原则，利用智能管控平台，对36座保电站、92条保电线路的超重载情况、在线监测数据及周边外破、汛情等进行辅助监视，实时掌握设备运行状况；通过记录抽查、视频巡查、远程考问等方式督促各单位严格落实保障措施。

3.3.3.5 设备周期治理检查

智能运检管控平台通过关联第一种工作票，对设备检修日期进行动态更新，关注并告警临近超期和已超期设备情况，并结合系统运方及设备状态，实施基于大数据的专家诊断与精益分析，对数据进行智能化处理，对告警等数据进行智能推算并提出检修计划建议。平台收集设备历史运行情况，建立故障、缺陷等数据库，预判故障异常发生概率，查找同类型、同批次设备的共性问题，及时发布设备预警，提出预防性建议和措施，降低人工干预量，为设备检修策略制定和异常情况下指挥协调提供技术支撑。

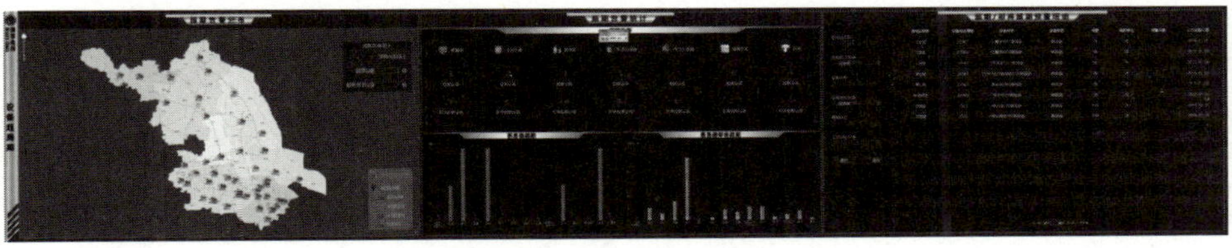

图3－13 周期管控

3.3.4 资源调配快速响应

运检公司发挥平台的指挥协调功能，实时协调日计划执行过程中遇到的问题，化解现场扯皮现象，降低沟通成本，将业务管控模式由非实时性向实时性转变，促进生产业务高效开展。针对应急工作，第一时间投入专业力量启动应急处置，并与各级调控中心建立业务联系，实时协调运维人员、检修人员、应急物资、机具车辆等多方资源，快速集结、调配技术力量与物资资源。全程跟踪处置过程，分阶段发布进展信息，有效把握现场实际情况，确保检修资源调配更趋高效。

3.4 基于智能运检体系的风险管控研究

3.4.1 公司风险管理现状

3.4.1.1 公司风险管理概况

国网S公司检修分公司（以下简称“公司”）作为全国电网资产规模最大的省级运检

公司，管辖设备多，地域分布广。以电网运维监控业务管理为核心的智能运检体系的运行和完善，需要横跨多个信息系统，数据交错复杂且体量大。因此做好风险防控和决策支持，善用全省范围的信息管理数据，加强项目造价管理与预算编制，有效防范资金风险，以价值导向实现精益化管控是公司发展中至关重要的核心。

3.4.1.2 公司风险管理模式

公司风险管理模式目前是行政管理主导型的条线管理模式，内外部横向合作虽然存在，但多是事项咨询服务型和常年顾问型，没有形成紧密型、长效型的内部协同机制和外部公私合作机制，风险管理力量和资源离散程度较高，尚存在进一步优化整合的空间。

3.4.1.3 公司风险管理制度设计

公司尚缺乏风险管理的顶层设计，应根据法律风险管理各项新情况、新问题做适时规划，对原则性规定要制订具体的配套措施。

3.4.2 公司风险管理现存主要问题

3.4.2.1 公司风险管理制度有待更新

全球化新形势下的风险不再一如既往地呈现单一特点和局部特征，往往伴生或混同于全面风险问题中，多元化视角和多专业解决成为今后公司风险管理的基本工作原则。公司风险管理制度建设要更多地与全面风险管理制度及其他战略管理制度融合，做好新制度的顶层设计和旧制度的修改革新。

3.4.2.2 全面风险管理理念尚未建立

公司目前改革发展的速度快、力度大，新兴业务创新点多，风险管理工作任务体量大，质量绩效考评要求高，合规管理建设任务紧迫，风险管理工作所需权力配置及人力资源配备尚不充分，全面风险管理理念尚未建立。

3.4.2.3 公司风险识别、评估、控制机制有待强化

在智能运检体系的背景下，公司的业务活动向信息化、一体化方向推进，但是，风险管理的智能化尚未及时跟上公司业务推进的进度。因此，风险识别、评估、控制机制需进一步结合人工智能、大数据等信息科学技术的最新研究成果，改良肩挑手抬的传统方法，拓宽技术路径，丰富技术手段，借鉴域外经验，比如设立风险征兆预警系统、风险识别、

评估的智能系统，向智慧风险管理迈进。

3.4.2.4 公司风险管理与审计、合规、监察协同有待巩固

目前，公司风险管理与审计、合规、监察协同不够，由于工作理念和工作力量分配等因素，风险管理工作与日常审计工作、合规管理工作等存在一定的各自为政的现象，所以，公司亟需整合公司内部监督资源，建立协同工作机制并保证协同机制之上的集中统一领导，坚持风险管理与合规管理的并行不悖和互融互通。

3.4.2.5 应急管理、过渡性管理与长效管理有待统一

对风险管理与业务整合上，缺乏制度性的规定，风险管理的应急处置、过渡性管理、风险管理长效机制之间尚未形成成熟的体系，就目前来看，对三者的结合和统一尚显不够。

3.4.2.6 风险管理有待进一步向智慧型升级

当前，公司的一切管理工作向智慧型升级，因此，需要及时将信息技术的最新发展成果运用到风险管理工作中来，智慧型风险管理是大数据、智能型风险管理的升级版，其不是简单地将新技术嵌入风险管理工作，而是将新技术作为公司治理的技术手段在运用中完成公司战略目标的具体实现。

3.4.3 公司风险管理现存主要问题成因分析

3.4.3.1 公司风险管理向治理升级不足

相较于公司风险管理，治理意味着：更高层的政治站位，公司作为领军央企，其治理是国家治理体系的一分子和支撑因素；更宏阔的国际视野，所有战略决策和具体工作将纳入全球域界予以考量；更科学的体制机制，具有灵活机动的内外环境应变能力；更丰富的技术路径，吸纳一切可利用的先进技术。公司风险管理如果仅仅停留在管理层面，治理理念引导激发的诸多创新优势将无法彰显落实。

3.4.3.2 任务合作型管理向长效合作型管理转化迟滞

公司风险管理的特征是围绕任务完成做文章，部门之间合作也是围绕任务涉及的主题开展，分分合合，导致部门沟通成本高、信息不对称、工作理念差异甚至冲突，如不立即向长效合作型管理转化，将导致风险管理力量的分散、资源的浪费和效率的迟滞。

3.4.3.3 风险意识和风险文化培育不足

公司行政权力主导下的风险管理体制，其运行主要依靠任务命令和考核问责两个主要

行政手段，而风险意识和风险文化的培育，相较于公司行政管理，更能激发管理层乃至全员的风险防范意识和从事风险管理工作的积极主动性，风险意识和文化培育不可能一蹴而就，而要假以时日，耳濡目染，让风险意识和文化因子融入每个员工的血液中，最终表现为一种工作惯性和道德自觉，收获事半功倍的风险治理效果。

3.4.4 基于 2018 版 ISO 31000 的风险管理原则

风险管理的目的是价值创造与保护。风险管理的有效实施须遵循以下八项原则，具体如图 3－14 所示。

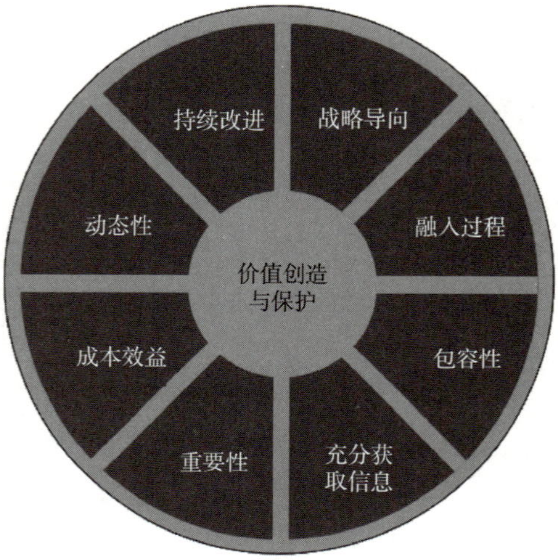

图 3－14　风险管理八项原则

3.4.4.1 战略导向原则

风险管理服务于公司发展战略，其管理目标和管理活动均以战略为导向，为战略目标的实现提供保障。

3.4.4.2 融入过程原则

风险管理是所有公司活动不可分割的一部分，即风险管理是“嵌入到”而不是“附加于”公司现存的实践或业务过程之中。风险管理应当贯穿于公司管理的全过程，通过建立和运行风险管理体系，使风险管理的理论、流程、技术和方法融入公司各项活动之中。

3.4.4.3 包容性原则

风险管理以适当的形式引入利益相关者的及时参与，有助于获得利益相关者关于风险的知识、见解和感知，以便更好地了解风险并作出知情决策。

3.4.4.4 充分获取信息原则

有效风险管理决策的基础是历史的和当前的信息，以及对未来的预期。风险管理应当考虑这些信息和预期的局限性和不确定性，并确保所有利益相关者能够充分获取及时、准确的信息。

3.4.4.5 重要性原则

风险管理应重点关注重大决策、重大风险、重大事件和重要业务流程，根据决策、事项、业务和风险的重要性等级合理配置风险管理资源。

3.4.4.6 成本效益原则

风险管理过程中的风险应对，应当权衡实施成本与预期效益，以适当的成本实现风险的有效管控。

3.4.4.7 动态性原则

随着公司内外部环境的变化，面临的风险也可能随之变化。风险管理须以适当的方式及时对这种变化作出调整。

3.4.4.8 持续改进原则

对于风险管理框架和风险管理过程，应当定期评价，不断总结经验和教训，实现持续改进。

3.4.5 基于 2018 版 ISO 31000 的风险管理框架

构建风险管理框架的目的是将风险管理嵌入公司各项活动与职能。风险管理的有效性取决于其能否被纳入公司治理与决策。这需要获得公司高管层的支持。因此，风险管理框架的核心是“领导与承诺”。风险管理框架的构成要素分别是整合、设计、实施、评价与改进，具体如图 3－15 所示。

3.4.5.1 领导与承诺

公司高管层应当确保风险管理已嵌入公司的各项活动和职能，并作出以下承诺。

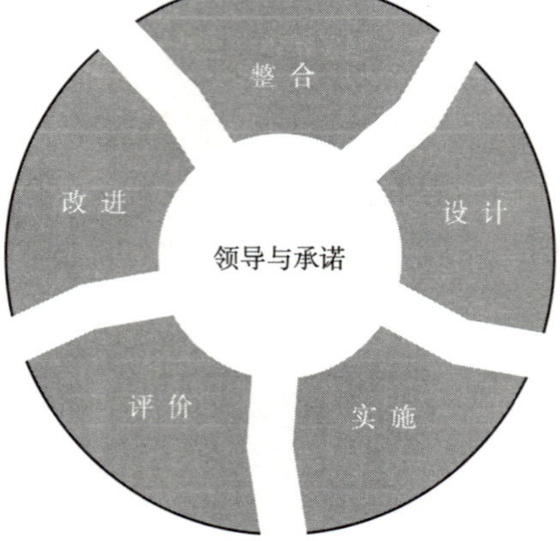

图 3-15 风险管理框架

（1）风险管理框架的各要素已根据公司管理的需要得以实施；

（2）风险管理政策与计划已得到落实；

（3）已为风险管理配置必要的资源；

（4）已为在公司各层级开展风险管理进行授权和职责分工。

3.4.5.2 整合

风险存在于公司各项活动和职能之中，而且公司各职能部门和分（子）公司面临的风险因素、风险组合、管理风险的方式及其成本存在差异。整合风险管理必须建立在充分了解组织内外部环境的基础之上，每一个公司员工均应承担风险管理职责。

整合风险管理，要求立足于企业整体价值目标，统筹考虑所有风险，并整合运用各种风险管理方式，嵌入管理过程和业务活动之中，实施相应的应对策略以管理和控制这些风险。整合风险管理应当是一个动态的、反复优化的过程。

3.4.5.3 设计

（1）建立环境。各级风险管理主体应充分了解公司面临的内外部环境，广泛、持续地收集与风险和风险管理相关的内外部信息，包括历史数据和对未来的预测信息。信息内容包括但不限于：

①战略风险方面：国内外宏观经济形势、产业政策、行业发展状况、战略伙伴或竞争对手情况等信息。

②市场风险方面：原材料、装备等物资供应行情信息。

③财务风险方面：本单位的财务信息，行业会计政策、会计估算信息，汇率、利率等

融资政策和信息，行业平均指标、先进指标等。

④运营风险方面：本单位的安全事故、环境事故、网络安全等信息，重大自然灾害预警信息，国家和地方安全生产、节能环保政策信息，煤炭产供销衔接信息，工程质量、进度控制等信息，资本运作、并购重组等信息。

⑤法律风险方面：与本单位相关的政治、法律环境信息，法律法规调整变化情况，本单位发生的重大法律纠纷案件等信息。

各单位（部门）应持续完善风险信息的收集和汇总机制，风险信息收集以业务为基础、以流程为依托，采取定期集中收集与不定期动态收集方式开展。

各级风险管理主体应对所收集风险信息的真实性和完整性负责。公司层面应当建立风险管理信息在不同单位（部门）之间的共享机制。

（2）作出风险管理承诺。高管层应当通过制定相关政策、发表声明或其他形式，对风险管理作出持续承诺。风险管理承诺应包括，但不限于：

①厘清管理风险的目的及其与公司目标和其他政策之关系；

②大力推动风险管理融入公司文化；

③将风险管理嵌入公司核心业务活动和决策之中；

④进行风险管理授权，明确职责和责任；

⑤合理配置风险管理资源；

⑥妥善处理不同目标之间的冲突问题；

⑦设计风险管理绩效指标并报告；

⑧评价与改进风险管理。

风险管理承诺应当以适当的方式在公司内部以及向利益相关者传达。

（3）配置资源。董事会和高管层应当确保为风险管理工作的开展配置必要的资源。这些资源包括，但不限于：

①具备风险管理技能、经验和胜任能力的专业人员；

②可用于管理风险的流程、方法和工具；

③风险管理专业培训。

（4）沟通与咨询。公司应当建立通畅的沟通与咨询机制，确保能够及时收集、整理、加工和分享风险管理信息。

3.4.5.4 实施

公司应当采取以下措施，实施风险管理框架：

（1）拟定风险管理计划；

（2）识别出公司不同类型的决策及相应的决策人；

（3）必要时对决策流程作出适当调整；

（4）确保公司风险管理政策已得到很好的理解与执行。

风险管理框架的成功实施需要利益相关者的积极参与和充分了解，只有这样，公司才能准确识别决策中的不确定性，新的不确定性一旦出现就能够被纳入考量。风险管理框架只有经过合理设计和成功实施，风险管理过程才能嵌入公司活动与决策之中，并根据内外部环境的变化作出相应的调整。

3.4.5.5 评价

为了评价风险管理框架的有效性，公司应当定期考察风险管理框架是否依然适用于支持公司目标的实现。

公司风控部门组织对风险管理框架提出风险管理评价考核要求，定期对风险管理过程执行情况进行检查评价，依据风险管理相应规定、标准，对各单位（部门）的风险管理工作情况进行考核。

3.4.5.6 改进

公司应当对风险管理框架进行持续监控和调整，以适应内外部环境的变化，提升公司价值。

公司应当持续改进风险管理框架的适用性、充分性和有效性，优化风险管理过程的整合方式。一旦发现存在改进的可能，立即制定改进计划，明确执行责任，完成风险管理体系的闭环管理。

3.4.6 基于2018版ISO 31000的风险管理过程

风险管理过程（见图3－16）是将风险管理政策、程序和操作方法系统地应用于沟通与咨询，建立范围、环境与准则，风险评估，风险应对，风险监控与评审，记录与报告等风险管理活动的过程。风险管理的核心过程是风险识别、风险分析、风险评价和风险应对。风险管理过程的循环始于“建立范围、环境与准则”，在整个过程中，均要进行“沟通与咨询”和“监控与评审”，风险管理的结果均应予以“记录与报告”。

3.4.6.1 建立范围、环境与准则

公司应当明确风险管理活动的范围。风险管理过程可应用于公司不同层面（战略、经营、项目或其他活动），因此，明确风险管理活动的范围、关键目标及其与公司总体目标

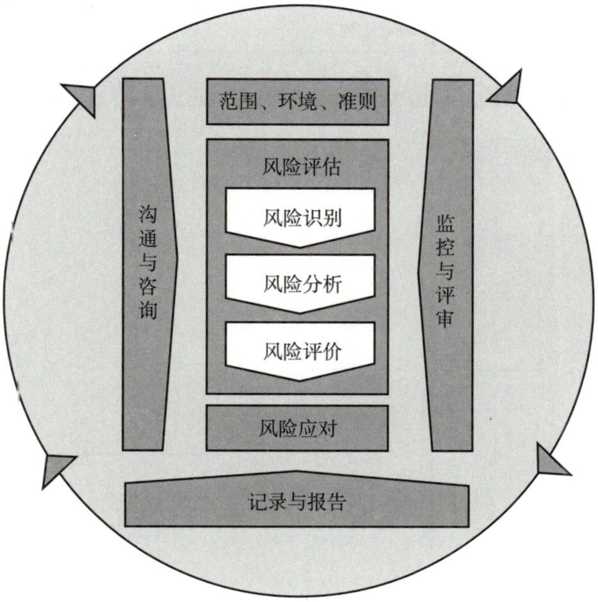

图 3－16　风险管理过程循环

之间的关系尤为重要。不同单位（部门）所处的内外部环境和管理目标存在差异，因此其风险管理过程应呈现定制式特征。通过制定风险管理过程实施方案（以下简称“工作方案”）、确定范围与关键目标、广泛收集内外部环境信息和拟定风险准则，为开展风险识别、分析、评价和应对奠定基础。建立范围、环境与准则的流程具体如图 3－17 所示。

风险准则是风险分析与评价的依据，是分析风险发生可能性和一旦发生可能产生的影响程度，以及评价风险重要性和确定风险等级的标准。风险准则包括风险分析准则和风险评价准则。

在风险评估之前，牵头部室应组织相关人员依据收集的内外部信息，围绕关键目标拟定本单位（部门）《风险准则》；执行部室根据自身的业务特点，拟定业务领域《风险准则》。拟定的《风险准则》须经本单位（部门）适当的风险管理层审批。

（1）风险分析准则的拟定。

风险分析准则包括可能性准则（P 准则）和影响程度准则（C 准则），分值一般由低到高设为 1—5 分，是风险分析的依据。

①可能性准则的拟定。可能性准则描述风险发生的可能性，是在一定时期内公司或者具体业务活动出险的概率。

拟定可能性准则时主要考虑的因素：i. 涉及风险的业务数量：初步预测未来一定时期内涉及风险的业务数量（发生的次数）；ii. 出险频率：根据历史经验及对风险成因的分析，判断不考虑控制措施的情况下，多少次业务可能会出险一次。

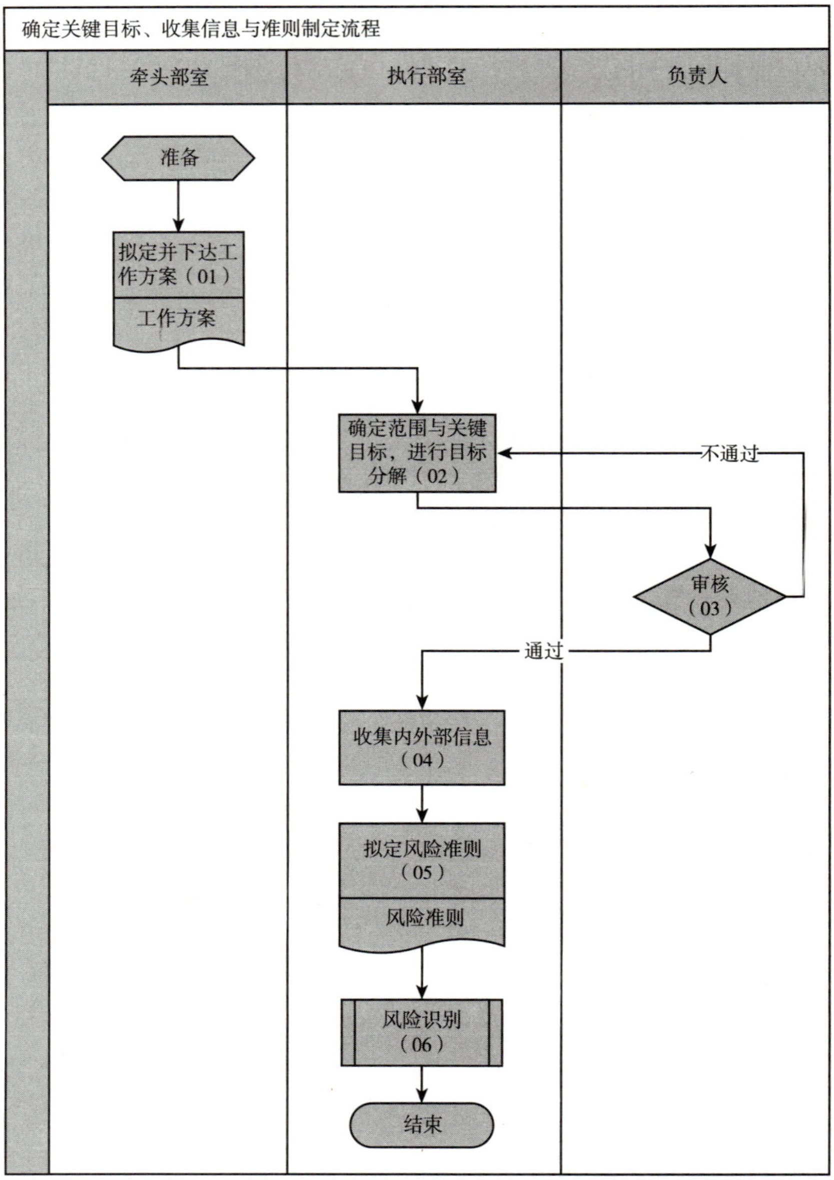

图 3－17　建立范围、环境与准则流程

可能性准则可以用定性与定量来描述。

定性可能性准则是将风险发生的可能性用文字来描述（例如，一定时间内风险发生的概率极大、发生的次数频繁，此种情况评为 5 分），其优点是能够利用管理者的经验，工作效率高，适用于数据不足的风险。例如，“因停电而引发客户投诉”风险，每月出险几次，可能缺乏准确的经验数据，但经验丰富的管理者凭借日常工作中得到的信息，可以对风险发生的可能性进行判断。

定量可能性准则是将风险发生的可能性用数据来表述（例如，一定时间内风险发生的概率超过70%，或者频次超过10次，此种情况评为5分），其优点是准确性较高，适用于数据充分的风险。例如，“未来三个月内××矿遭遇过断层”风险事件发生的概率超过70%，因此，赋以5分；而“1周内煤炭市场价格急速上涨”风险事件发生的概率低于5%，该风险对应的可能性分值为1分。表3－1提供了风险分析的可能性准则示例。

表3－1　风险分析的可能性准则示例

类别	适用风险	风险可能性分值				
		1－非常低	2－低	3－中等	4－较高	5－非常高
定性方法	针对日常运营中可能发生的潜在风险	一般情况下不会发生	极少情况下才发生	某些情况下发生	较多情况下发生	经常会发生
	适用于大型灾难或事故、自然灾害等	今后3年内发生可能少于1次	每年至少发生1次	每半年至少发生1次	每3个月至少发生1次	每1个月至少发生1次
	针对外部风险，如市场风险、战略风险等	远期不可预知趋势变化	近期不可预知变化趋势	近期可预知变化趋势，但在内部未达成共识	近期可预知变化趋势，但缺乏有力的理论支持	近期可预知变化趋势，并且有数据支持
定量方法	适用于可以通过历史数据统计出一定时期内发生概率的风险	发生概率10%以下	发生概率10%—30%	发生概率30%—70%	发生概率70%—90%	发生概率90%以上

②影响程度准则的拟定。影响程度准则是判断相关风险对目标实现的影响程度的标准。在判断风险一旦发生可能产生的影响时，可以从风险造成的财务损失、公司利益、经营目标、营运效率的影响，以及对公司合规经营和声誉的影响等方面考虑。若一项风险同时产生多个后果，则根据后果最严重者确定影响程度。影响程度分值由低到高赋值1—5分。具体如表3－2所示。

表3－2　风险分析的影响程度准则示例

类别	受影响对象	风险影响程度分值				
		1－轻微	2－较小	3－中等	4－严重	5－非常严重
定性方法	管理难度	此风险可在事前进行防范，处于可控状态	此风险可在事前进行防范，但有一定难度	此风险可在事前进行防范，但需要完善现有应对方案	此风险现阶段无法在事前进行防范，需要改进应对方案	此风险无法在事前进行防范，且无可行的应对方案
	公司声誉	负面消息在企业内部流传，企业声誉未受损	负面消息在当地局部流传，对企业声誉造成轻微损害	负面消息在某区域流传，对企业声誉造成中等损害	负面消息在全国各地流传，对企业声誉造成重大损害	负面消息在全国各地、政府及监管机构流传，对企业声誉造成无法弥补的损害
定量方法	税前利润损失（%）	影响公司税前利润损失1%以下	影响公司税前利润损失1%—5%	影响公司税前利润损失5%—10%	影响公司税前利润损失10%—20%	影响公司税前利润损失20%以上
	资产损失	资产损失＜50万元以下	50万元≤资产损失＜200万元	200万元≤资产损失＜500万元	500万元≤资产损失＜5000万元	资产损失≥5000万元

（2）风险评价准则的拟定。

风险评价准则是综合评价风险重要性的标准，是确定风险等级的依据。

风险评价准则应清晰、简明，便于判断风险的重要性，并对各类风险的等级进行排序。通常评价准则的拟定以风险分析的结果为基础，将风险可能性分值与影响程度分值的乘积作为评价风险等级的依据。风险按重要程度一般分为重大风险、重要风险和一般风险三类。

3.4.6.2 风险识别

定期或不定期开展对风险事件、风险成因和潜在后果的识别及描述，有效地识别未来一定时期内可能存在的风险，及时更新历史风险的状态，形成《风险事件清单》，为后续开展风险分析与评价提供依据。风险识别的对象是影响公司目标和本单位（部门）目标的风险事件，具体包括公司经营行为所产生的风险事件、公司与下属单位（部门）对接行为发生的风险事件（包括由下属单位造成的影响公司决策的风险事件）、本单位（部门）内部风险事件、与公司业务相关的外部事件（如外部政策、行业环境、市场竞争等方面事件）。风险识别流程具体如图 3－18 所示。

（1）确定风险识别人员。

牵头部室根据工作方案，确定开展风险识别的人员。选择合适的人员是风险识别的关键。选择识别人员应遵循以下原则：

①选择与风险有映射关系的责任单位（部门）人员，保证不同类型风险有相应人员进行识别。

②尽量选择工作时间长、业务经验丰富的人员参与风险识别。

③风险识别人数：本单位（部门）中层以上领导应全员参与，非领导员工 60% 参与，其中专责以上人员、管理岗位人员和专业技术人员参与风险识别人数不得少于 80%。

（2）组织培训风险识别方法。

在确定风险别识人员后，牵头部室应当组织相关人员开展风险识别方法培训。风险识别方法包括风险清单法、管理层访谈和专家研讨法。

（3）填写风险事件清单。

根据公司近期风险评估识别的共性风险事件，编制初步风险清单提供给各单位（部门）。风险识别人员在识别风险事件时，应当在初步风险事件清单中勾选认为可能存在的风险事件，但不能仅以清单勾选替代全部的风险识别工作。务必结合本单位（部门）的目标设定和面临的环境变化，识别出个性化风险事件，补充、更新，形成本单位（部门）的

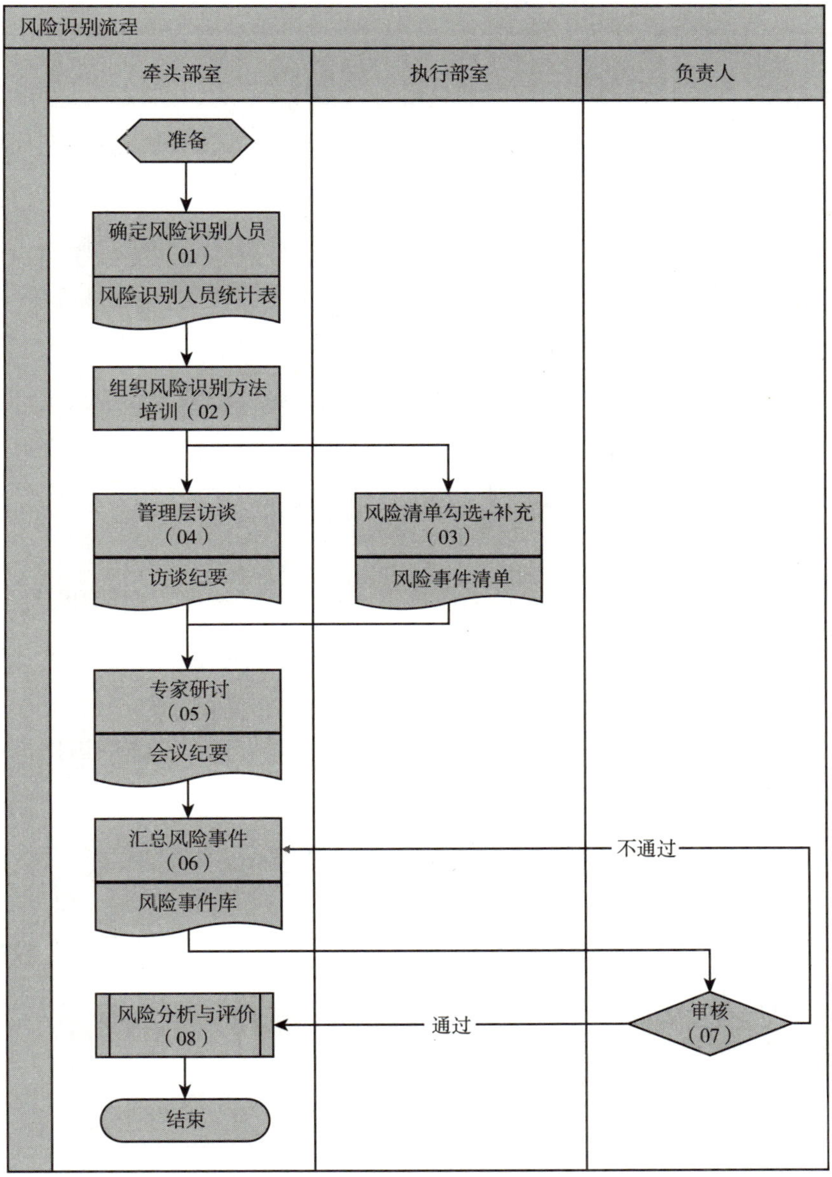

图 3－18　风险识别流程

风险事件清单（模板参见附录 3－1）。

（4）开展管理者访谈。

牵头部室组织管理者访谈，通过访谈，了解领导关心的风险事件，形成访谈纪要。

拟定访谈提纲。在开展访谈前，应当针对领导的主要职责，拟定相应的访谈提纲。提纲中应列明访谈的目的、关注的主要问题，并附带关键目标和风险准则。

整理访谈纪要。访谈工作结束后，访谈人员应对访谈记录进行整理。形成的访谈纪要应明确反映关键的风险事件、事件成因及主要影响。

（5）召开专家研讨会。

对于特定的、难以把控的风险，可组织相关领域的专家召开研讨会，寻求专家咨询意见，将专家意见加以科学整理、归纳，得到比较一致、相对可靠的结论。专家研讨法的实施包括 4 个步骤。

①确定研讨主题。需要通过专家研讨法识别的风险应当是，通过风险清单法和管理者访谈难以识别，或虽能识别但难以把控的风险。研讨主题围绕此类风险确定。

②遴选研讨专家。研讨专家人选应当由牵头部室和执行部室共同协商确定和邀请。

③研讨会的召开。召开研讨会的具体时间、地点、会议主题、参会人员应当由执行部室以会议通知的形式下发。牵头部室应当派员参会。

④会议总结。将专家意见汇总整理，得出较为一致和可靠的结论。

（6）汇总形成风险事件库。

牵头部室应将不同方法识别出来的风险事件通过汇总、整理、筛选和合并，归入各单位（部门）的《风险事件库》（模板参见附录 3 – 2），并上报本单位（部门）负责人审核。同时，做好下一步的风险分析与评价工作准备。

各执行部室除完成定期组织的风险识别工作外，还须将日常工作中识别出的风险事件及时提交牵头部室归入《风险事件库》。

3.4.6.3 风险分析与评价

分析风险发生的可能性和影响程度，确定风险的重要性级别，为风险应对提供依据。风险分析与评价流程具体如图 3 – 19 所示。

（1）确定风险分析与评价人员。

牵头部室根据风险分析与评价工作计划，确定风险分析与评价的人员，保证参与分析和评价的人员具备较强的专业素质。选择分析与评价人员应注意：

参与风险事件分析和评价的人员数量原则上不应少于 10 人；应包括本单位（部门）高层领导、中层领导、业务骨干、专业技术人员、牵头部室负责人和风险联络员等。对同一类风险，应根据风险分类的职责划分，确保相关部门至少有一人参与风险分析和评价。

选择熟悉风险评估方法的业务骨干和专业技术人员，这些专业人员能够对风险的可能性和影响程度能作出准确判断，确保工作质量和效率。

（2）组织风险分析。

在确定参与风险分析与评价人员后，牵头部室应根据风险分析和评价工作计划的时间

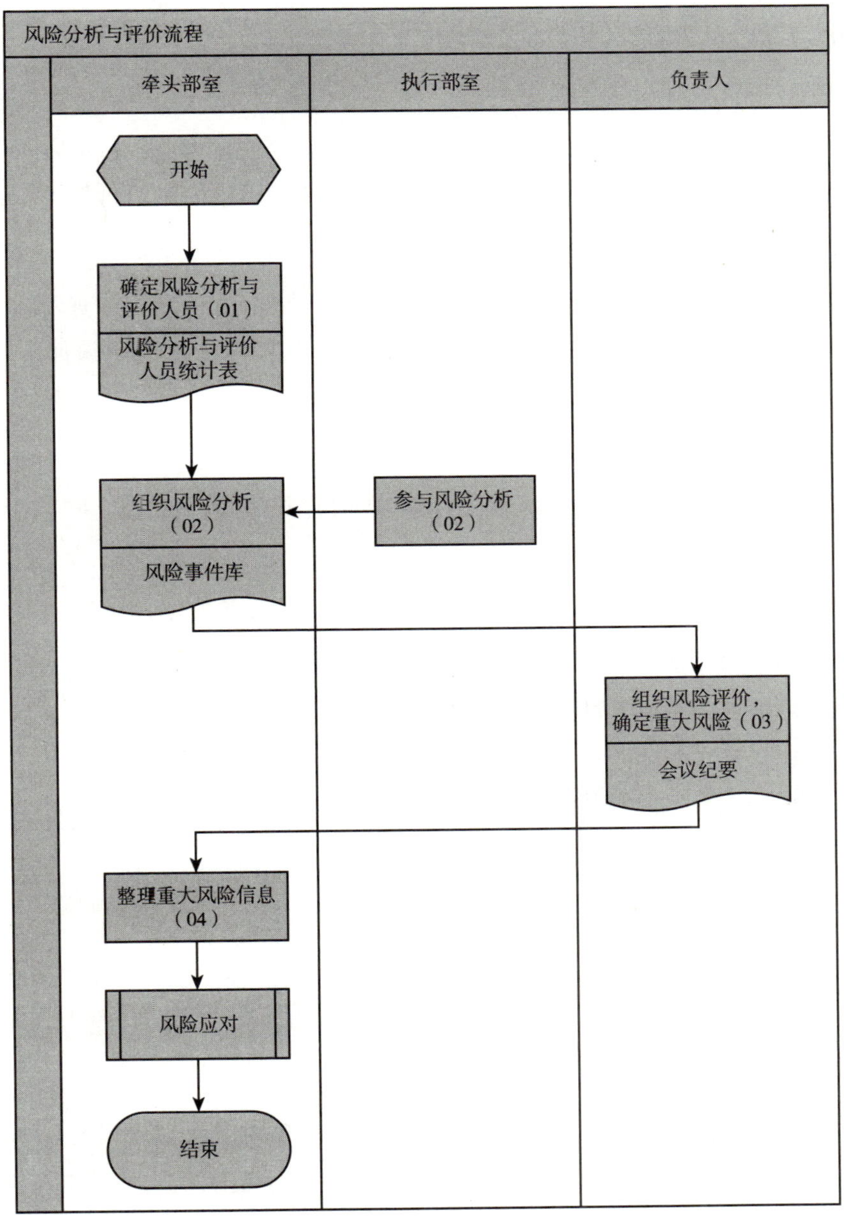

图3-19 风险分析与评价流程

要求，立即启动风险分析工作。按照风险分析准则对每一项风险事件进行分析，填写风险事件库第（10）—（11）项。

应尽量选择集中研讨方式开展风险分析。由牵头部室组织对每一项风险的可能性和影响程度进行评分，并做好记录和存档工作。在实际工作中，为了提高工作效率，针对风险识别、分析与评价的研讨会可以合并召开。

强调风险准则的重要性。在风险分析之前，牵头部室应介绍风险准则的使用方法，防止分析工作过于随意，影响分析结果。

（3）组织风险评价，确定重大风险。

根据牵头部室提交的风险分析结果，负责人（分管领导或兼职风险主管）应立即召开风险评审会，组织有关人员按照风险评价准则对每一类风险中的风险事件进行评价。牵头部室做好评审会的记录，并汇总所有数据，报送风险管理责任人审批后，并及时存档。各单位（部门）可根据管理的需要，将风险评审会与集中风险识别召集会合并。

公司风控部门根据各职能部门、分（子）公司上报的重大风险组织评价公司重大风险，并将评价结果报送公司党委会审批。基本评价步骤如下：

（4）确定风险等级。

将《风险事件库》中的风险等级分值（第12项）与风险评价准则进行对照，划分风险等级。

在评价某一特殊风险事件的风险等级时，除依据风险评价准则判定重要程度外，还应结合以下实际情况进行必要调整，确保风险等级的准确性。

①业务管理涉及的重点领域风险，应结合业务特点，适当提高风险等级；

②相关法律、法规关注的重点风险，应适当调高风险等级；

③损失性案例，对于过去曾多次发生、损失比较大的风险事件，应适当调高风险等级；

④领导关注的重点风险，尤其是公司层面领导特别关注的重点风险，应适当调高风险等级；

⑤专家研讨意见，对于某些存在较大争议，无法直接确定风险等级，可由相关专家通过研讨综合确定。

（5）整理重大风险信息。

牵头部室根据风险评审会记录、评价结果和《确定重大风险会议纪要》，整理录入风险事件信息，在《风险事件库》中登记风险重要性级别（第13项），为开展风险应对工作提供依据。

3.4.6.4 风险应对

在风险评估的基础上，针对重大风险划分管控责任，选择风险偏好，定义相应的风险承受度，制定风险应对策略以及具体解决方案。风险应对流程具体如图3－20所示。

（1）划分重大风险管控责任。

牵头部室根据评估出的重大风险，按照公司组织职责及时划分重大风险管控责任，

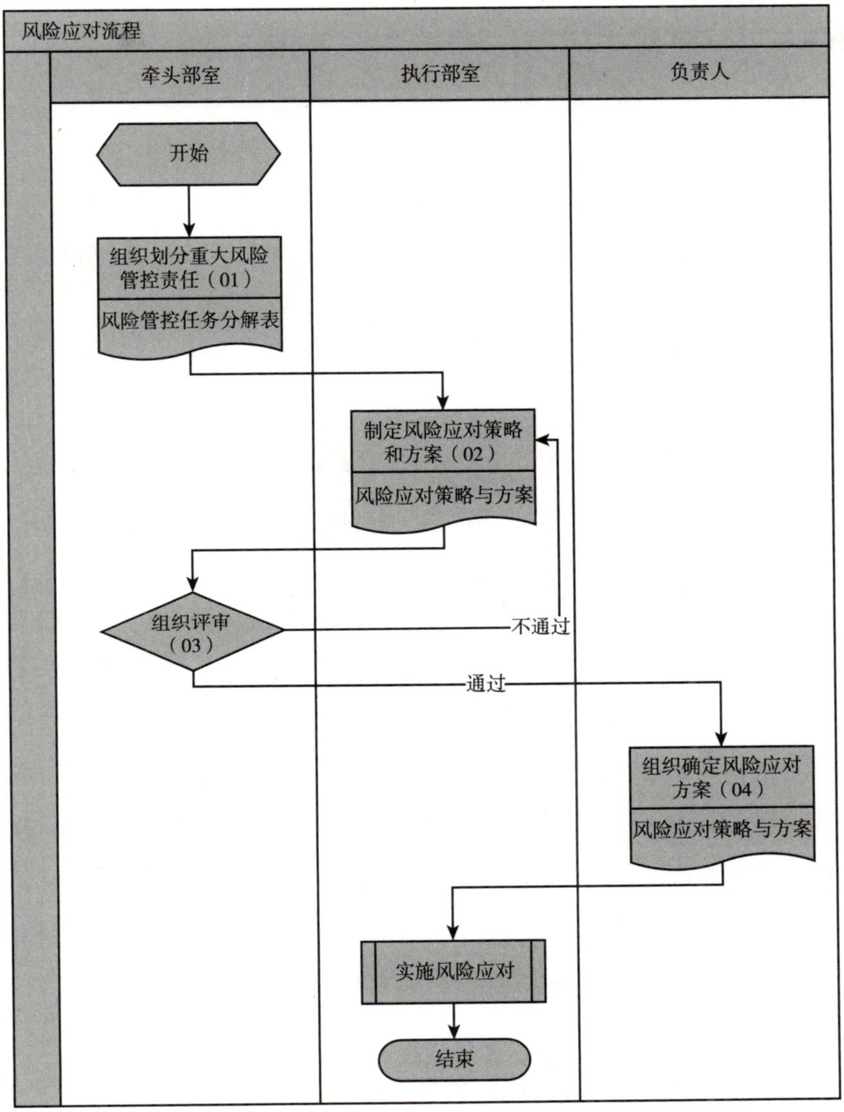

图3－20 风险应对流程

明确重大风险的主责单位（部门）和辅责单位（部门），形成《重大风险管控任务分解表》。

划分风险管控责任。应根据风险产生的内、外部原因，结合组织职责划分重大风险的管控责任。例如，对于煤质风险，生产环节和监督环节导致的煤质问题应由公司生产技术部主导解决；考核不到位形成的煤质问题，应由公司企划部主导解决。

明确风险的主责部门。为了防止责任不清、相互推诿，对于同一重大风险涉及几个单位（部门）的，必须明确主责部门。

（2）制定风险应对策略与方案。

执行部室（重大风险的主责部门）根据重大风险管控责任的划分，选择管辖的重大风险应对策略，制定重大风险的应对方案。将确定的风险应对策略和重大风险应对方案报送重大风险的主责部门负责人审核后，上报牵头部室进行评审。

重大风险的主责部门在选择和制定风险应对策略和方案时，可采取内部研讨或与风险的辅责部门、牵头部室等其他部门共同研讨的方式进行，并将研讨结果形成会议纪要。

（3）评审风险应对策略与方案。

牵头部室负责人根据重大风险主责部门提报的风险应对策略和重大风险应对方案，组织相关人员进行评审。原则上，参与评审风险应对策略和重大风险应对方案的人员数量不应少于 10 人；参与评审的业务部门应包括但不限于：规划、财务、全面预算、考核、法律、制度部门以及风险的主责和辅责单位。

评审时应重点关注：对不同的风险类型，选择的风险应对策略是否紧密围绕公司战略和公司所处的内外部环境；重大风险应对方案是否可行和有效；风险控制成本与效益的权衡；有无剩余风险以及由控制活动触发的新风险；具体解决措施能否控制风险以及控制程度等。

针对重大风险的剩余风险是否开展再评估，应根据各单位（部门）的实际需要决定。对剩余风险的可能性与影响程度的评估与前述的风险识别、分析和评价流程相同。

牵头部室应做好评审会议记录，根据评审结果形成会议纪要，并及时存档备查。牵头部室将评审后的风险应对策略和重大风险应对方案及时上报本单位（部门）风险管理责任人。

在实际工作中，可以将重大风险确定会与重大风险应对方案评审会合并召开。

（4）审定风险应对策略和重大风险应对方案。

本单位（部门）风险管理负责人组织召开专题会议审定风险应对策略和重大风险应对方案，或通过本单位（部门）的党委会、经理办公会等审定。

对于需要跨职能部门、跨分（子）公司共同解决的风险应对策略和方案，应报公司风控部门组织评审。上升为公司层面的重大风险，其应对策略和方案由公司风控部门提交董事会或党委会审定。

重大风险主责部门根据审定的重大风险应对方案制定风险应对计划并组织实施。所有风险的应对计划（含风险应对策略类型、具体应对措施和责任人）应当在《风险事件库》第 14—16 项填列。

3.4.6.5 风险监控预警

执行部室根据风险应对计划，对重大风险关键业务链上的指标设定预警指标并定期监测，从而达到对重大风险进行预控的目的。风险监控预警包括设计监控预警指标、制定预警方案、运行预警方案和监督执行等。风险监控预警流程具体如图 3－21 所示。

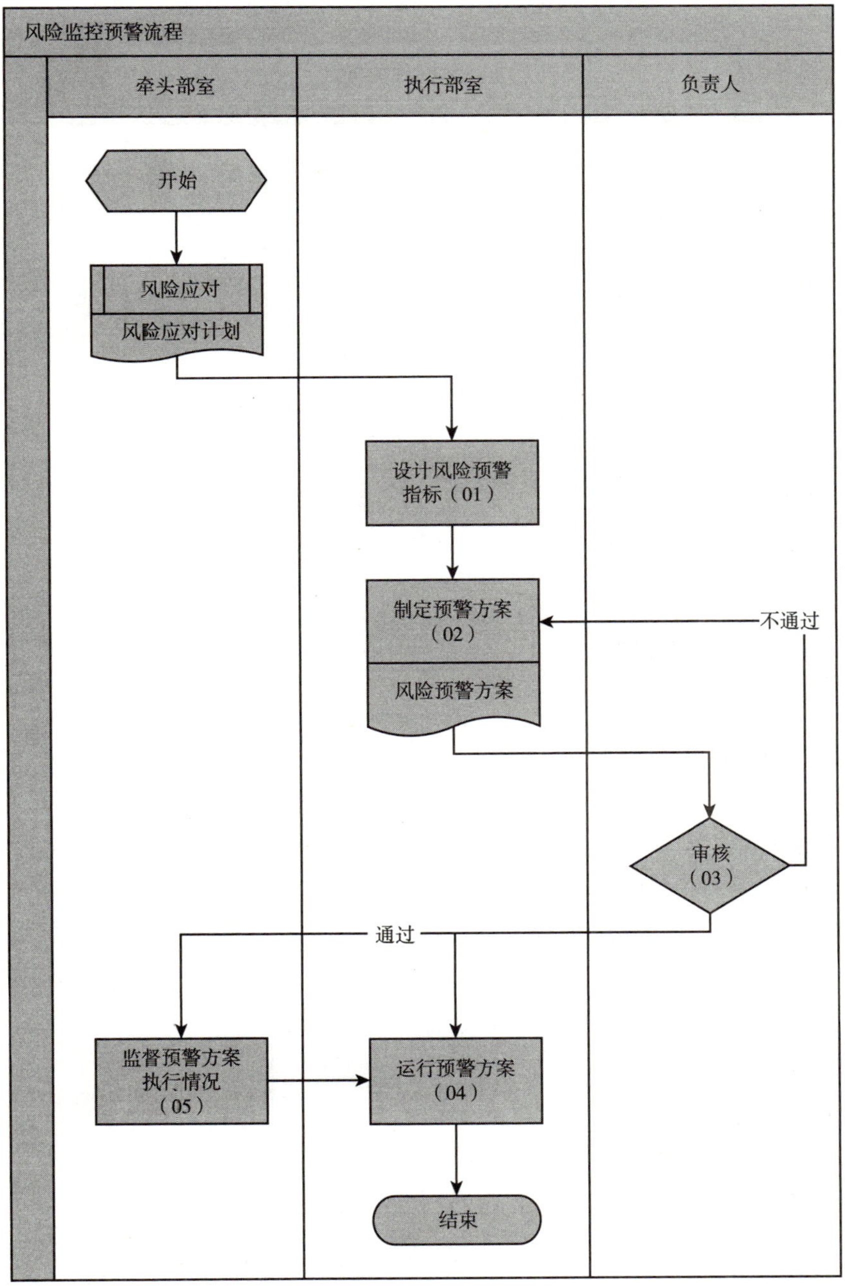

图 3－21　风险监控预警流程

3.4.6.6 风险管理过程的评价与改进

通过对风险管理过程和风险管理有效性的评价，不断发现风险管理中存在的问题与不足，实现风险管理的持续改进。风险管理过程的评价包括自我评价与年度检查评价。

风险管理过程的自我评价与改进流程具体如图 3－22 所示。

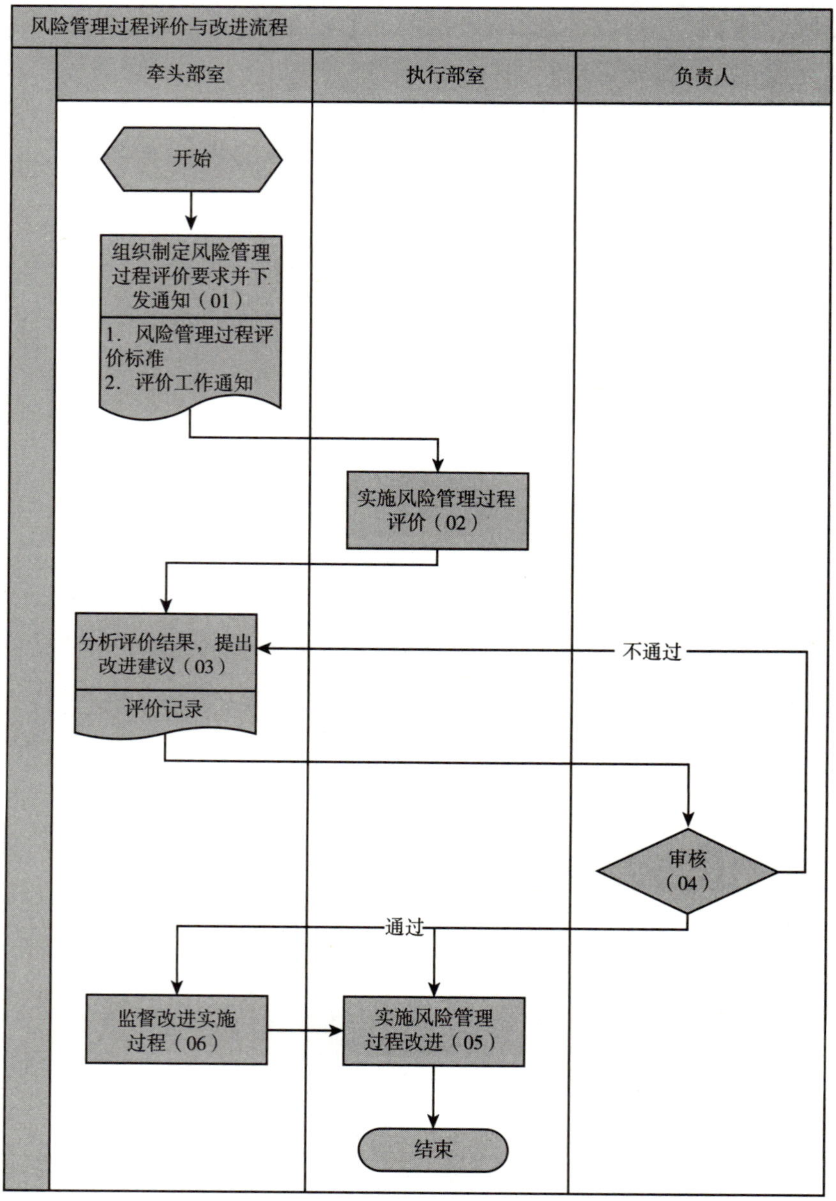

图 3－22　风险管理过程的自我评价与改进流程

3.5 “业财融合”推进管理价值重塑研究

3.5.1 “业财融合”定义及要点

3.5.1.1 业财融合的定义

业财融合，即业财一体化，是指业务部门与财务部门通过信息化技术和手段实现业务流、资金流、信息流等数据源的实时共享，基于价值目标共同做出规划、决策、控制和评价等管理活动，以保证企业价值创造过程的实现。

3.5.1.2 业财融合的要点

业财融合概念有以下几个要点：

（1）业财融合的目的，是为了促进企业价值创造；业财融合要求企业在各项管理工作中，财务管理与业务管理要相互配合，紧密合作，进而在企业管理中达到1+1大于2的协同效应，促进企业价值的创造。

（2）业财融合的基础，是通过信息化实现各种数据的实时共享；业财融合的创新在于它是财务、业务、信息技术的三位一体，具体来说是财务人员在实现财务目标的同时，还了解企业各项业务的运作状况，它所充当的角色不仅仅是事后核算和监督，更是将信息反馈给业务部门，从而为其行动提供参考，有助于企业更有效地实现资源配置，而信息技术是业务和财务融合的纽带。业财融合通过信息技术将各项资源数据化后实现实时共享。

（3）业财融合的路径，是财务部门和业务部门之间共同开展的密切协同的管理活动。业财融合的核心是“融”，其实质就是将业务和财务结合起来，更好地为企业创造价值。对财务部门与财务人员来说，需要根据企业的发展要求与当前的经营情况制定相应的财务目标，同时围绕制定的财务目标对企业的各项经营业务进行必要的管控，进而实现企业财务资源的最优分配，发挥财务资源的最大效益与效率。而对业务部门及其业务人员来说，要根据企业财务管理目标和预算管理的要求展开业务工作，并在工作开展过程中对财务管理的规范性、可操作性提出合理化建议。业财融合就是以技术手段为媒介，将财务与业务的需求有机地融合在一起，通过精细化的数据细分，实现业务与财务的有机融合。

3.5.2 “业财融合”的技术可行性

传统分工带来的信息孤岛问题，使企业设计的财务流程中数据存在普遍的滞后性。业务部门与财务部门各自采用独立的软件处理相关的数据和信息，财务数据与业务数据之间相互隔绝，对于不了解业务部门工作内容的财会人员来说，从一开始的数据搜集和整理，原始凭证的录入和各种账簿的登记，然后编制记账凭证，最后以账簿和凭证为依据编制会计报表，在这个财务流程中所加工和输出的会计信息中存在数据与数据之间关联性不强的问题，那么财务部门对外报告的信息可能会影响到企业管理层的决策。加快业务部门和财务部门的融合可以打破两部门间的信息孤立的局面，从而实现信息共享。

大数据和云计算等技术又使企业在业财融合的过程中信息的传递更加实时、完整，企业管理者能够实时地监控业务前端信息和财务部门对外实时报告的财务信息，那么创建基于大数据和云计算等技术为背景的可视化“云平台”至关重要。构建“云平台”使财务和业务信息存储在云端，可以缓解本地存储的压力，同时也保证了数据和信息的完整性。“云平台”中的大数据技术的运用能够对企业存储在云端的海量数据进行数据挖掘，依托云计算的分布式计算架构使企业数据的有效性和有用性均得到了增强。

运检公司通过智能管控平台集成的多套应用系统，实时、全面、精准地展示各类静态和动态数据，实现对设备状态的全景可视，强化设备的运行属性监测，通过对静、动态数据的比对分析，及时掌握数据异动及异常发展趋势；通过平台自动推送的故障告警，可第一时间获知故障情况，根据辅助研判信息以及查询其他辅助监视系统，实现异常情况的信息收集、分析研判和指挥协调，及时为现场故障异常处理提供技术支持；通过平台进一步强化缺陷管控能效，建立更加扁平化的缺陷管理流程，全过程跟踪管控缺陷处理情况；通过平台及时掌握各类主设备异常情况，自动推送设备预警信息，强化对各类潜在风险预判与防控能力，实现对基层单位的“警钟长鸣”，防患于未然。

通过全面监督每日工作进展情况，加强工期管控目视化管理，实现计划任务执行管控；通过视频检查以及系统检查等多元手段，远程督查作业现场，强化作业现场行为规范以及工作质量检查，保障作业现场安全可控；结合巡视记录登记情况，通过视频回放查看相关工作开展的真实性及工作质量，全面提升运维和检修工作质量；通过平台进行设备周期治理检查，实施基于大数据的专家诊断与精益分析，对数据进行智能化处理，为设备检修策略制定和异常情况下指挥协调提供技术支撑；融合视频会商系统以及智能穿戴装备，实现领导、专家与现场多层级实时互动，配合故障快速定位、研判功能，发挥统一指挥、专家指导、协同调配优势，从而达到提升运检管理穿透力。

运检公司创新运用智能管控平台为核心的运检管理模式，为业财融合推进管理价值重塑提供了基础。

企业财务信息的准确性，依赖于前端业务执行的合规性。因此必须将财务视角延伸至业务前端，实现有效的业财融合。国网公司“三集五大”的体系优化实现了对公司人、财、物资源的集约化管控，构建了大规划、大营销、大运营、大建设与大检修五大体系，涉及电网企业价值创造的全过程。这就要求财务部门充分发挥价值分析与控制职能，高效地配置和运用企业资源，帮助公司实现企业价值最大化的目标。公司以成本管理为切入点，将其作为财务与业务联系在一起的主线，实现成本管理流程再造，将成本管理重心前移到成本产生的源头环节，从项目储备就开始实施成本精细化管控，逐步形成项目预算落实、责任到人、控制到位、信息畅通、严格考核、管理闭环的新型成本管理模式。

3.5.3 “业财融合”的应用示例——基于资产大数据和预算全链条管理构建储备项目精益化管控模式

运检公司成立以来，累计接收和新增国网S公司固定资产总计1212.86亿元，代管国网500千伏输变电资产265.35亿元，代管华东500千伏输变电资产92.99亿元，实际运维、检修的固定资产共计1571.20亿元，相当于省公司运维固定资产总值的38%。公司的资产主要来源为“三集五大”时从市公司调拨入的资产，公司成立后的新增资产主要来源为经研院大型基建项目的增资以及运检公司自行立项的技改、零购、小型基建项目增资。如此大的资产数量，给公司基于资产数据通过预算全链条管理实现项目储备精益化管控，带来巨大的潜力和可能。主要做法如下。

3.5.3.1 强化资产“账卡物”一致性管理

财务部门是固定资产的价值管理部门。负责固定资产会计核算，正确计价并及时准确反映价值增减变动情况；建立固定资产账簿和固定资产卡片，定期查核；会同实物管理部门组织固定资产清查盘点，根据实物盘点结果及时更新资产信息并做好相应账务处理等工作。因此，保障实物资产“账卡物”一致是财务资产工作的首要目的。

目前运检公司账卡物管理正有条不紊地开展，公司多次开展资产专项集中治理，召集各分部资产专职及相应运维班人员在公司本部开展资产集中治理，全面推进账卡物一致性的进度及质量。同时，运检公司通过明确一系列资产增加及退出流程，建立起从源头管控的资产“账卡物”一致性长效管控机制。

（1）严格规范资产增资流程。

因运检公司基建项目均由经验院负责建设增资，公司的资产增加来源大部分来自经验院，仅有少量技改、零购项目由运检公司自行立项，因此，明确与经验院的资产增加流程显得尤为重要。按照《“五大”体系财务保障实施方案》内容，运检公司明确了与经验院跨利润中心增资业务流程。

（2）重点治理现有资产的准确性。

运检公司管理的资产规模大，涉及单位多，管理链条长，构成较为复杂，专项治理工作时间紧、任务重、要求高、压力大，给公司资产治理工作带来巨大压力和挑战。

为确保资产治理的质量，运检公司积极谋划，多措并举，主要通过以下方式来确保治理成效。

①成立以分管副总经理和总会计师为组长的专项治理领导小组，结合公司实际编发了《运检公司电网资产专项治理工作方案》和《电网资产专项治理现场清查方案》。强调了以实物为基础、通过现场实物的盘点完善 PMS2.0 台账，进而完善现场实物与 PM（设备卡片）、AM（资产卡片）的对应关系。

②建立了资产专项治理周例会，财务部、运检部和办公室建立了协同联动机制，建立了资产专项治理工作和周报机制，及时掌握专项治理的工作进度和治理过程中遇到的问题，分享专项治理工作中的典型经验。

③强化、细化组织安排，加强宣贯和推进。公司层面，公司召开的年中工作会议上总经理工作报告中强调：“各单位、各部门要高度重视电网资产清查工作，全面开展物资、设备台账梳理，加快账卡物一致性治理，以最高标准、最严要求确保工作取得成效。”同时安排财务部做了专题发言，发言中再次宣贯了国网、省公司资产专项治理的工作要求，对下阶段的工作要求做了具体部署。分部层面，要求各分部（运维站）以分部为单位上报了资产治理工作方案，明确了分部工作小组的组织协调职责和清查治理进度计划。

④试点和优化治理操作，确保工作质量。一是积累经验，夯实基础。选取南京 500kV 东善桥变电站作为试点，组织各分部资产专职和分部会计到现场按清查流程进行实地盘点、学习、实践，细化、完善了专项治理现场清查方案。二是加强宣贯，积极推进。由财务部、运检部分管主任带队在东善桥试点基础上，分苏南片区和苏北片区，组织各分运维站分管领导、资产专职及运维班长到现场，再次进行方案宣贯和实地业务指导。同时按照清查方案，以常州 500kV 武南变为样本，开展所有类型设备的现场盘点、核对工作并形成清查报告，对遇到的问题进行分析汇总，对共性问题提炼下发，一方面组织者做到心中有数，另一方面更加针对性地指导各单位的清查治理工作。三是严格复查，确保质量。为进

一步提升工作效率，公司统一向事务所借用工作人员，以分部为单位支援、派驻一名事务所人员。同时为确保工作质量和成效，各分部、中心成立由分管主任、资产专职、分部会计和事务所人员组成的监盘小组，对现场运维人员实物资产的盘点、核对结果进行监盘、核查。本部成立由财务部、运检部和事务所人员组成的公司级核查小组，对分部、中心的盘点、核查结果进行二级督查、核查工作。通过两级核查，确保500kV变电站核查率为100%，220kV变电站核查比率至少达到50%，确保治理成果的真实可靠。

（3）规范资产退出的合规性。

为了确保资产“账卡物”一致，不仅要保证资产增加的完整性，同时也要保证资产退出的合规性、及时性，确保不发生实物已报废、账面仍存在的情况，给后期成本支出统计造成困难。为此，运检公司梳理了资产报废和调拨流程。

通过资产增加流程、现存资产治理、资产退出流程“三步走”方案的建立，运检公司逐步建立了资产管理的精细化模式，确保资产数据的准确性，为后期成本性支出统计奠定了坚实的基础。

（4）房屋、土地权证清理。

公司结合变电所免税土地备案工作全面开展变电站土地权证专项清理，逐条统计、核对未办理信息，落实未办理原因和拟办理时点。一是完善土地权证统计台账，核对已投运变电站信息、土地权证登记信息、土地权证扫描件的对应关系正确性；二是通过统计分类排查无土地证号且无土地权证扫描件、有土地证号且无土地权证扫描件的具体情况，分清未办证和未提供扫描件的清单；三是对于未办理土地证数量较多的地区，重点与属地供电公司加强沟通，逐个击破；四是对有个别土地证未办理的供电公司加强跟踪、督办；五是清理中建立每月跟踪报告制度，通过简报及时反馈工作进展，关注闭环管理，在专项清理后的日常管理中仍继续沿用月报告方式，做到问题发现到位、分析到位、沟通到位、解决到位。

3.5.3.2 变电站资产后续支出的统计分析

目前正是输配电价改革关键时期，电网投资受到严格监管，公司需要强化资产绩效、资产风险评估，优化基建、技改、大修投资策略，实现精准投资。电网资产投入产出缺乏分析、项目可研经济性评估、项目财务后评价等缺乏数据基础，财务价值引领尚待加强。缺乏对海量运检生产数据、财务价值数据的大数据分析，电网核心数据资产价值有待挖掘。

运检公司作为“资产设备树”的试点建设单位，配合省公司建立资产设备树。基于《输变电资产信息化管理规范》的执行成果，利用生产系统，建立跨区跨省输电线路、高压线路、变电站电网资产组（以下简称资产组）作为资产绩效评价对象。依托大数据平台贯通海量运检生产数据、财务价值数据，实现按资产组归集电网一次设备、二次设备以及生产用房屋建筑物的资本性、费用性投入以及电网安全性、可靠性、经济性等产出。利用统计分析、数据挖掘、财务建模技术，建立电网精准投资应用（资产组投入产出分析等）。

目前，运检公司收集了2014—2016年的成本性项目支出清单，并按照“资产组”对相应项目进行成本分摊，将每个项目分摊至相应的变电站和输电线路，形成该变电站、输电线路的历年成本投资清单，为后续储备项目的立项投资提供数据。

3.5.3.3 基于资产数据分析的储备项目立项入库事前管控

以实现项目精准投资和成本精益管控为目标，依托资产全寿命周期管理思路，借助运检公司管理运维全省220kV及以上输变电设备的大资产数据的有力条件，通过储备项目对接变电站理念资产后续支出开展横向、纵向比对筛查，建立储备项目立项入库前的事前管控机制。实现“横向协同、纵向贯通”的管理机制高效运转，着力提升项目投资效益和管理效率，为确保电网安全稳定运行奠定坚实基础 。

2015年，针对储备项目中存在的投资估算不尽合理、取费标准不尽完善、项目资本和成本性支出混淆、项目分类交叉重叠等问题，国网公司制定并下发了《国家电网公司项目可研经济性与财务合规性评价指导意见》（以下简称《意见》），将国家财经法规和公司财务制度要求转化为业务语言，作为业务部门和财务部门开展项目储备共同遵循的一套标准从源头上规范项目支出。同时，为进一步落实国家电网公司投资计划与预算管理要求，省公司修订并下发了《S省电力公司项目储备库管理办法》（以下简称《办法》）。

运检公司自2015年起依托《意见》和《办法》严抓储备项目审核工作，按照省公司生产技改大修专业精益化管理提升工作方案的要求，在公司内部建立起了“横向、纵向、支撑”三位一体的生产技改大修项目模式。一是理顺横向专业链，落实综合计划管理部门、项目预算管理部门、各专业管理部门在生产技改大修项目管理中的职责，进一步明确工作界面和管理要求，完善沟通协调机制，提高工作效率。二是落实纵向实施链，将管理职责落实到运检部门内部项目管理专业和设备管理专业各自工作职责，做到相互配合，分层负责，逐级把关，提高工作质量。其中项目管理专业负责生产技改大修项目储备、计划管理，统计分析评价计划执行情况，设备管理专业配合项目审核并负责项目实施过程管理。三是充分发挥设计院、事务所等支撑配合单位作用，理顺工作关系，提高协作水平，加强项目评审工作管理，深入开展项目实施过程和结果差异分析、经验总结提炼等。

储备项目在经项目单位初审、本部各专业专职出具项目专业审核意见后，由运检部、财务部联合，充分利用外部事务所的专业力量，对日常运维项目及储备项目开展复核，分为线下审核、在线审核（资料审查）和现场勘察。

线下审核：结合以前年度项目明细内容，配合运检部日常运维项目上报审核批次以及储备项目月度审核例会对上报的储备项目进行审核，从项目必要性、可研经济性等方面进行复查。对有疑问的项目及时反馈运检部并即登记在《储备项目审核表》中。

在线审核：依据《意见》和《办法》对所有线上送审的储备项目再次进行核查。统计同一变电站、同一线路历年来项目明细，重点关注重复立项问题，比对修理内容合理性，包括对储备项目列表、项目可研（项目建议书）、概（预）算的基础数据进行逐条核对，重新计算项目可研（项目建议书）中的配送物资金额等。对有疑问的项目登记在《储备项目审核表》中。

现场勘察：对《储备项目审核表》中登记项目进行现场勘查（同一类型重复项目可采取抽查的方式）。现场勘察重点包括项目现场情况和项目可研（项目建议书）是否一致、重复立项原因是否充分等。对核实确实为重复立项或立项依据不充分项目予以退回整改。

3.5.3.4 项目立项后的全流程事中精益管控

（1）做好实施准备工作。一是规范开展采购活动。根据省公司《关于加强生产技改大修等生产项目集中采购工作的指导意见》（物资招标〔2014〕42号），结合物资采购目录和计划安排，合理选择物资招标采购方式，积极推行服务类框架采购，做到计划下达即可匹配，物资到货即可开工。配合物资部门完善相关采购技术规范，落实专业审查职责，提高采购质量。二是做好项目初步设计要依据服务招标结果组织编制初步设计文件，开展初步设计评审，保证设计文件质量、设计概算依规合理，拆旧物资清单细化明确。对于涉及技术方案重大调整、概算超可研估算10%及以上的项目，应重新履行可研评审程序。审查完成后，要及时完成初步设计批复。项目实施过程中，需要技术方案变更的，应及时履行设计变更流程。

（2）强化现场实施管理。一是落实项目开工前各项准备工作，协调安排设备停电计划和物资到货时间，编制现场标准化作业指导书，严格落实现场组织、安全和技术措施，杜绝项目现场发生人身和设备安全事故。二是加强项目现场实施安全、质量和进度的全过程管控，明确各专业施工工艺和验收标准，充分发挥项目全过程监理作用，严格执行项目施工、各阶段验收、资料归档各项要求，验收不合格的项目不允许投入运行。三是落实省公司拆旧物资的管理要求，明确拆旧物资清单，组织开展拆旧物资技术鉴定，严格执行拆旧物资报废申请和审批流程，配合物资部门开展拆旧和工程结余物资的移交。

3.5.3.5 项目关闭后的事后评价与循环提示

（1）依规做好项目结（决）算。一是项目单位在工程验收合格后，及时组织设计、监理、施工等各方编制项目结算报告，并组织核准后及时移交财务部门。二是积极配合财务部门据实开展项目竣工决算，并经审计部门审核后按规定报批。三是编制资产移交清册，与现场实物、PMS 和设备台账核对一致后生成资产卡片，提交财务部门办理转资手续。

（2）开展项目造价分析和后评价工作。一是针对同类项目，不同地域、不同管理单位等多个维度细致分析造价差异原因，总结管理经验，提出各类项目典型造价并滚动完善，为项目各阶段工作合理实施奠定基础。二是组织第三方、选取典型项目开展后评价工作，全面分析项目各阶段的管理得失，分析实施结果与预期目标的差异，达到优化管理措施和手段的目的。

（3）做好计划执行情况分析。项目计划执行完成后，组织开展计划执行情况的分析，重点分析各类计划项目建项、物资招标、现场实施、预算执行、拆旧物资处置等各个管理节点在执行过程中与计划产生的差异，及时总结经验，优化完善相应的预案和处置措施，为今后高质量储备项目管理奠定基础。

3.5.3.6 实施效果

一是有效施行资产全寿命周期管理。以公司资产为对象，从电网整体运维出发，统筹考虑各项资产的运行、检修、技改、报废的全过程。提升企业资产的健康水平、设备的可利用率以及设备的寿命周期水平和运行的安全可靠性等因素，通过运用规范化、制度化、科学化的资产管理平台、项目储备管理和内部控制等手段，减少运行成本的浪费，提高资产的利用率。

二是以资产管理和项目储备库建设为重点，夯实全面预算管理基础，切实推进了预算集约管理。有效优化电网投资项目组合，完善项目储备管理，支撑电网投资项目优选工作的决策和开展，提升项目投资集约化精益化管理水平，降低各类电网项目的投资风险，实现投资效益最大化。

三是稳步提升预算编制的科学性。由资产数据出发的项目储备库应用，改变了过去项目预算打包和分块的处理方式，综合考虑资产状况和基础数据，使项目储备库中的项目总投资测算更加科学，满足了以项目储备库为基础的技术改造、检修项目预算管理的需要。

附表 3-1

风险事件清单模板

填报单位：　　　　　　　　　　填表日期：

序号	风险类别	风险事件描述	风险识别方法	风险事件原因		风险事件后果	是否有控制措施（有/无）	具体控制措施（制度/文件/规定）
				内因	外因			

审核人：　　　　　　　　　　填表人：

注：1. 风险类别按《风险分类标准》填写。

2. 执行部室提交风险事件清单之后由风险联络员负责汇总编制本单位（部门）的风险事件清单。

附表 3-2

风险事件库模板

填报单位：　　　　　　　　　　填表日期：

序号	风险类别	风险事件描述	风险识别方法	风险事件原因		风险事件后果	是否有控制措施（有/无）	具体控制措施（制度/文件/规定）	可能性分值	影响程度分值	风险等级分值	风险重要性级别	风险应对计划			风险监控预警		
				内因	外因								风险应对策略类型	具体应对措施	责任人	预警指标	执行情况	责任人
（1）	（2）	（3）	（4）	（5）	（6）	（7）	（8）	（9）	（10）	（11）	（12）	（13）	（14）	（15）	（16）	（17）	（18）	（19）

审核人：　　　　　　　　　　填表人：

注：1. 风险类别按《风险分类标准》填写。

2. 第（10）—（13）列按各单位（部门）拟定的风险准则填写。

案例4

信息化能带来投资回报吗？——数据驱动下的LP科技成本管理创新

石油化工行业作为以进口原油为背景的石油石化企业，因石油输出国组织（“OPEC+”）与美国之间的博弈仍在继续，原油价格裹挟政治因素，导致原料价格受其影响而“情绪化”难以调控；在政策大力扶持下，新能源汽车迅速崛起，汽车电气化转型，对石油石化行业而言无疑响起一声惊雷；“环保风暴”的冲击，绿色环保的方针政策使消费逐渐转向新能源；经济新常态下，市场经济不景气，产品供产销不平衡，利润空间不断收缩；人口红利的消失，劳动力结构转向刘易斯拐点，即劳动力过剩现象消失转向劳动力短缺，企业用工成本增加成为利润压缩的原因之一。面对内忧外患，企业应敲响警钟，这也是在考验企业战略的选择，“大智移云”时代下企业转型避无可避。本案例以LP科技为例，研究该公司在数据驱动之下的成本管理创新策略。

研究指出，互联网的使用无法直接带来企业投资回报，“大智移云”的运用并非企业前进的“万能药”。石油石化行业不应舍本逐末，

“大智移云”不应仅仅是噱头，“大智移云”是工具，是增效提速的助推器，究其根本企业应立足产品创新与用户体验，应聚焦产品本身及技术提升，以用户为中心，在“仰望星空”的同时“脚踏实地”。

2019 年 4 月的一天，LP 科技的第一季度的财务报表报出，营业收入和净利润的大幅度上升，而对应的成本得到了控制的消息，使公司上下全部沉浸在巨大的喜悦之中。此时的董事长办公室里，石董站在窗前，从 33 层的窗外眺望着远方，虽然嘴角只有一丝淡淡的笑意，但是内心已经大大地舒了一口气。

“叩叩叩。”此时阵阵清脆的敲门声从门外传来。

“请进。”石董踱步由窗前走向办公桌。见来人是上个月联系的 × 财经报王记者，便打内线让秘书小张为客人准备热茶。

“石董，您真是精神焕发呀！”王记者进门后十分热络地向石董问好，看向坐在皮质沙发里喜上眉梢的石董，说道，“您前段日子让我帮贵公司写回忆录，初稿已经完成了，这不，我拿来让您先过过目。”说着，向石董伸出右手行握手礼。

“小王呀，你这效率也太高了吧。”石董站了起来，倚在红木桌沿，伸出右手回握王记者。

“哪里哪里，您过奖啦！”王记者态度颇为谦逊，“我看了张秘书给我的资料，思索一番，决定从成本管理创新的角度来写。不得不夸一下，贵公司真是石化行业的挑战者呀，‘大智移云’这理念也就 2013 年才提出，贵公司三个大项目已经着手实施，并且看见成效。别的不说，隔壁公司孙总也让我帮他们写传记，但是他们只有一个工厂，材料入库出库都是手工记录，根本没有达到对外宣称实现人工智能全覆盖的程度。贵公司这么好的素材，这才让我有牛刀小试的机会呀，我得感谢您给我这个机会呢，石董。”王记者说着从公文包里拿出厚厚一叠已经装订好的 A4 纸，递给倚案的石董。

石董接过那一叠封面上写着《LP 回忆录》的 A4 纸，坐在沙发椅中，开始慢慢翻看……

4.1 周虽旧邦，其命维新——绪论

4.1.1 朝花夕拾：石化行业新星冉起

石油化工行业（以下简称“石化行业”）作为国民经济重要的基础行业，石化行业是国防、交通以及各行各业的动力、燃料和能源，与国民经济和人民生活关系密切，其关键程度可见一斑。石化企业具有产业链长、技术密集度大、关联性高的特点，同时被看作是新能源、新材料、新环保可持续发展的基石，肩负重任。

近年来，石化行业的背景趋于复杂化。从国际形势来看，世界经济正在复苏的道路上，进程缓慢，由于深层次结构化的失衡，石化行业发展步履缓慢。随着中东、北美等低成本油气资源地陆续投产石化产能，全球石化产品市场慢慢向亚太地区转移，相关产品竞争激烈；与此同时，国际贸易保护导致了贸易摩擦的进一步加剧。从国内形势来看，随着新型工业化、信息化以及《中国制造 2025》等国家战略的进一步实施，国民经济预计会呈现迅速增长的趋势，这在一定程度上为石化行业的发展提供了良好的机会。

同时，伴随着全球产业格局的改变，制造业的生产方式也在改变，相对应的企业成本管理模式受到了巨大的冲击。近些年来，国家积极倡导“低碳环保”的理念，大力支持发展新能源、环保型能源，导致石油开采和加工的成本提高；而且，科学技术的高速发展，大数据和云计算的强强联手，人工智能和移动物联网的广泛应用，在新经济、新技术的时代背景下，传统的石化企业不仅逐渐意识到传统成本管理模式的许多不足和局限性，也意识到随着时代背景的变化，企业的成本管理模式也要随之而变。

作为石化行业的代表企业，LP 科技股份有限公司（以下简称 LP 科技）成立于 2003 年，总部位于南京，是国内名列前茅的独立润滑油企业。公司期初注册资本仅为人民币 500 万元，初始成立时的名称是“JSLP 石化有限公司”，随着 2009 年、2012 年以及 2013 年的共计五次股份转让，公司注册资本逐渐增加为 15600 万元。2014 年 1 月 20 日，LP 石化顺利完成股份制改造，正式更名为“JSLP 科技股份有限公司”。2017 年 4 月 10 日，LP 科技通过中国证监会的许可，在上海证券交易所主板 A 股上市。

LP 科技目前拥有 JSKLS 汽车环保科技有限公司、NJSY 环保科技有限公司、NJJG 塑业有限公司、LP 润滑新材料（天津）有限公司、LP 科技（香港）有限公司、NJLP 汽车养护有限公司等六家控股公司，LP 科技股权架构与控股公司框架具体如图 4 - 1 所示。

目前，LP 科技旗下主要拥有三大品牌，11 大产品系列，共计 1200 多个 SKU，覆盖车用润滑油、工业润滑油、车用化学品、PM2.5 治理等多个市场领域。以车用环保精细化学品为主要产品的 LP 科技，其主营产品有润滑油、柴油发动机尾气处理液、发动机冷却液、车用养护品和车用尿素溶液等。

“在回忆录中，我介绍了行业发展情况，随后阐述贵公司的重要事件、控股公司以及主营产品，表明石化企业转型是大势所趋，贵公司成本管理模式创新的背景也就显而易见了。”王记者说道，“后文我打算阐述企业转型的信息化背景，这样文章结构完整了，行文思路也就顺理成章了。”

石董拿起茶杯浅啜片刻，“咱们公司虽然成立时间不算长，但是近些年来的发展的确可观，在成本管理创新方面的投入在行业里也算得上靠前了。至于你说要写成本管理转型的信息化背景内容，先待我继续看下去”。

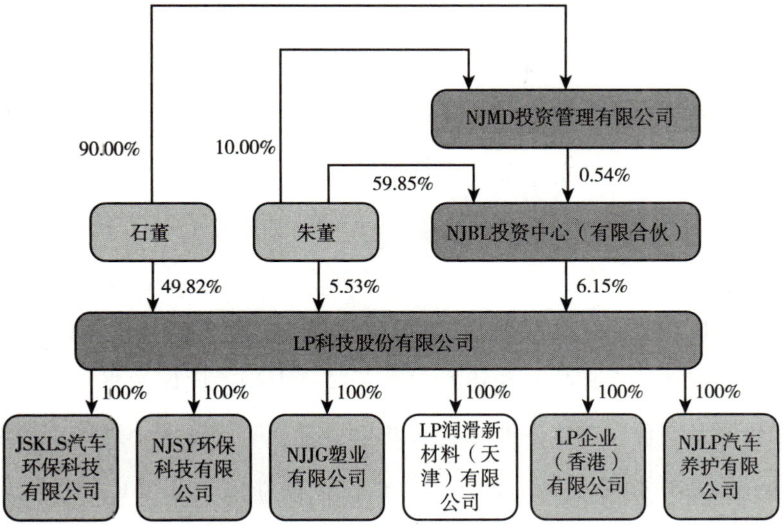

图 4－1　LP 科技股权架构与控股公司框架

4.1.2　鉴机识变：信息时代管理转型

在制造业信息化、集成化的今天，大部分制造业的信息化应用已从运营转向管理和决策的方向进步，我国的企业越来越注重系统智能的创新来实现对企业的管理。

目前国内外专家对成本管理信息化建设现状和应用研究颇多，张继德等研究了我国的成本管理信息化的现状和系统实施的成果以及存在的问题，提出与问题有关的相关对策（张继德和刘向芸，2014）。韩向东通过研究信息化在成本管理领域和在企业中应用的成果，发现成本管理信息化的重要性以及必要性（韩向东，2014）。在成本管理信息化建设行业方面，王东旭通过组织特征和生命周期理论对房地产行业成本管理进行分析设计（王东旭，2013）。刘云霞以事业单位视角对成本管理信息化构建进行了深度探究（刘云霞，2015）。刘梅玲以第三方支付企业为例，通过分析其成本管理信息化的战略制定和实施过程，为第三方支付企业的成本信息化建设提供了借鉴和指导（刘梅玲，2016）。在目前阶段，在企业成本管理信息化的平台架构、风险控制、实施方法和路径、与新技术的融合等方面研究较少。

就以上文献来看，信息化使企业的运算更加具有针对性，有信息化支撑配合有效的分析方法，提高决策水平，从而给企业带来经济效益；信息化的应用，可以将企业的各个环节进行分析研究，加强企业的成本管理控制，促进企业的生产方面保持创新。但是信息化真的能带来企业绩效吗？

“信息化背景下，企业成本管理模式日益创新，很明显传统的成本管理模式已经不适应现代企业生存发展的需要，无法满足日新月异的市场需求，其局限性也逐渐凸显出来。”王记者解释道。

4.1.3 移易迁变：成本管理吐故纳新

信息化是培养和发展以智能计算机为主的自动化工具为代表的新生产力，并造福于人类生产生活的历史过程。企业的信息化是国民经济信息化的基础，然而，在LP科技的信息化建设过程中，管理层发现信息化成本在企业运营中所占比例越来越大，每一次的系统更新都需要进行项目准备，成立专业小组、领导小组、项目管理小组等，内部业务人员和外部技术专家一起进行系统开发、测试，待验收审核评估后才可正式上线运行，除此之外，后期还要花费大量的维修、升级费用。因此，传统的成本管理模式已经不能满足日新月异的市场需求，客观上需要一种灵活的、能为企业提供实时支持的模式。

4.1.3.1 传统成本管理模式的内容与特征

LP科技创始之初，以传统成本管理模式进行企业成本管理，此时企业就像处于最黑暗、最漫长的“黑海阶段”，企业无法作出选择，只能尽量做好防御工作。传统成本管理模式到底是什么管理模式，企业又是如何进行成本管理的？

传统成本管理模式孕育于西方工业化社会，主要经历了萌芽、初步形成以及发展成熟三个阶段。通过回顾西方成本管理的演变进程，可以发现成本管理从最初的成本计算与记录，到开始关注事前控制，最后再形成服务于企业提高经济效益的一套完整的成本管理体系。

传统成本管理模式是通过运用现代管理、经济、技术等相关理论和方法，实施以成本预算、成本核算、成本控制以及成本考核为基本内容的成本管理模式（刘丽霞，王世水，2019）。主要内容为成本核算模式和成本控制分析模式。其主要特征有：主要关注成本核算环节，注重对生产成本的核算，多采用以数量和产量为权重的成本计算方法；在成本控制环节，注重对产品生产成本的分析和控制，以尽量避免成本发生不必要的价值耗费，达到企业利润的最大化的目的；在成本分析及评价环节，注重事后分析，着重对各方的绩效评价，以期促使各部门绩效最优从而达到整个企业的绩效最优。

4.1.3.2 传统成本管理模式存在的局限性

传统的成本管理模式在原始无核算、无控制、无模式的管理基础上增加了较为系统的管理方法与控制手段，并且逐渐丰富、完善，构成了传统成本管理的体系，在一定程度上，这是成本管理的突破。

然而，随着传统成本管理模式在企业生产经营实践中不断被运用，不断被检验，代表传统模式的 ERP 系统固有的局限性也逐渐暴露在阳光下：ERP 系统的运用虽然优化了数据的收集和核算、记账和编制报表等流程，但是许多作业流程的人工干预仍必不可少，长此以往，将大大降低企业成本核算的效率（陈溪和周颖，2015）；最初的 ERP 系统更多地基于成本核算这一领域，单一的核算功能使通过数据分析以发现和解决问题受到很大的阻碍和困难；这个阶段的 ERP 系统仅仅专注于记录和呈报数据，却不能有效顺畅地分享数据、传递数据，这对企业的成本管理造成了不小的阻碍；传统成本管理模式下，企业的成本管理都过于依赖于人为干预（王江涛，2006），很可能导致对企业各项成本费用不能做到客观的归集、计算以及分配，不能正确地反映企业产品成本的真实信息，精确度有待提高（劳本信，2010），直接影响到企业成本管理的效果。

"考虑到传统成本管理模式存在诸多局限性，为此，当年我们公司特别聘请了 N 大学程教授运用盈亏平衡点分析模型为我们分析了咱们公司的成本管理现状，以判断我们公司目前成本管理的效果。"石董回忆道。

盈亏平衡点分析模型主要有加权平均模型和联合单位模型两种。当企业各种产品的生产比例完全固定，可以采取联合单位模型计算保本点；当企业各种产品生产比例可以调整，则要采取加权平均模型计算保本点。由于 LP 科技的生产流程众多，可以根据市场行情对产品产量进行适当的调整。因此，本案例采取加权平均模型计算 2011 年 LP 科技的保本点。

LP 科技的主营产品为润滑油、柴油发动机尾气处理液、发动机冷却液、车用养护品和车用尿素溶液。由于其余产品占比较小，仅占 LP 科技主营收入的 2%，所以在以下计算中假设 LP 科技只生产润滑油、柴油发动机尾气处理液、发动机冷却液、车用养护品和车用尿素溶液五类产品，其权数总和为"1"。

LP 科技主营产品的销售总额、销售比重以及边际贡献率等计算数据具体如表 4-1 和表 4-2 所示。

表 4-1　　2011 年 LP 科技主营产品边际贡献率计算

产品	单价（元/吨）	销量（吨）	销售总额（元）	销售比重	边际贡献（元）	边际贡献率
润滑油	11856.23	54463.37	645730259.63	54.83%	281807027.07	43.64%
柴油发动机尾气处理液	1689.21	145481.42	245749301.30	20.87%	90921595.64	37.00%
发动机冷却液	4886.77	47487.05	232058105.42	19.71%	92923261.22	40.04%

续表

产品	单价（元/吨）	销量（吨）	销售总额（元）	销售比重	边际贡献（元）	边际贡献率
车用养护品	2801.48	13439.00	37649029.21	3.20%	19024350.40	50.53%
车用尿素溶液	1597.59	10290.41	16439820.52	1.40%	4658059.20	28.33%

数据来源：LP科技内部资料。

表4－2　　2011年LP科技主营产品成本性态分析

产品	固定成本（元）	变动成本（元）
润滑油	173889306.46	363923232.56
柴油发动机尾气处理液	83075960.07	154827705.66
发动机冷却液	69540356.59	139134844.20
车用养护品	11222244.00	18624678.81
车用尿素溶液	6873619.98	11781761.32
总额	344601487.09	

数据来源：LP科技内部资料。

根据分析计算，可得LP科技主营产品的加权平均边际贡献率为：

54.83%×43.64%＋20.87%×37.00%＋19.71%×40.04%＋3.20%×50.53%＋1.40%×28.33%＝41.55%

从而盈亏平衡点销售额为：344601487.09÷41.55%＝829314139.75（元）

再计算安全边际：1177626516.08－829314139.75＝348312376.3（元）

最后，计算安全边际率：348312376.33÷1177626516.08×100%＝29.58%

计算结果说明：销售量减少超过29.58%，LP科技将会出现亏损。

按照国际惯例，安全边际率可用于经营安全性的测试具体如表4－3所示。

表4－3　　经营安全性测试等级表

安全边际率	安全等级
＜10%	非常危险
10%—20%	危险
20%—30%	值得注意
30%—40%	安全
＞40%	非常安全

由于LP科技主营产品加权平均安全边际率为29.58%，参照经营安全性测试等级表，LP科技的生产经营安全性等级为“值得注意”。

“这一结果意味着我们当前的企业成本管理模式存在缺陷，也正是这次盈亏平衡点分析结果使我们管理层认清了我们公司成本管理的现状，意识到了传统成本管理模式已然不能适应日益变化的生产模式，将目光逐渐放至传统成本管理模式发展的新要求之上……”石董回忆往昔，不禁感慨万分。

4.1.3.3 传统成本管理模式发展新要求

传统成本管理模式已不能适用于现有的企业管理，对传统成本管理模式加以创新以顺应企业当前的状况刻不容缓。成本管理模式的创新需要注意以下几点。

（1）现代的成本管理应该贯穿于企业生产经营全过程，从单纯的事后控制转变为事中控制和事前控制，从最初的生产环节贯穿到研发和营销环节等多个环节，从企业内部延展到企业外部，从短期成本控制转变为长期的战略管理。

（2）成本管理的对象应从企业内部资金活动开始向外部环境扩展，在包括企业内部价值链下各种资金耗用的同时，也应包括重要客户和供应商甚至整个行业价值链下的资金耗费；在考虑历史成本的同时，也要考虑现在和未来相关成本。

（3）成本管理模式的创新应从时间和空间两个维度开拓成本管理的新方向新视野，以对企业内的各种业务流程进行严格管理，进一步完善并优化业务流程。在空间维度，对业务的具体流程进行认真分析，力求由事后控制变为事前控制，降低甚至消除非增值作业以此降低成本；在时间维度，对产品的生命周期进行成本管理，以期提高运营效率，发掘降低成本的潜力。

（4）树立全面成本管理的理念。一方面，要求进行全员的成本管理，改变“成本管理仅仅需要具有专业知识的财务人员或管理人员”这种狭隘的成本管理理念；另一方面，要求在产品成本外，任何一种经济活动，都应该计算其成本，并对此进行成本效益分析（温素彬和陈晨，2017）。

（5）成本管理要顺应时代，采用科技化现代化的新方式。当代科技的迅猛发展为企业成本管理创造了得天独厚的优势，使企业能够创建一个高效合理的成本管理信息系统，也使资源能实现由上到下、由外到内进行实时共享，数据的传递、信息的交流都变得迅速有效且便捷。运用相关知识，构建适应的成本模型，借助信息化，使成本得到准确的体现。这样提高了成本信息的处理速度、增强了成本信息质量的同时，也能使成本预测和分析变得更加准确和高效。

“传统成本管理模式创新向我们提出了顺应时代以及科技化现代化的新要求，作为传统制造型行业中的代表，石化企业应顺应时代潮流，努力创新成本管理模式，而贵公司也意识到了创新成本管理模式的重要性。”王记者坐在石董对面，侃侃而谈，“我看了程教授撰写的实证研究，实证中收集了咱们石化行业内105家已有信息化投资的上市公司的绩效情况，通过大样本研究解答大智移云应用于企业成本管理对企业财务绩效的影响，相信数据一定是最有说服力的说辞。接下来，就是大样本研究的具体内容。”

4.2 所欲聚之，以为后图——信息化与财务绩效

4.2.1 疑团莫释：理论分析与设计

4.2.1.1 理论分析与研究假设

20世纪80年代末，“索洛悖论”指出，企业的IT投资与投资回报率（ROI）没有明显的关联。该观点一经提出，立即引来学者的热议，关于企业信息化投资是否有助于企业绩效的提升，学术界存在“是”和“否”两种不同的观点。Harris和Katz（1989）通过实证研究得到，信息化与各种收益率之间存在微弱的正相关性。Menon和Lee（2000）分析了1976年至1994年105家医院的信息技术支出额，发现信息技术投资额的增加反而增加了企业的成本，降低企业的利润。

然而，从现有文献的统计结果来看，赞成企业信息化投资有助于企业绩效提升的观点占多数。Namchul Shin（2009）的研究表明信息化可显著提高企业产出，降低企业的协作成本；杨定泉（2011）通过对连续5年18家连续排名公司与284家统计样本公司的对比发现，信息化水平高的上市公司财务绩效显著高于投资信息化一般的上市公司绩效；郭燕青等（2018）认为信息化具有创新溢出效应，从而可对企业技术创新能力产生影响，进而影响企业绩效；詹新（2019）通过运用“十二五”“十三五”制造业企业信息化数据进行实证分析，得出信息化发展投入资金越高，信息化建设成本会随之降低，且企业的研发周期会随着信息化投资的增加而减少。

因此，提出“在资产负债率、企业规模、企业第一大股东持股比例等其他因素不变的情况下，加大信息化投资可促进公司财务绩效的提升”的研究假设是必不可少的。

4.2.1.2 样本选择和数据来源

综合考虑LP科技的所属行业为制造业中的石油石化行业，依据《证监会2011版行业

分类》中对于制造业的细分行业划分标准，选取制造业分类中C4（石油、化学、塑胶、塑料）子行业中363家上市公司2015年数据作为研究样本，剔除数据缺失的样本后，实际有效样本为105家上市公司。以下所有数据均来自于国泰安CSMAR中国上市公司财务报表附注及财务指标分析数据库，在前期的数据整理和处理中采用Excel2010软件，在后期的实证分析中使用SPSS 19.0和Stata 15.0进行数据处理。为避免异常值引起研究结果的偏差，本案例对所有数据进行了1%和99%分位数的缩尾处理。

4.2.1.3 模型构建与变量选择

为了对上文提出的研究假设进行检验，我们设计了下面的假设检验模型：

$$ROE = \alpha + \beta_1 Hard + \beta_2 Soft + \beta_3 Levg + \beta_4 Size + \beta_5 Firstshare + \varepsilon$$

其中，模型中的因变量为公司财务绩效，选用净资产收益率ROE进行考察，模型中的自变量为信息化投资强度，Hard和Soft分别代表硬件投资强度和软件投资强度，α代表企业不可观测的个体特征，β为系数，ε为误差项。

（1）被解释变量。

选取2018年净资产收益率（ROE）作为被解释变量。目前评价企业财务绩效主要由会计指标以及资本市场指标衡量。会计指标主要包括企业的营运能力指标、盈利能力指标以及成长能力指标，而资本市场指标主要以股票收益率和股价增长为依据。考虑到盈利能力作为企业财务绩效综合评价的核心，体现企业经营的目标并反映企业的获利能力，选择盈利能力中通用性最强的财务指标净资产收益率（ROE）以代表企业财务绩效状况。此外，由于信息化投资并非一蹴而就的过程，在投资的初期企业成本会明显增加，但随着年限的增加投资效益逐渐显现，成本逐渐减少。吴俊（2014）在对ERP系统对财务绩效影响的实证分析后得出结论：信息化投资的第一年财务绩效无显著变化，第二年起，财务绩效上升趋势开始显现，而至第三年，这种趋势显著上升。故基于已有研究结论，选取t+3年（即2018年）上市公司企业绩效指标作为被解释变量。

（2）解释变量。

选取2015年信息化投资强度（ITS）即信息化投资与公司资产之比作为解释变量。信息化投资强度（ITS）通常为硬件投资强度（Hard）与软件投资强度（Soft）之和，硬件投资的数值以上市公司的固定资产电子设备、办公设备账面价值代替，软件投资则为无形资产财务软件或ERP系统的账面价值（王凡林，2017）。故借鉴已有研究，使用上市公司年报附注中固定资产项目的“电子设备”“办公设备”明细项目、无形资产项目的“软件”“系统”明细项目账面价值作为信息化投资总额，以信息化投资总额与年末公司总资产账面余额之比作为信息化投资强度（ITS）。

（3）控制变量。

影响企业财务绩效的因素众多，既有宏观层面的因素也有微观层面的因素，为研究信息化投资这一特定因素对企业财务绩效的影响，应当控制其他因素对其的影响。选取资产负债率、公司规模以及第一大股东持股比例作为控制变量，以排除其他因素对企业财务绩效的影响。最优资本结构理论认为，公司资产负债率的提高一方面会增加股东承担破产风险的可能性，增加股东期望的投资回报率，从而增加公司的股权成本，另一方面债权人承担破产风险的可能性也会随之提升，带来债权成本的提高。这两者都会导致企业总成本的上升，从而影响企业财务绩效。因此，选取资产负债率这一指标用以衡量企业的资本结构。此外，公司规模也是企业财务绩效的重要影响因素之一。公司规模越大，越具有规模效应，从而越易于从外部获取资金，进而改善公司财务绩效。通常选取公司期末总资产的自然对数（即公司规模 Size = ln（总资产/10000））作为公司规模的衡量标准（张迎迎，2017）。所有变量说明具体如表 4 -4 所示。

表 4 -4　　主要变量的定义

变量类型	变量名称	变量符号	变量说明
被解释变量	净资产收益率	ROE	第 t+3 年度净利润/平均净资产
解释变量	硬件投资强度	Hard	第 t 年末电子设备账面价值与总资产之比
	软件投资强度	Soft	第 t 年末软件或系统的账面价值与总资产之比
	信息化投资强度	ITS	第 t 年末硬件投资及软件投资之和与总资产之比
控制变量	资产负债率	Levg	第 t 年末总负债/总资产
	公司规模	Size	第 t 年末总资产的自然对数
	第一大股东持股比例	Firstshare	第 t 年末第一大股东持股数占公司总股数的比例

4.2.2 实证过程：相关统计和分析

4.2.2.1 描述性统计

首先对各变量进行描述性统计，统计结果具体如表 4 -5 所示。

表 4 -5　　主要变量描述性统计结果

变量	N	极小值	极大值	均值	标准差
t+3 年 ROE	105	0. 1189	43. 5676	9. 512077	7. 8419557
Soft	105	0. 0000	0. 7620	0. 069142	0. 1174235
Hard	105	0. 0226	5. 1854	0. 488181	0. 7269410

续表

变量	N	极小值	极大值	均值	标准差
ITS	105	0.0336	5.2195	0.557323	0.7343247
Size	105	0.2129	26.5904	21.676486	2.3681456
Firstshare	105	0.5152	64.7300	31.411954	12.8729591
Levg	105	4.8599	326.1896	41.061815	35.4408224

从表中可以看到，信息化投资强度的均值为 0.5573，说明样本公司在信息化方面投资较多，且标准差为 0.7343，表明各公司在信息化投入方面总体差异不大。其中，硬件投资强度均值为 0.4881，软件投资强度为 0.0691，表明样本公司在信息化硬件上的投资远大于信息化软件的投资，这意味着企业愿意将更多的资金花在硬件投资上，软件投资方面还有可提升的空间。在主要控制变量方面，第一大股东持股比例的均值为 31.4119，标准差为 12.8730，这说明所选样本公司大股东持股比例存在较大差异。而公司规模的标准差为 2.3681，表明样本公司规模差异略大。资产负债率的均值为 41.0618%，表明样本公司的平均负债水平适中。净资产收益率的极大值为 43.5676%，而极小值为 0.1189%，标准差为 7.8419%，由此可见样本公司盈利水平差异适中，企业财务绩效情况较好，企业信息化投资存在一定效果。

4.2.2.2 相关性分析

为了使研究结果更加可靠，我们采用 Pearson 分析方法对各变量之间进行相关性分析，具体如表 4-6 所示。

表 4-6　　主要变量 Pearson 相关性分析结果

		Soft	Hard	ITS	t+3 年 ROE	Size	Firstshare	Levg
Soft	Pearson 相关性	1	-0.018	0.933***	0.288**	-0.075	-0.037	0.442***
	显著性（双侧）		0.429	0.003	0.044	0.225	0.356	0.000
	N	105	105	105	105	105	105	105
Hard	Pearson 相关性	-0.018	1	0.987***	0.875***	0.017	-0.182**	-0.021
	显著性（双侧）	0.429		0.000	0.002	0.434	0.032	0.414
	N	105	105	105	105	105	105	105
ITS	Pearson 相关性	0.933***	0.987***	1	0.830***	0.004	-0.186**	0.050
	显著性（双侧）	0.003	0.000		0.000	0.482	0.029	0.308
	N	105	105	105	105	105	105	105
t+3 年 ROE	Pearson 相关性	0.288**	0.875***	0.830***	1	0.234**	0.179**	-0.536***
	显著性（双侧）	0.044	0.002	0.000		0.011	0.034	0.000
	N	105	105	105	105	105	105	105

续表

		Soft	Hard	ITS	t+3 年 ROE	Size	Firstshare	Levg
Size	Pearson 相关性	-0.075	0.017	0.004	0.234**	1	0.220**	0.187**
	显著性（双侧）	0.225	0.434	0.482	0.011		0.012	0.028
	N	105	105	105	105	105	105	105
Firstshare	Pearson 相关性	-0.037	-0.182**	-0.186**	0.179**	0.220**	1	0.046
	显著性（双侧）	0.356	0.032	0.029	0.034	0.012		0.321
	N	105	105	105	105	105	105	105
Levg	Pearson 相关性	0.442***	-0.021	0.050	-0.536***	0.187**	0.046	1
	显著性（双侧）	0.000	0.414	0.308	0.000	0.28	0.321	
	N	105	105	105	105	105	105	105

相关性分析结果表明，在0.01水平上，信息化投资强度（ITS）与硬件投资（Hard）、软件投资（Soft）以及净资产收益率（ROE）都存在显著的正相关性。此外，硬件投资（Hard）、资产负债率（Levg）等变量与净资产收益率（ROE）也存在高度线性相关。在0.05水平上，软件投资（Soft）、公司规模（Size）以及第一大股东持股比例（Firstshare）都与净资产收益率（ROE）存在相关的关系。因此，可判断信息化投资水平与公司财务绩效之间存在正相关关系，原假设初步得到验证。接下来通过回归分析展开对各变量影响大小的研究。

4.2.3 昭然若揭：实证结果与检验

回归结果如表4-7所示。从表中可以看出，模型的拟合优度>0.9，说明有很好的解释力度，且方程均通过了显著性检验。

表4-7　　公司财务绩效回归结果

	(1) T+3roe
soft	0.288** (3.973)
hard	0.875*** (9.765)
its	0.830*** (7.084)

续表

	(1) T+3roe
size	0.234** (3.484)
levg	-0.536*** (-10.038)
firstshare	0.179** (2.144)
_cons	0.084 (1.099)
Obs.	105
R-squared	0.987
Sig	0.000

注：*** $p<0.01$，** $p<0.05$，* $p<0.1$；括号中的数值为变量的 T 值。

分析信息化投资对公司财务绩效的影响，需要观察回归模型中信息化投资的相关系数 0.830，且在 0.01% 的水平上通过了显著性检验，认为软件投资（Soft）、硬件投资（Hard）、信息化投资（ITS）会对企业净资产收益率（ROE）产生影响，即信息化投资对公司财务绩效有明显正向影响。并且对公司财务绩效产生影响的因素主要是信息化强度中的硬件信息化强度，即办公设备及电子设备的投资。除此之外，企业的资产负债率也与公司财务绩效存在线性相关，资产负债率越低，公司财务绩效越好。因此，结果证明我们的研究假设“在资产负债率、企业规模、企业第一大股东持股比例等其他因素不变的情况下，加大信息化投资可促进公司财务绩效的提升”是正确的，说明石化行业内的企业可以加大对信息化的投资尤其是信息化设备的投资，提高企业成本管理运营效率，从而提高企业的盈利绩效。

将信息化投资划分为信息化软件投资和信息化硬件投资，以此来研究信息化投资对石化行业上市公司财务绩效的影响，通过上述实证分析，得出以下结论：其他因素不变的前提下，信息化投资有利于公司财务绩效的提升。但是，从描述性统计的结果可以看到，近年来制造业行业尤其是石化类企业信息化投资占总资产的比重普遍较低。既然如此，为何企业在能够获益的信息化建设方面表现的投资意愿反而不明显呢？

究其根源，这主要是由于早年我国信息化投资的失败率过高，决策者对信息化资源的使用、管理存在缺陷；信息化投资需求不明确；信息技术战略失败等原因所致。事实上，在 2005 年之前大量信息化投资效果不显著，不仅仅因为企业信息化技术不到位，还可能由于决策者常常割裂信息化技术与商业价值的联系，“索洛悖论”就是基于此产生的。多数企业在加大信息化投资的同时却忽略了将信息化投资战略与企业具体业务相结合，误以为只要加大信息化投资，购买大量信息化软件及系统，企业投资回报率以及生产率就会大幅上升。

因此，我们认为，第一，企业应当将信息化投资战略与企业战略甚至企业的具体业务相结合，从企业文化及业务流程角度出发，选择适合企业自身且能够在经营发展全方面提升经营绩效的信息化投资方案。第二，企业应当探寻将信息化投资转变为企业生产力的实现路径，积极结合内外部环境转变信息化投资决策方案以及管理模式，使信息化投资最大化地作用于公司财务绩效的提升。

“实证分析结果表明信息化投资有助于公司财务绩效的提升，这个结果得到了董事们的认可，转型之路有望。咱们公司过去采用的成本管理模式的确主要依赖 ERP 系统，公司刚起步，就是用的手工做账方式，那时 ERP 才开始普及，引入系统的成本也高，但是李总（财务总监）力排众议，坚持要引进 ERP 系统。这系统刚开始引进，的确卓有成效。自动化降低了人工化程度，大量繁琐的工作被省去，公司的成本管理效率提升，不必要的成本耗费也大大降低。所以说李总当年的决策是对的呀。”石董不由说道，“前几年‘大智移云’这个名词刚刚出现，我们这些传统制造行业的老总都坐不住了，不知道连夜开了多少次会议，做了多少次动员，这才在 2012 年开始了成本管理模式的改革，这过程的确辛苦，但我们公司也挺了过来。”

“正是了解贵公司的这些经历，我才一直说 LP 科技是个有故事的公司呀!”王记者不住地称赞道。

石董点了点头，说道：“没错！并且我们在信息化投资转型的过程中结合了我们企业的具体业务和综合战略，避免了盲目的信息化，这才使我们走到今天这一步啊!”

王记者紧接着附和着：“是啊，贵公司的三次重大转型真是可圈可点，接下来就请听我叙述贵公司的第一次转型。”

4.3 时移势易，变法宜矣——大数据与成本管理

2003 年，初始成立的 LP 科技首先开始金蝶 K/3 WISE 系统的实施，换句话说，LP 科技最初的成本管理模式主要是依赖于最原始、最基础版本的 ERP 系统。当时，ERP 系统主要是成本管理与核算模块，由总账模块、应收账模块、应付账模块、现金管理模块、固定资产核算模块、多币制模块、工资核算模块、成本模块等构成。ERP 系统的初级应用能

够实现主要业务数据的集成和共享，也就大大地便利了会计核算这一流程。比如，从原先的全手工记账转化为计算机自动记账，从原先的人工编制报表转化为系统自动生成，大量繁琐和低效的人工作业逐渐被计算机和系统软件取代，在使会计核算工作变得高效的同时，也大大地提高了准确性。迎合着信息化时代的初步显现，ERP 系统的应用确实为企业的成本管理带来了许多便利和优势。

然而，随着互联网科技的高速发展，信息化时代已经从萌芽期进入了成长乃至成熟期，社会的不断进步和发展以及行业的不断转型和前进，简单的 ERP 操作系统已经无法负荷企业日益复杂的经营流程。LP 科技也逐渐意识到公司自初创起使用至今的 ERP 系统已经不能满足公司的业务需求，传统的成本管理模式亟待创新转型。

“石董。”张秘书敲门进办公室，“秦总出差刚回办公室，想问您上午是否有空，商讨一下下午董事会的事宜。”

“我正接见客人呢。”石董顿了一下，突然想到，“不过，你问问秦总可不可以来趟我办公室，咱们公司的传记初稿已经出来了，让他来看看三次转型技术方面这块有没有需要改进的地方，正好王记者也在，有什么要补充的地方可以一起探讨一下。”

过了大约十分钟，秦总在张秘书的带领下踱步进入石董办公室。石董见来人便互相介绍一番，“这是秦总，我们公司的首席信息官（CIO），这是王记者，负责撰写我们公司的传记”。

秦总与王记者寒暄一番，便开始翻看传记初稿。看到第一次转型，不由万分感慨，“大数据时代的到来，对咱们传统行业的冲击影响最大。不进则退，如果不顺应时代潮流，我们很可能被后起之秀拍打在沙滩上。再加上从 2012 年开始，我们发现 ERP 系统已经渐渐带不动企业日益增长的业务需求，这时，公司开始引入 Tableau 系统，这是一种 BI（Business Intelligence，商业智能工具），它将数据运算与美观的图表完美地嫁接在一起。它的程序很容易上手，各公司可以用它将大量数据拖放到数字‘画布’上，转眼间就能创建好各种图表。这一软件的理念是，界面上的数据越容易操控，公司对自己在所在业务领域里的所作所为到底是正确还是错误，就能了解得越透彻。你这后文撰写 Tableau 与 ERP 的结合，以及结合后仍然存在着一些问题，挺符合我们公司的实际情况。”秦总翻看文章后，不住地点头示意赞赏。

4.3.1 信息泥潭，亟需利刃：第一次转型

2012 年，我国正式提出《大数据研究和发展计划》，这标志着开放、共享和智能的大数据的时代真正地在我国大面积开始应用。大数据时代的到来，海量数据的井喷，为企业带来经济效益的同时，也促进了企业的技术创新。大数据促使企业从核算向管理转型，企业可以通过对大数据的分析运用，让企业的全面预算、绩效考核、内部控制更加高效地运

行（Warren D，2015）。

大数据时代使 ERP 系统随着我国经济改革的发展而逐渐成长起来（Samuel Fosso Wamba 等，2016），与此同时新的数据分析平台 Tableau 也被引入。企业已经度过“黑海阶段”，此时企业之间竞争加剧，LP 科技在大数据冲击下，为谋求进一步发展，寻求专业领域的突破，LP 科技正处于需要击败竞争对手的“红海阶段”（刘玮瑶，2010），企业急需打造一柄利刃。LP 科技在迎合大数据的背景下，牢牢抓住机遇，开始了第一次成本管理改革……

ERP 中积累的大量数据是按照单据和流程的需要而存储的，虽然带来了信息的共享，效率的提升，但是对于管理层来说是杂乱无章的，所以有了 BI 工具与 ERP 结合的应用，Tableau 将数据进行抽取、整合，将其变成有价值的信息，它解决的是数据到决策的这一过程。图 4－2 为 Tableau 决策思维结构。

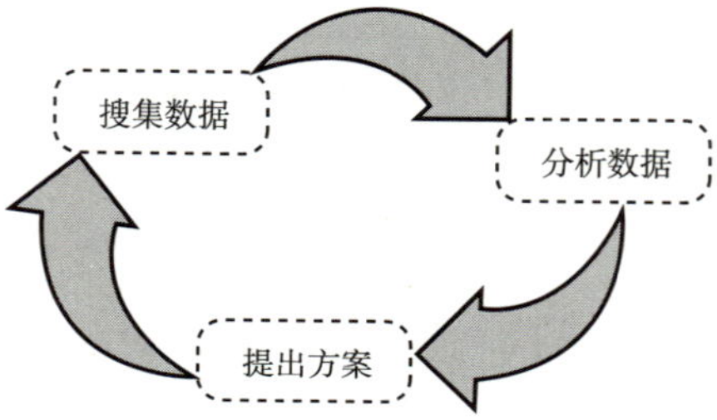

图 4－2　Tableau 决策思维结构

经过这些年的应用实践，对企业的需求了解比较透彻，从而形成了一系列功能比较稳定、满足个性化需求的国产化 ERP 软件（Neil，2012），图 4－3 为 LP 科技 ERP 系统业务流程，同时随着这几年 BI 工具的流行，Tableau 的应用使 LP 科技的数据更易查询、挖掘和分析。

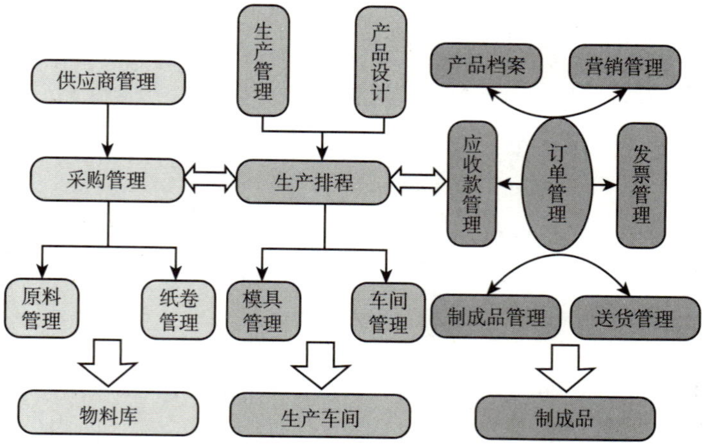

图 4－3　LP 科技 ERP 系统业务流程

后期企业将引进的Tableau与ERP进行结合，在数据导进ERP的同时同步到Tableau中，实现ERP与Tableau的有机集成，Tableau的高级分析、计算和统计数据功能使数据更加可视化，弥补ERP在分析决策方面的不足，帮助管理层在复杂多变的竞争市场中做出正确决策。图4-4为Tableau界面。

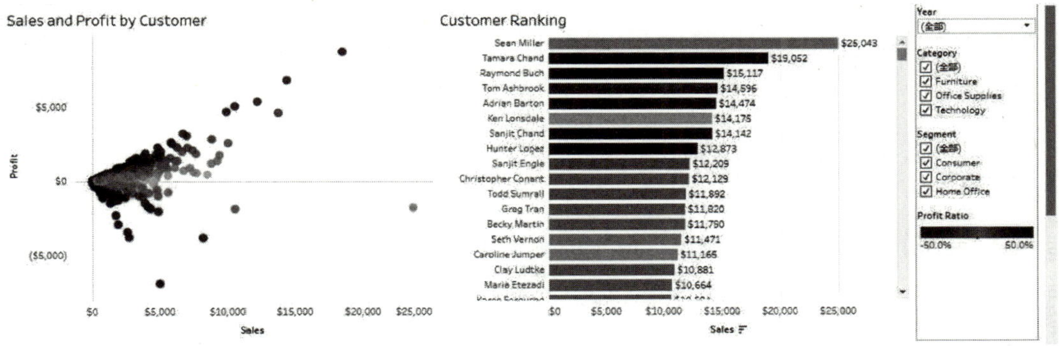

图4-4　Tableau流程界面

为使ERP和Tableau更加紧密地结合，信息能更好地交互和传递，LP科技针对业务流程将成本管理系统采用B/S（Brower/Server）结构（见图4-5）。

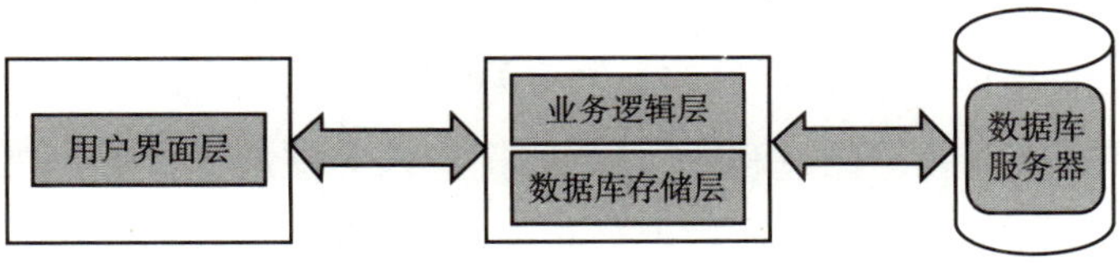

图4-5　B/S结构

B/S模式是建立在ERP系统基础之上的，底层提供核算信息，另一方面来自于本系统数据库，提供预算信息，中间是信息配置层，最上面是报表展示，通过Tableau的物化视图和存储过程技术（冯毅雄等，2010），ERP的数据提取就像从一张简单的底表读取数据一样，大大提高了ERP提取数据的速度。

4.3.2　技术融合，业财一体：价值链管理

通过ERP集成系统和BI工具能够有效改善成本管理中管理方式、管理技术以及成本核算等各方面的问题，并且可以利用现代化的计算机信息技术将公司的人力、财力、物力和各项其他信息进行可视化的集中管理。这种结合的运用可以极大地推动企业在成本管理与控制方面的改革，降低生产运营成本，促进企业长久健康的发展。

ERP 系统覆盖了 LP 科技的整个价值链过程，设计、采购、生产、存储以及售后服务等数据都以表单的形式存储在 ERP 信息系统中，ERP 能够自动归集产生的数据并自动进行会计核算，做到事前、事中以及事后的成本管理（黄思杰，2018），以 Tableau 作为辅助性工具，提高企业的成本把控力度。

LP 科技主要有产品设计、采购物资、产品生产、产品储存以及售后服务五个阶段，通过 ERP 系统和 Tableau 可以将这五个阶段同步进行成本管理，提升企业价值（董西红，2015）。

4.3.2.1 产品设计阶段成本管理

LP 科技利用 ERP 信息系统进行成本控制的第一步，就是在产品设计阶段进行成本管理分析。LP 科技在产品设计阶段利用 ERP 系统进行管理分析主要涉及两个环节：模拟成本和优化设计。

（1）模拟成本。

LP 科技确定了初步的产品设计方案后，在 ERP 系统的模拟成本模块中，根据产品的设计方案拟定的生产作业链过程，确定相应的工艺路线文件及各环节的作业量，设置各个作业成本库的作业成本率，并通过将设计 BOM 表和表中物料的采购市场价相结合即可模拟出产品成本。设计 BOM 表和投产后的工艺 BOM 表是有所差别的，但这个差别在成本中的比例并不大。在模拟作业链的过程中，LP 科技应该关注所设计产品的结构特征、工艺性能，反映设计产品的主要功能，使模拟的作业链能够完整准确地体现出产品设计方案，为模拟出产品成本，优化设计方案做准备。

（2）优化设计。

LP 科技在模拟不同的设计方案后，对比分析各种方案的成本，分析和评价每种方案的生产作业链，优化作业链和产品结构。但选择设计方案的依据不仅仅是成本高低，还有最后产品的质量，产品预计带来的利润率等。选择了最优的设计方案后，将产品 BOM 信息和工艺作业输入系统，核算出标准成本，为以后的成本差异分析提供前提条件。

4.3.2.2 采购阶段成本管理

LP 科技编制采购计划，确定合理订货点和订货量。有条不紊的采购计划不仅满足了 LP 科技日常生产和经营需求，还节省了人力物力，提高了采购效率。确定合理的订货点和订货量是使采购成本最优化的重要手段之一。LP 科技需求物料分为独立需求物料和非独立需求物料。独立需求物料是指与产品结构层无关，需求数量与生产的产成品数量无关的物料，独立需求物料的采购量一般通过经验预测确定。如生产设备消耗的机油，只要设备运行，机油便一直被消耗，与生产的产品数量无关。非独立需求物料是指与其他物料需求有关，它的需求量不需要计算或预测，只需按照 BOM 表或产品结构，从产品的需求量直接产生或派生出来即可。

ERP 系统的供应商管理功能十分全面，涵盖了供应商准入、供应商供货控制、供应商存货调价管理、供应商配额管理等方面。在 ERP 系统中供应商档案一旦被建立，就意味着该供应商将极有可能成为 LP 科技合作伙伴之一，这将直接影响到 LP 科技的产成品的质量。采购员在开发一家新的供应商时，应该充分获取并了解其信息，包括企业名称、地址、联系电话、开户银行、从业人员、注册资金、所属行业以及年度销售额、在行业中排名等信息，必要时也应去实地考察。ERP 系统也提供了供应商资格审批的功能，只有被审批通过的供应商才能被建立档案保存。

在准入一家供应商时，便须录入该供应商所提供的物料。启用 ERP 系统的供应商供货管理便能向企业反映某一供应商可以提供哪些物料或某一物料由哪些供应商提供。在很多企业的采购过程中，存在着当采购一种新的物料时会优先考虑已经建立合作关系的供应商，这样的确省去了开发寻求新供应商的时间，但也会存在一些问题。比如老供应商在已经合作的物料上优势明显，在新的物料上可能并不具备优势，甚至此种新物料只是老供应商的附属产品。

ERP 系统中的供应商存货价格表可自动抓取并更新每家供应商每种物料的最新价格、平均价格、最高价格以及最低价格，便于采购员分析对比已有的供应商价格。而老供应商要提价的时候，采购员便要编制存货调价单，只有存货调价单被批准后，此种价格才能被采购员采用并录入在采购订单中，ERP 系统中的供应商存货价格表也会相应更新。

为了保证 LP 科技的顺利生产，每一种物料的供货来源都不能只有一家供应商，防止这家供应商经营状况恶化，影响到 LP 科技的生产计划。因此，选择多家供应商长期合作十分重要。一种物料需求一旦被确定，每家供应商的配额也要被落实。如果仅靠采购员每次自主决定可能受到的不公正影响因素很多，如某家供应商某段时间与采购员建立了良好融洽的私交关系，则很可能出现采购员偏向这家供应商。针对这种情况，LP 科技可采用 ERP 系统中供应商配额管理，采购员分配给每家供应商的订单比例都要经过领导审核，一旦被确定，不能随意变更。

除了上述措施外，LP 科技还可利用 ERP 系统进行各种供应商分析，比如供应商交货质量分析表、供应商准时交货率分析表等。决定选择一家供应商绝不会仅仅因为价格低，合格的质量、准时交货等因素也是重要考量。

4.3.2.3　LP科技库存阶段成本管理

库存占用了企业大量的资金，在企业生产中占有重要的地位，合理的库存保证了生产的连续性，提高了市场的风险抵御能力，降低了企业生产的风险。但是过高的库存则会占用大量的流动资金进而增加企业负担；反之，过低的库存保证不了生产的连续性，无法满足订单的灵活性，订单交货周期将加长导致企业竞争力下降。LP科技基于ERP的库存阶段成本控制包括出入库成本控制。

（1）采购入库成本控制。

控制LP科技采购入库阶段的成本，除了依靠ERP系统中请购单，采购订单和采购入库单的强制关联和数量控制，还必须控制库存量。LP科技为了保证生产经营的连续性，备库存必不可少，对于不同种类的物料，库存要求必然也不同。

但权衡成本和收益，LP科技必须对库存物资分类管理并重点关注重要的物料。如帕累托分析法（刘雅莉，2014），此方法提倡抓大放小，确定库存管理的重点物料，节约运营资金，将各种物料每年消耗金额进行分类，根据年消耗金额从高到低排序，分为A、B、C三类。A类物料为高频出库，畅销品特别重要，产品存放在离过道最近，最易出入库的位置；B类为较高频出库，次畅销品一般重要，产品存放在离过道较近的位置，较易出入库的位置；C类，低频出库，滞销品为不重要，产品存放在较B类产品的次要位置。以LP科技的基础油中心物料为例，帕累托分析法具体如表4－8所示。

表4－8　LP科技基础油物料帕累托分析法

级别	年消耗金额（万元）	年消耗金额占比（%）	品种数（类）	品种数占比（%）
A	273	68%	18	14%
B	88	22%	33	26%
C	40	10%	78	60%

数据来源：LP科技内部资料。

A、B和C代表LP科技基础油中心物料三个不同级别的库存，LP科技应区别对待，采用不同的库存管理控制方式。A类库存包含基础油J－D2－09，需要LP科技重点控制库存成本，减少库存量，采购部日常业务中有必要与供应商保持良好关系，以便迅速进行库存周转。B类库存包含润滑油添加剂等，这类物料价值次于A类，但也需要例行管理和控制，往往采用大批量采购。C类库存包括低值易耗品，备品备件，包装材料等，此类库存LP科技只需简单管理即可。

（2）领料出库成本控制。

ERP系统中的材料领用单可以参照领料申请单生成，也可以空白生成。LP科技因其产品更新速度快，产品配方经常发生改变，材料领用单可启用参照领料申请单生成，把控领料的正确性。材料领用单的单据办理要及时，尽量避免实物先出库，后期补填材料出库单的情况。尤其是生产现场退回不良品，要求重领新物料时，仓储部一定要立即登入 ERP 系统做红字材料出库单和蓝字材料出库单。否则表面上看仓储部数量并没有减少，事后仓管可能遗忘此业务，等下次发料时也就可能再次发出此不良品，进而造成采购部退货超期，影响生产效率。

（3）产成品入库成本控制。

ERP 系统中产成品入库单来源是质检单。只有当质检合格，质量部门审核通过了质检单，仓储部才能办理入库手续。如此避免了 LP 科技目前存在的未质检先入库的不良现象。ERP 系统中自动统计出质检结果，计算出每种产品的合格率和质检周期，以便 LP 科技后期对产成品质量的把控。

（4）销售出库成本控制。

ERP 系统中销售部制作的发货单必须经过财务部审核通过，仓储部才能生产销售出库单，此时产成品才能从仓储部从发出，避免了 LP 科技目前财务还未审核，物流部已经提取到了产成品发往了客户的现象。缺少财务的审核，可能出现超账期发货，造成逾期款甚至坏账。

4.3.2.4 LP 科技生产阶段作业成本控制

LP 科技基本都已经实现了机器全自动化生产，直接人工参与较少，制造费用占比较大。具体控制可以从以下几个方面分析。

ERP 系统的生产制造模块提供了维护产品工艺流程和生产作业定量的功能。首先 LP 科技需根据实际情况不断调研不断调整，确定出完善的物料清单即 BOM 表。将此表维护进 ERP 信息系统，作为以后生产领料的参照依据。然后设置各类产品详细的工艺路线和生产作业流程。考虑到 LP 科技对研发保密的特殊性，ERP 系统中的关键物料可用字母加数字的代码表示，既确保 ERP 系统的良好运行又能防止泄密。ERP 系统中 BOM 表需要及时更新和维护，避免出现研发或者工艺已经修改配方，但 BOM 表未及时更新导致生产人员仍然在使用老配方。此外，ERP 系统中在建立一个新的 BOM 版本时，应该确保输入的版本日期与其他已有版本日期不重叠，即同一物料的物料清单。定期及时维护 BOM 表使每次生产都是根据标准进行的，才能确保产品一直处于最前端技术，质量稳定。ERP 系统中维护的工艺路线和生产作业流程应尽量详细，如 LP 科技生产润滑油产品，需要几种工种，每个工种需要多少工时；需要使用哪些生产设备，每种设备需要多少燃料及动力；生产过程需要转换机器的次数，每次转换所需要的时间；具体有哪些作业等。每一个作业都必须有标准的成本，以便后期与实际成本相比较，分析出成本差异。

故而，ERP 系统对有序生产、精细核算成本和实时监控非常有利。生产部门接到生产任务时，首先在 ERP 系统中编制下达生产订单。生产订单包括生产的目标产成品数量规格型号、完工日期等信息，生产订单结合物料清单和工艺路线可生成相应产品的工序，工序可生成科学有序的工艺作业计划，依据各作业标准变动成本计算出标准变动成本，然后将各作业标准固定成本分配进各作业中心计算出各作业的标准成本，最后依据产品作业清单，将作业成本分配至订单，具体流程如图 4－6 所示。工人只需根据生产订单和 BOM 表按作业进度有序领料即可。生产部负责人需实时监控生产订单的执行情况，及时发现生产计划和实际操作的差异并找出原因，追溯源头，调整方案。

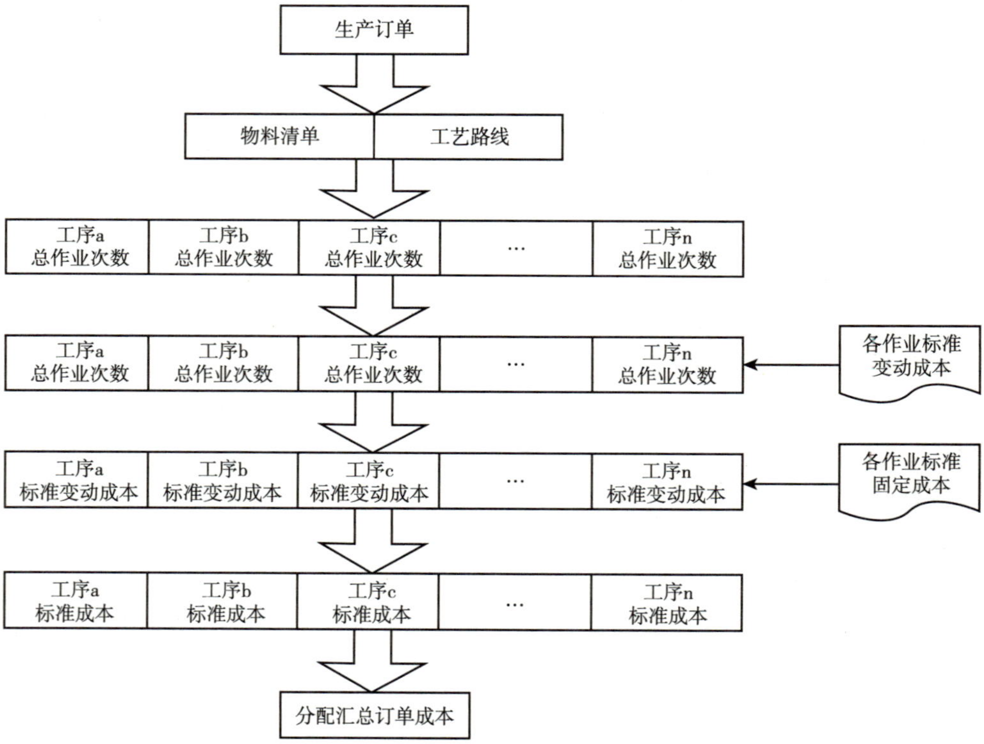

图 4－6　ERP 生产作业成本控制模型

4.3.2.5　LP 科技售后质量成本控制

售后质量成本控制主要包括产品售后维修发生的员工差旅费等。ERP 系统中售后服务这一子模块，可以有效地解决 LP 科技对于售后质量成本管理所遇到的各种难题，也有助于支持完整服务业务、追踪产品生命周期、提高服务质量、提高客户满意度和追踪服务收入、明细服务费用以及提供分析决策等。

首先 LP 科技需要在 ERP 系统里售后服务模块中录入各种基础数据，包括服务类型、故障分类、故障档案、回访要素和逾期提醒天数、诉讼提醒以及诉讼处理提醒等。然后如果 LP 科技与客户签订了服务协议，那么 LP 科技可在 ERP 系统中录入服务协议。企业同服务用户签订服务协议，意味着企业有着一个规范的服务体系。用户签订的服务协议等于企业书面的服务保证，所以服务协议管理是服务质量体系中的重要部分。接着便进入服务请求阶段，服务请求是服务用户使用产品过程中因为发生了操作、产品问题而向企业提出的服务支持请求。如果客服能够解决客户要求，那么可在系统中关闭服务需求单，如果需要服务工程师执行现场服务，则需要将服务请求转为服务单。服务单审核后执行服务分配、产品出库、服务结算然后转服务返工、返厂件入库、出库等后续业务。

LP 科技根据以上操作便可以核算出每一次服务的成本，将成本归集到每一家客户、每一种产品上。LP 科技还需要对每个重要的原材料进行唯一编码区分，即启用序列号管理。如此便可跟踪每个原材料的去向，查询每个原材料所在的产成品，以及最后发往的客户，以便对每个原材料的性价比进行比较。

在这五个阶段中，均利用 BI 工具 Tableau 对 ERP 产生的决策数据进行整合分析生成趋势图，有利于财务人员和管理层进行决策。

在如今这个数据即一切的时代，ERP 和 Tableau 的完美结合不仅做到了对数据的深度挖掘和获取，同时还保证了信息的及时性和准确性，通过对数据分析和预测，使企业能够实时把握市场新动态，精准了解消费者的消费心理、消费需求及消费偏好，为企业其他部门如市场营销、销售部门等提供有利信息。总的来看，对内加强了企业内部各个部门间的信息资源共享，对外使企业上下游的信息交流也变得更加畅通和高效。

ERP 和 Tableau 的融合是企业在成本管理与控制方面的重大改革，使企业成本信息实现了集中可视化，不仅降低了企业的生产运营成本，还大大提高了企业的成本分析能力，资源信息的共享同时也为企业进行全面预算管理、编制合并报表以及评价人力资源等一系列工作提供了一个综合性的平台。ERP 和 Tableau 的完美结合使企业实现了业财一体化，为企业的后续发展提供了充足的动力。

“Tableau 与 ERP 的结合使企业在产品设计、采购物资、产品生产以及产品储存四个阶段同步进行成本管理，增加企业价值的同时，也提高了企业在各个环节的运作效率。或许这次改进仍处于起步阶段，所以在运用过程中，一些潜在的问题也逐渐暴露出来。”王记者在一旁补充道。

4.3.3 系统升级，信息存疑：无回报阶段

在 LP 科技进行第一阶段的转型后，实现了大数据背景下的 ERP 系统升级，并成功运

用于成本管理，虽然LP科技的成本管理效率有所提升，但是依然存在部分问题。企业固有的信息化问题存在以下几点。

4.3.3.1 数据平台的共享率低

随着国家对节能减排和环境保护的日益重视，有关部委针对高附加值车用环保精细化学品制造行业的发展陆续推出了法律法规、一系列政策及相关措施。LP科技作为一家车用环保精细化学品研发生产的企业，为响应国家油品质量升级安排，加快高档润滑油的设计生产销售的过程中需要运用特定的检测设备，开发专业软件需要特定的硬件环境，随之而来的就是各类信息化设备的部署。而在企业价值链过程中，由于资源利用的不确定性，公司缺乏对ERP系统数据资源统一规划，导致设备之间不能充分进行数据共享。随着业务数据处理量增大，服务器容量达到限值，企业面临资源利用率低的问题。

4.3.3.2 数据转换的成本高

在ERP系统的应用过程中，无时无刻不在利用数据的转换以及处理功能，这就要求硬件设备的高效以及充分利用，然而现实是设备的维修费用以及运行费用虽然增加，但是并没有实质性的提高效率。

经调研，前期LP搭建的设备和机房以及设备维护维修每年都要投入大量成本，传统的数据库管理和数据仓库设备成本较高，而且难以维护和规模化，随着物联网、流数据、非结构数据的提出，传统的管理设备已无法应对此类挑战。

4.3.3.3 数据资源浪费和存储空间有限

虽然LP科技运用了ERP系统与Tableau的结合进行数据的存储和分析，但是存储数据的容量仍然有限，而且由于LP科技的各子公司地域跨度较大，因此各子公司为软件使用所建设的数据服务和硬件环境出现了重复建设的现象。多样的系统环境建设造成了资源的存储不足以及严重浪费。加上前期信息化建设期间投入了大量的数据库、装配众多功能、开发了一系列应用软件，造成人力、财力、物力的浪费，包括各地子公司ERP系统的重复上线，这些都是LP科技需要加以改进的地方。

“由于第一阶段转型后，软硬件资源共享率低、重复建设现象严重等问题逐渐暴露出来，云计算技术渐渐兴起，各大小企业纷纷采用云计算进行成本管理，公有云的租金高昂，不利公司的长期可持续发展，因此我们公司在2015年着手构建自己的云计算，成本管理效率提升的同时，各年分摊的构建成本也逐渐降低，随着时间的推移，证明了构建私有云这一举措是正确的。”秦总对自己在董事会上坚持构建企业私有云这一行为表示自豪。

“贵公司私有云计算的转型过程可谓是精彩。”王记者称赞道，“由于资料充分，加上经历传奇，所以这一部分我写得格外顺利。”

4.4 如将不尽，与古为新——云计算与成本管理

随着大数据的兴起，大数据的利用逐渐变多，随之而来的便是数据的存储问题。为了应对此类问题，云计算技术便产生了，它提供了一种适应于企业信息化发展需要的具体方式。随着国务院“互联网+”“中国制造 2025”以及“工业 4.0”政策的相继提出，云计算技术越来越受到各界的重视，且在运用过程中逐渐表现出资源整合、成本节约、效率提升等特性（李卓，2015）。

4.4.1 黑海过渡，红海角逐：第二次转型

4.4.1.1 解读“云计算”

云是互联网的比喻说法。云计算是基于互联网的增值服务、使用和交付模式，伴随“Everything - as - a - Service”的商业计算模式出现，将虚拟化的物力资源、基础设施及商业应用以“服务”的形式放置在云中，供用户使用。其简单的概念模型具体如图 4 - 7 所示。

本案例所述的云计算指的是利用网络中的资源，为用户提供切实可行的解决方案；它是一个资源池，能够将相关信息进行聚集，由计算机系统进行统一调配（何雪锋等，2018）。当用户提出某项具体需求的时候，此时根据用户提出的申请，通过计算机程序来对其分析，接着通过调配各种资源来进行控制；而用户并不需要做太多的工作，只需要以付费的方式来购买这项服务，就可以通过云计算实现精准的数据传输和计算。

对于云计算来说，它的出现有助于推动经济运行，在为客户创造价值的同时，避免了企业由于信息化升级建设带来的风险。由于云计算具有突出的服务特性，企业可以通过云服务，将所有的资源都集中于某一项业务当中，来解决相应信息和程序方面的问题（Osama Sohaib 等，2019）。

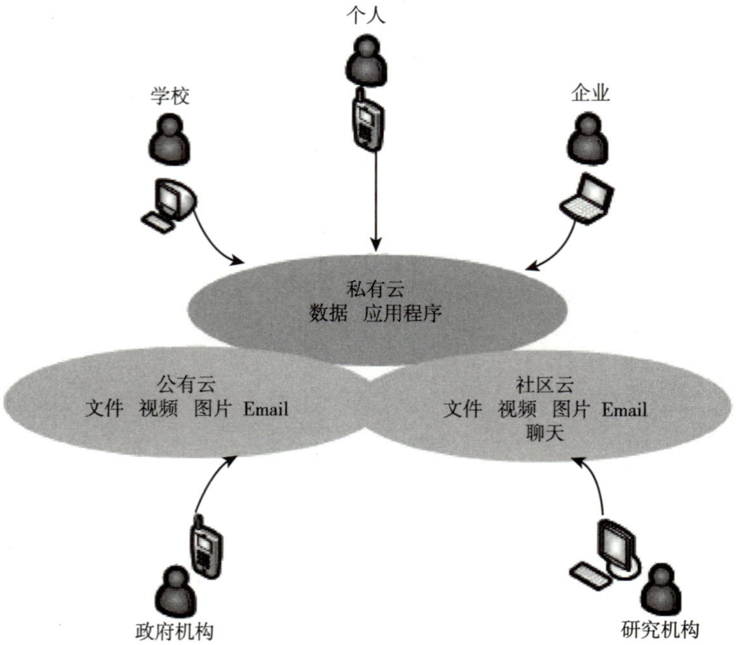

图 4－7 云计算的概念模型

4.4.1.2 云经济理论

云计算的成熟和发展带来了不同的效能模式和经济模型，云经济应运而生成为促使传统经济变革的新概念。美国学者 Joe Weinman 开创性地提出“云经济学”（Cloudonomics）这一概念，是“一种融合了统计、微积分、系统动态学、经济学和行为经济学的用于衡量云的价值的严密而跨学科的方法”（张玮和戴军，2015）。

云经济的核心思想是基于云计算强大的信息采集和处理能力（V. Kanimozhi 和 T. Prem Jacob，2019），通过高速化的互联网连接共享全球超大规模数据服务市场，并进行数据交易（王洪革和王守安，2013）。云计算信息管理系统吸收了现代企业的先进管理思想，企业可通过云计算有效采集并分析供应商和客户信息，更科学、有针对性地对企业面临问题实施计划、控制及决策，同时“按需收费”的收费模式降低了组织基础设施、劳动力、时间成本等各方面的边际成本，提高了整个供应链及价值链额管理效率。

云经济的出现，突破了对企业信息化投入的硬性要求，为企业信息化改造提供了良好的机遇和建议。主要体现在三个方面：第一，云经济不仅可以灵活分配资源，而且扩展性好，可以满足企业对资源的弹性需求，具有灵活性；第二，云计算具有资源集中化、按需收费的特点，从而具有成本低、资源利用率高、使用方便等优势，即经济性；第三，云计算降低了企业信息化管理的复杂性，能够及时响应各种需求，具有及时性。

4.4.1.3 战略成本管理

云经济与企业成本管理相结合可充分发挥二者的优势。企业在使用云计算后，信息化建设周期更短，费用投入降低，这些特点使更多的企业对云计算敞开大门，这符合战略成本管理的特征。与大数据下的成本管理模式相比，基于云经济的企业成本管理利用了云经济规模化带来的经济性，以及分享资源带来的边际投入降低，为组织带来成本的降低和效率的提升。基于云经济的战略成本管理原理如下。

（1）着眼于全过程管理控制。

云经济下的信息技术平台通过软件整合企业资源进行信息化管理，增强企业竞争优势，提高资源利用率。同时，通过云端规模化计算机大数据精确分析，实时分析并反馈成本预警信息，达到成本管控、财务预测和辅助决策的目的。

（2）以云计算信息技术为基础。

云计算平台管理操作系统中，所有的战略成本应用系统都是通过高端服务器进行高效计算分析，使用统一标准的数据源及用户反馈系统，简洁易操作。而且一旦数据分析出现了差错，还可以被云端服务器识别，进行实时报错并加以修正。

（3）涵盖价值链成本把控。

云经济下的平台信息化系统的成本核算对象是企业在增值供应量的所有环节，涵盖整条价值链。如加工、销售等增值过程，以提高成本核算的准确性。

进入云经济时代，原本基于价值链分析的企业竞争战略模式——成本领先战略、差异化战略和专一化战略也随之发生改变。为增强拓展客户资源的能力，进一步降低了收入与成本的关联度，成本领先战略的效用逐渐消失；同时，差异化战略也被赋予新的内涵，顾客决定了产品的个性化特征（金帆，2014）。因此，企业想在新的云环境下继续保持竞争优势，就要因时而变，结合自身条件制订切实可行的战略计划。

“云计算这个词汇 2006 年就出现了，阿里云、华为云这些大型的云计算平台在其后两年也陆续出现，秦总最先有构建私有云计算的想法，但是前期建造成本过于高昂，使得那些董事们犹豫不定。”石董叹了叹气，“直到 14 年，我们请了程教授帮我们做了项目回收期的分析，得知在八年内，分摊的年均构建私有云成本低于每年租用公有云的费用，那些董事们纷纷表示支持，建造企业私有云的决心也就坚定了。”

4.4.2 乘云而上，共享经济：经济云来管

LP 科技信息化建设以来，从分散发展到集中再到复杂，产业链不断壮大，业务不断

扩展，各业务环节都需要信息系统的支撑，面临大数据挑战，LP 科技第一阶段的转型为云计算的应用实施做了良好的铺垫。云时代的到来为身处“红海”深处的 LP 科技带来了良好的信息化改造契机。此外，阿里巴巴的“阿里云”、华为的“华为云”等项目体现了 IT 企业对云计算商业模式的关注，成为云计算供应商。

对于中大型企业例如 LP 科技，向云服务进行数据迁移绝非易事。“船小好调头”，有研究表明，往往小企业能够更快地向云数据平台转移数据，这对如 LP 科技这样的大中型企业无疑是一种挑战，但机遇与挑战同在。除此之外，我国尚缺少相应制度去进行规范，这无疑会让看重企业信息机密的大中型企业更加迟疑。

考虑到“上云”会面临一定的时间成本和迁移成本：上云期间，需要同时管理本地 IDC 和云上数据库资源；如何使用最少的维护时间完成多个环境间的流量切换，并保障数据一致性，是一个非常有挑战的事情。

一开始，LP 科技决定租用阿里云计算采用公有云架构，实现“上云”计划。因为相比较于自建云计算，可以省去一大笔建设费用，每年需要支付约 50 万元的租金和维护费用。然而，试运行期间，公司管理人员发现对于处在快速成长期的 LP 科技而言，公有云的储存空间仅能满足当下的业务量需求，长远考虑，需要重新制定方案。此时，CIO 提出自建私有云的方案，虽然价格相对较高，但能解决未来云计算储存空间不足的隐患，同时也能保证公司数据的安全性。根据供应商报价，私有云计算建设项目需要一次性投入 300 万元，其中包括 80 万元的硬件设备购置费用。为估算项目的投资回收期，财务部门将租用云计算作为参照对象，计算私有云计算的投资回收期具体如表 4 -9 所示。

表 4 -9　　私有云计算建设动态投资回收期计算　　单位：元

年份	私有云建设费用	节省的租金和维护费用	净现金流量	净现金流折现值	累计值
0	3000000.00		-3000000.00	-3000000.00	-3000000.00
1		500000.00	500000.00	476190.48	-2523809.52
2		500000.00	500000.00	453514.74	-2070294.78
3		500000.00	500000.00	431918.80	-1638375.99
4		500000.00	500000.00	411351.24	-1227024.75
5		500000.00	500000.00	391763.08	-835261.66
6		500000.00	500000.00	373107.70	-462153.97
7		500000.00	500000.00	355340.67	-106813.30
8		500000.00	500000.00	338419.68	231606.38

数据来源：LP 科技财务报表。

其中：折现值 = 净现金流量/(1 + 5%)^n(n 为年份)

用内插法计算累计净现金流量等于零的年份：

N = 7 + 106813.30 ÷ (106813.30 + 231606.38) = 7.32

即与租用公有云计算相比，投资私有云计算自建项目从开始建设 7.32 年后可节省回全部投资。从长期角度来看，私有云计算建设项目的“一劳永逸”地避免了许多隐患，更符合 LP 科技实现资源共享提升效率的初衷。“上云”计划又被推向了新的高度。云计划敲定以后，仅用了一周时间进行部署，云计算便初步搭建完成。运筹了近一年的“上云”计划，终于在 2015 年得到了实施。

LP 科技在其价值链上各个环节，进一步完善了 ERP 系统以及办公管理 OA 系统，首先利用 ERP 系统将涉及的财务数据以及非财务数据收集，通过 Tableau 软件进行数据抓取，再把这些数据采集到云计算上，按照数据信息的具体分类，将其分别存储到分布式文件系统和非关系型数据库两个子系统中，也可以根据需要形成其他类型的数据，然后利用平台上的数据抓取工具直接提取所需数据信息。

LP 科技根据其经营目的和产品成本分析，制订了切实可行的成本计划，并将目标成本控制的理念渗透到每个部门、每个车间、每道工序中，同时应用更加精确的标准成本法，从而使目标成本更具合理性。通过对产品的材料、人工等各种费用进行核算，更好地反映出具体的生产过程中成本的发生额，再将核算后的数据上传至云端，就能够为进一步降低产品成本提供更及时有效的信息。此外，企业管理层也可以通过云端直接获取相关统计数据，实时查询企业生产状况，为成本控制提供了切实有效的管理平台。

“机遇与挑战并存，如何在解决现有问题的基础上抓住‘云计算’这个机遇，让董事会成员们焦头烂额。”石董念及企业着手第二次转型的经历，说道，“在经历了一次次的激烈商讨后，我们咬了咬牙决定开始‘云计算’的创新转型。”

4.4.3 优势初显，阵痛不断：有回报阶段

在当前经济结构升级的背景下，经济新常态促进了战略成本管理的发展，通过云经济带来创新驱动实现经济的稳定增长具有积极的意义。LP 科技经历过去近 7 年的信息化建设，已经具备了一定的规模和成熟度，在这些年互联网新兴技术不断推动变革之下，LP 科技开始思考自身的云计算路线设计，结合公司自身的成本控制现状以及成本控制目标进行分析，量身打造属于自己的云战略管理平台。

4.4.3.1 成本控制的目标

企业想要提高自身竞争力，无疑要加大力度控制成本。所以我们更要结合相关理论以

及方法来分析LP科技存在的成本控制问题，更应从企业战略角度去将其层层落实。

竞争优势的获得是LP科技的首要战略目标。基于云计算的成本管理模式不失为LP科技的一个好出路，研究表明，运用与数据平台能进一步控制企业成本，进而提升企业毛利率，良好的业绩表现也会吸引更多的投资者，从而使企业进一步获取市场认可，占有市场份额，获得竞争优势。

4.4.3.2 云计算与战略成本管理的融合

基于云经济的成本管理，不仅仅是通过对企业资源的规划与控制，而是在企业生产经营中内外部环境、上下游供应商、财务管理、生产运营、市场营销等整个价值链中，贯穿战略成本管理的思想。其中所涉及的信息量庞大，数据采集复杂，数据分析量巨大，只有云计算信息化工具才能完成。运用云计算平台，根据LP科技成本控制的实际情况和面临的问题，我们将成本控制的流程分成研发模块、采购模块、库存模块和采购模块，并将这四个模块架构在云计算提供的服务平台上，在信息上实现共享。运用财务软件进行分析，最终达到成本控制的目的。

LP科技基于云计算提供的SaaS服务，在原有的信息系统组成的SOA架构基础之上建立战略成本管理相关的Web Service，这些基础模块再加上相应的数据库处理、网络传输和界面平台等多种因素构成了“云计算战略成本管理平台”（郭伟和张凯强，2018）。以云计算为依托，形成了新的战略成本管理模式。图4－8为LP科技云计算战略成本管理模式具体流程。

LP科技云计算初步搭建完成以后，其带来的经济性优势表现如下。

（1）逐步提高企业竞争优势。

云计算下的战略成本管理关注产品以及服务质量，在保证质量的前提下进一步降低成本。如果影响到了产品的质量会大大损害企业的形象，反而得不偿失。云计算平台手段则确保不会对产品质量有任何影响，因为云计算能够运用大数据方法，提前考虑多种变量，确保企业资源能够全部被利用，使企业资源利用率最大化，进而确保成本管理的有效性。

（2）成本管理更具战略思维。

云计算具有高速、高效等特点，能够起到事前预警、事中解决、事后总结的作用。除此之外，由于云计算的互通性、互联性，它能够综合企业上下游的成本管理特点，为企业提供新的成本管理思路，进而做到双赢、多赢的局面。

（3）有效降低企业的边际成本。

以往大数据下的成本管理模式，LP科技要自建数据库，在建成后其数据库往往又会出现过剩的情况，进而影响企业成本管理的效率。利用云计算就采用可变成本的IT组织

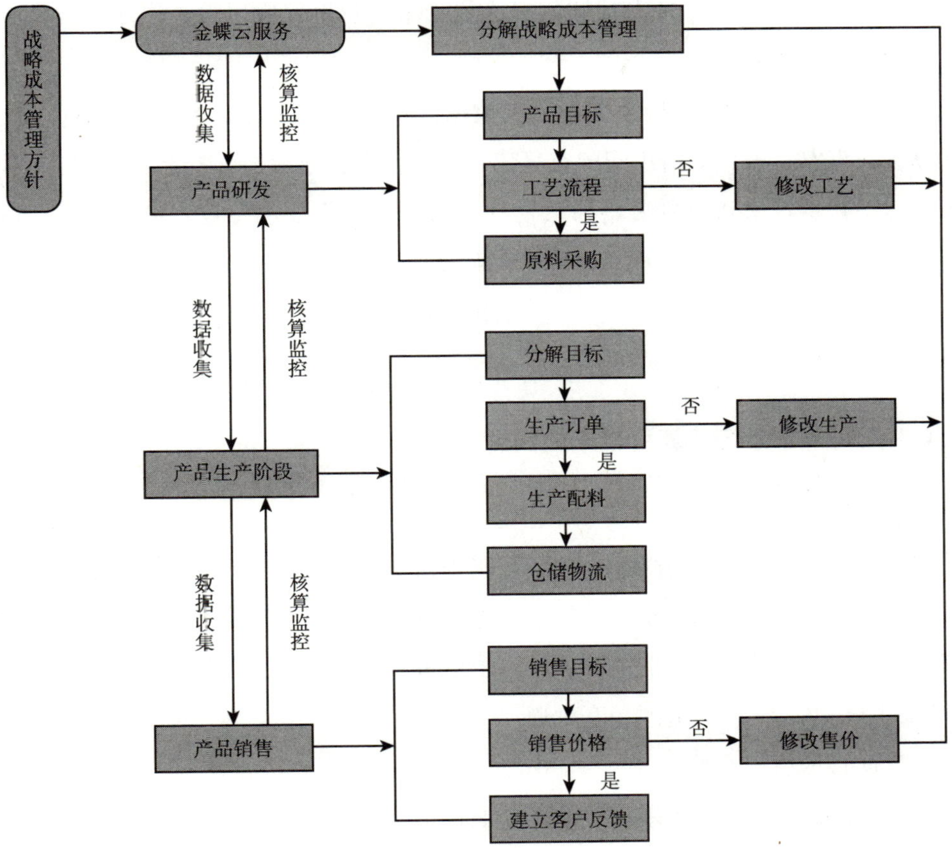

图 4－8　LP 科技云计算战略成本管理模式

模式，实时调整 IT 使用成本，如图 4－9 所示，做到效用最大化。

同时云计算平台实施不必要求计算机化程度高，无需购置和维护价格高昂的大型服务器和聘请专业 IT 人才，按需要的服务购买相应的功能支付费用，借助现代化管理决策系

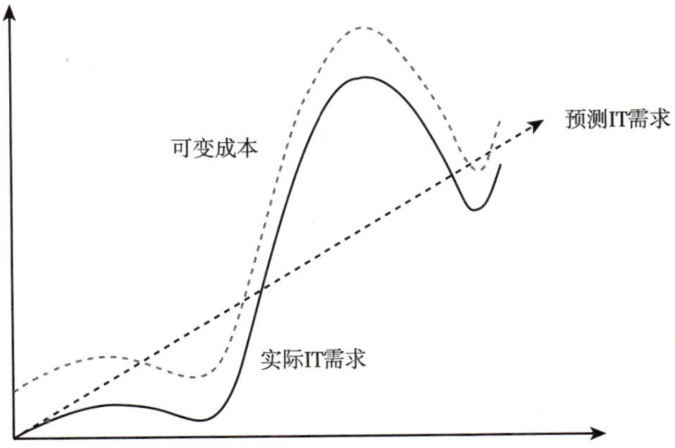

图 4－9　可变成本 IT 模式

统的支持，避免了因一次性 IT 建设投入过大所带来的长尾效应风险，边际收益稳步递增，边际成本递减，逐步趋于零。

成功“上云”以后，LP 科技在享受大数据信息化带来的高效方便的同时，通过提高软硬件设备共享率，避免了组织间的重复建设，在信息化建设成本控制方面卓有成效。此外，企业高层开始意识到信息战略的重要性，信息成为企业的重要资源。另外，LP 科技借助信息化手段，使各个部门通过数据共享平台对全面预算管理的各个业务环节进行自动化把控，平台可自动生成预算分析报告，缩短了预算编制周期，提高了预算管理效率，为企业内部战略管理决策奠定了坚实的基础。

4.4.3.3 ERP 与云计算所带来的问题

（1）未落实生产实践。

LP 科技通过基于云计算存储的 ERP 系统进行成本管理，这更像是一个封闭的系统，对于流程的控制只是简单化的执行，缺少动态、有效的反馈。ERP 通过云计算中的数据下达订单，却没有再次进行流程的监督，所以虽然进行了业财融合，但是并没有真正实现设备与设备之间、供应链各环节间相互融通。

（2）数据管理组织紊乱。

虽然云计算的存储空间无限，然而刚上云的 LP 科技难以避免地存在管理不善和组织紊乱的问题，因为有太多的选择和复杂的控制。实施有效全面的组织管理需要进一步完善的工作。

“我们企业成功‘上云’后，成本控制方面的效率确有加强。‘工业 4.0’的提出，节能环保的政策导向，经济新常态背景下人工成本的不断攀升，化工行业利润空间不断缩小，我们企业的转型遇到了前所未有的挑战。”秦总与王记者的交谈瞬间成了一段发言稿，“互联网时代的到来，‘中国制造 2025’的出场，对于转型阵痛中的我们而言是机遇也是挑战。智能制造政策的提出，信息化与实体经济相结合迫在眉睫，智能工厂的合理构建也就成了我们企业转型的灵丹妙药。”

4.5 斗转参横，地辟天开——智能化与成本管理

大数据、云计算使 LP 科技实现了数字化转型，服务于生产制造实践，数字化转型虽

然与供应链融合，但是缺少了动态、有效的反馈，智能工厂为 LP 科技第三次转型，提供了转型之道。智能工厂以大数据、云计算等数字化工厂为依托，利用互联网技术，实现设备与设备之间、供应链各环节之间相互融通，将数字化与生产线相结合，为 LP 科技打造了一个生产链各个环节互联的物联网。此时 LP 科技经过多次转型，已经在“红海”阶段有所收获，企业应将目标转向自身企业创造价值的飞跃上，以期彻底摆脱竞争对手，开创无人竞争的市场环境，打造属于自己的“蓝海阶段”（蔡兴发，2010）。

2016 年，LP 科技开始谋划转型，提出不走寻常路，科技智精、产品至简，通过研发、品牌和全球化的多重驱动，迎接市场的各项挑战，而最大的挑战就是智能工厂转型升级。

智能工厂充分使用 PLM、ERP、CRM、SRM 和 MES 等核心系统，集采购、生产、经营、产品、仓储、物流等各个环节于一体，有效实现生产透明化，信息公开化，使企业上下游紧密关联，实时反映企业经营状况，与 ERP 不同，智能工厂能及时发现问题并实现问题追溯，使供应链各环节实现最优化。智能工厂以信息系统为支撑，以实现设备互联，实现精细化生产。大智移云时代，智能工厂是否仅仅是企业无意义的转型？智能工厂的建造，是否仅仅是企业巨额投资之后的多此一举？答案是否定的，LP 科技智能工厂的建造有其时代背景和现实案例。

工信部提出，以石油化工行业为标杆，率先实现智能工厂的典范。到 2020 年智能制造技术装备数量要满足市场需求，并达到国际水准，智能工厂使用率达到 20%。九江石化对智能工厂的建设已显成效，操作平稳率提升 5.3%，操作合格率提升 8.3%，提升供应链协同作用，共增效 5.7 亿元，同时智能工厂实现了对供应链过程全面监督。

4.5.1 智能工厂，蓝海徜徉：第三次转型

智能工厂就像一张巨型的网，子系统之间血脉相连。LP 科技以智能工厂为核心，充分调动各个子系统，以智能工厂为工具，实现全面成本管理（Vikneswary Batumalai 等，2019），打造属于 LP 科技的蓝海阶段。智能工厂的子系统主要有：ERP 系统（Enterprise Resource Planning）企业资源计划、CRM 系统（Customer Relationship Management）客户关系管理系统、SRM（Supplier Relationship Management）供应商管理系统、SCM（Supply Chain Management）供应链管理系统、PLM（Product Lifecycle Management）产品生命周期管理系统、MPS（Master Production Schedule）主生产计划系统、MES（Manufacturing Execution System）制造企业生产过程执行系统、WMS（Warehouse Management System）仓库管理系统、APS（Advanced Planning and Scheduling）高级规划排程系统、LIMS（Laboratory Information Management System）实验室信息管理系统（见图 4-10）。

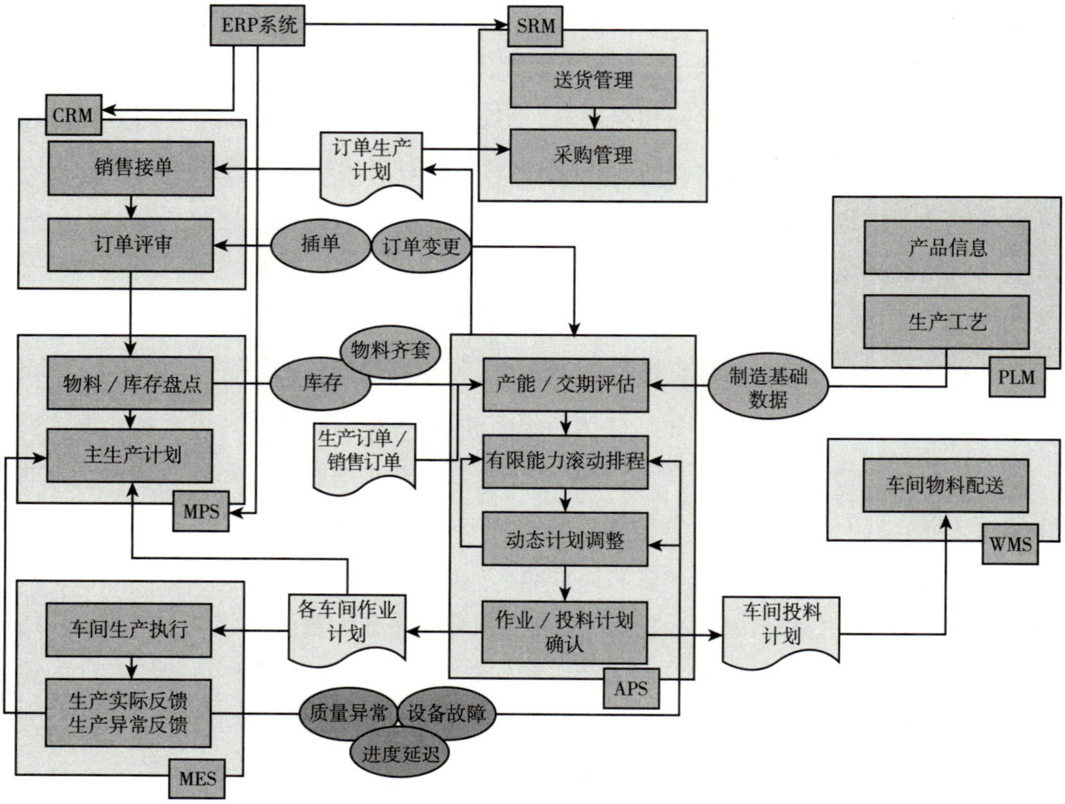

图 4－10　智能工厂运作流程

一方面，ERP 系统接受订单指令，对订单审核的同时，调取库存数据进行物料盘点，并向 MPS 系统传达指令，还要对插入和删除的订单产生新的指令。另一方面，APS 系统接收 ERP 系统传达的生产订单和销售订单以及订单变更，通过 APS 系统获取制造基础数据，并根据自身产能以及交期计划判断是否能够实行排产计划，如果产能不足，根据自身有限产能，进行实时动态计划调整，直至作出合理调整，之后进行物料投放。接着将生产信息传递给 MES 系统，MES 系统根据 APS 的计划指令实行各车间作业计划，MES 系统实时反馈生产车间执行情况，并将作业情况反馈给 MPS 系统，最终反馈给 ERP 系统，ERP 系统根据反馈情况不断进行作业计划调整，优化供应链。MES 系统根据生产情况，将作业情况传递给 APS 系统，APS 系统根据 MES 系统的生产情况，产品质量以及设备运作情况，不断调整生产计划，以实现目标计划的完成。WMS 系统贯穿整个生产过程，根据生产销售计划实现原材料、半成品、产成品即时运送，平衡整个供应链正常运作。

“智能工厂的布局，体现了我们公司全面成本管理的思想。十大信息系统相互协调运作，加速了企业各个环节的运作效率，加强了各部门信息沟通的同时，也降低了企业管理的成本。”秦总在提到智能工厂时，神采飞扬。

王记者看到秦总自豪的表情，微笑道：“贵公司智能工厂的相关资料，我仔细看了，十大子系统相互独立又相互关联，在撰写具体的子系统部分，我将其分为供应链管理、客户管理、生产流程、仓储管理以及产品质量成本管理五个方面，具体分析各大子系统独立运作又协调运作的过程。”

4.5.2 供产销存，系统协调：模块化管理

4.5.2.1 供应链成本管理

各部门之间无法实现无缝衔接，供应链上下游联系不紧密，各个模块自成一家、分散化运营，成为企业发展运营的技术瓶颈以及管理壁垒。智能工厂为实现全面成本管理，精细化成本管理模式迫切要求企业实现供应链各个环节的成本管理。智能工厂运用 SCM（Supply Chain Management）供应链管理系统（Shaghaygh Akhtari 等，2019），以集成的管理思想与方法，针对执行供应链中对物流、信息流、资金流的合理规划、分类、协调以及管控，做好客户关系管理与供应商关系管理，以改善企业与供应链上下游之间的关系，优化供应链整体的运作效率，尽可能地减少企业采购、制造、销售等内部成本，从而使企业获得持久的竞争优势。

LP 科技的 SCM 系统是在 ERP 系统的基础上发展而生。SCM 系统的采用，将整个供应链上企业的“三流”进行集成管理，整合需求计划、生产计划与供应计划，弥补了 ERP 系统横向管理的不足，提高了 LP 科技对其客户需求的响应能力。SCM 系统与 ERP 系统在业务管理方面也有所重叠（图 4－11 为 SCM 与 ERP 的业务重叠），两者在传统的计划、采购、库存、销售以及计划等业务活动几乎重叠。作为两个独立的子系统，ERP 致力于解决企业内部资源优化与管理问题，力求企业内部信息流畅通，以促成企业在低成本条件下高效运作；SCM 系统向供应链上下游合作伙伴及时准确地共享所收集的信息，提高供应链管理的效率。此外，企业成功实施 SCM 系统以充分利用供应链管理优势的前提是供应链环

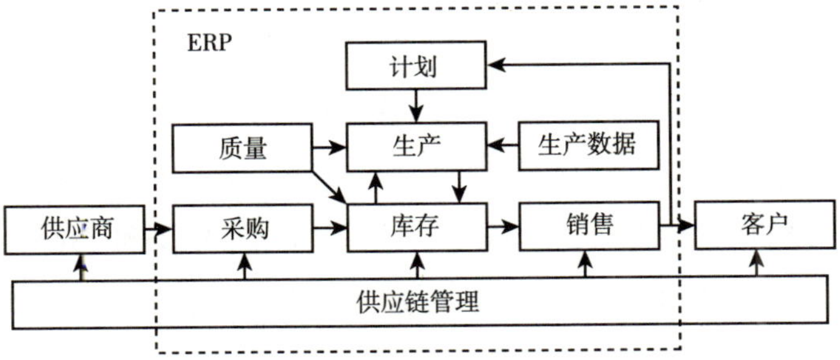

图 4－11 SCM 与 ERP 的业务重叠

节各企业内部的ERP系统良好运营。故而，ERP系统与SCM系统不可各自为战，在两者之间进行信息集成是必不可少的，否则容易导致同一业务的重复处理，引起资源的浪费；由于二者为两个独立的子系统，缺乏有效的信息资源的集成与整合会造成彼此信息不畅，难以实现信息共享，大大降低工作效率。

供应链成本管理思想不同于传统的企业成本管理（许汉友，陈茜，2018）。供应链管理采用一种系统的视角将企业与其上下游企业有机地联系起来，并采取适当的方式对整个系统的增值产品服务进行积极主动的管理，开发核心企业的核心竞争力以维持企业与其业务合作伙伴之间的长久合作关系，使供应链的成员企业获得共同的利益，实现企业间的共赢。

SCM系统基于供应链管理的思想，突破传统成本管理的理念，加强供应链之间的协同运作，不仅仅关注于生产领域的成本管理，更将关注重点放诸开发、设计、共赢、销售等领域；利用成本预警系统，尽可能地在源头控制成本；结合先进的信息技术，实时收集并整理企业生产经营管理所需信息，并传达至供应链各企业，改善企业传统的业务流程。

在意识到不可孤立地运作ERP系统与SCM系统后，LP科技将企业内部ERP与SCM系统进行整合，两者的整合依据企业内部已建立的CRM系统的销售管理与客户服务环节。SCM系统的使用实现上下游供货方和需求方信息共享，降低沟通成本，供需双方可根据WMS系统及时供货、购货，提高出入库效率，保证供应链正常运行。ERP与SCM系统之间的良性互动，帮助企业在整个供应链环节中更加充分地共享计划协调的信息，真正地保证供应链企业之间的集成与协同，优化企业内外部业务管理流程，使供应链企业间平等的分担利益与风险，提高供应链整体绩效。

4.5.2.2 客户成本管理

客户多样化诉求、客户忠诚度无法稳定维持，都是影响企业销售水平的重要因素，争夺客户、维系良好的客户关系，成为企业能否稳定运行的重要因素。客户关系作为供应链下游的重要环节，决定销售终端正常运转，直接影响产品销量高低。CRM（Customer Relationship Management）一种客户管理的技术手段（尹钧惠，刘亮，2011），通过先进的技术手段将企业获取的各类信息加以有效整合，通过更为便捷的平台与客户交流互动，对客户关系进行管理，在实现企业自动化运营的同时也能在一定程度上降低企业管理成本。

CRM系统之所以能作为智能工厂的子系统之一，是因为CRM系统与数据仓库有着密不可分的关系，换句话说数据仓库是CRM系统的灵魂。数据仓库是指建立在一个大型数据管理信息系统之上、能够存储所有企业从各方获取的信息，并且可以通过多维分析、数据统计与数据挖掘等方法加工处理各类信息，将之整合利用为管理决策人员提供有用信息的应用系统。LP 科技通过 CRM 系统实施企业的营销数字化，借助数据仓库所获取的实时信息加以整合，利用数据挖掘技术对客户群体加以分类分析，以获取新客户，并维系与老客户之间的关系。此外，LP 科技 CRM 管理系统的实施实现了与 ERP 系统的有效结合。ERP 系统在与 CRM 系统的整合运作过程中，主要功能在于借助互联网信息技术以及 APS 技术加强对后台的管理，从而有效地进行前台客户服务活动以及销售管理过程；而 CRM 则基于数据仓库所抓获的信息，促进 LP 科技的营销管理，并通过呼叫中心、互联网交流、电子邮件、电话/传真或者与客户直接接触以实现与客户的良性有益互动。ERP 与 CRM 系统整合的合理性在于实施 CRM 系统与 ERP 是企业竞争战略的重要组成部分，借助 CRM 这一新型的客户管理技术，为 CRM 系统与 ERP 的集成提供了较为可靠的技术与管理途径，有助于满足企业不断变化的战略管理需求。

CRM 系统充分利用数据仓库所得结果制定市场策略，将数据及时传达到销售与服务部门，实现与客户的有效交流，从而加强与客户之间的联系，达到增强客户粘性、提高客户满意度与忠诚度的效果。在成本管理层面，CRM 系统推进企业的营销管理，有效整合了企业内部客户信息，深度挖掘三类客户（潜在客户、目标客户以及现实客户）的不同价值，通过实施精准营销策略，有针对性地采取不同的营销手段，在一定程度上降低了营销成本，避免在推广过程中走太多弯路；此外，CRM 系统优化了客户管理的流程，满足 LP 科技现阶段的战略管理需求，促进供应链环节更为有效地运作。在中间成本尽可能降低的前提下，保证了客户服务的质量，用较低的成本、较高的服务水平，为客户服务的同时也使企业获益。

4.5.2.3 生产流程成本管理

（1）MPS 系统对生产计划实时监控。

因产能过剩或者产能不足，造成产品积压或者产品供应不足，都会直接影响企业销售终端。无计划生产，是产能过剩或产能不足的重要因素，计划的实时监测是生产计划是否合理的重要保证。在大智移云迅速发展的背景下，LP 集团通过 MPS（Master Production Schedule）主生产计划系统，运用大数据、移动互联网等信息技术对生产计划进行实时控制。

MPS 系统在编制主生产计划时，主要通过“可用库存”“安全库存”“提前期”“批量”“需求时界”“计划时界”和“某时段计划接受量”等 7 个已知指标的输入与大数据的分析计算过程，从而实现 10 个未知预测指标的输出，以达到生产计划实时控制的效果，为生产计划管理提供了巨大的便利。

MPS 系统将较高层次的生产计划与日常的日程计划连锁在一起，实现企业经营计划的可视化，提高经营效率。LP 集团通过对实时变动的已知订单数、计划和需求时区以及日常的客户供需数量确定企业实时的主生产能力，并根据主生产能力的实时变化，不断调节企业的经营计划，使经营决策层对经营计划实时把控。

MPS 系统保障了生产计划的稳定性，提高了计划安排的精准度，降低生产流程计划成本。在 MPS 系统运行下，LP 集团的采购部门及时获得客户的需求信息，并将客户需求与生产计划比对修改从而确定稳定的主生产计划，使生产工作中心得到优化。

MPS 系统为生产部门节省更多的人力物力，促进了生产人员由盲目生产向分析、管理角色转变，提高员工效率。回想 2018 年之前 LP 集团的生产部门，每逢年度预算下达时，生产主管煞费苦心手工统计生产计划，甚至直接安排生产，年年库存结余众多。MPS 系统的应用使生产部门及时了解企业的生产能力，生产部门的员工更具分析和管理变化的能力，根据负面或变化的情形模拟主生产计划的变化，并根据变化对主生产计划的影响及时作出恰当决策，为生产计划管理提供了智能且高效的保障（谢春林，2018）。

（2）APS 系统优化生产计划。

瞬息万变的市场环境、多样化的客户需求、激烈的市场竞争，交货期限的要求越来越高，无法预计的紧急插单，客户不断更改交货日期，上游供应商供货不及时等，都会影响企业的生产计划。ERP 系统在资源调度方面（Daryl Powell，Jan Riezebos 等，2013），扮演着发号施令的地位。但是不少企业发现，供货期限问题并未得到合理改善，即具体到车间资源调配以及生产计划问题，ERP 系统略显力不从心，为应对突发情况，企业计划更迭需要精确到哪台机器，交货期限限制使得生产精确到每一分钟，ERP 系统难以应对。

为提高市场竞争力，实现 JIT 生产模式，全面考虑约束条件，实时监督并应对外部和内部变化，APS 系统因此应运而生。APS 系统（Advanced Planning and Scheduling）即高级规划与排程系统，是指在一定的限制性条件下，运用复杂的数学算法，从多种计划中选择最合理的方案，使企业在复杂的环境下依然能稳健运行。

APS 系统为夹缝中生长的企业，降低生产成本，迎合供产销关系，打造柔性生产线，面对订单变化快速作出反应，并最大效率安排排程，提高生产效率。APS 系统关注如何安排生产计划，识别生产瓶颈，并对计划进行动态实时调整和预警，以期最大效率地调动供应链，面对复杂多变的市场行情，满足顾客需求，实现企业经营目标。

APS 系统的实行在我国仅处于起步阶段，由于制造行业的订单复杂多样、顾客个性化定制、生产环节较多等原因，导致建立模型、确立计算方法复杂且困难；建设完善的 APS 系统需要历经五年左右的时间，无论是时间还是金钱都成为阻力；目前互联网时代虽已到来，但大部分企业处于摸着石头过河的阶段，APS 系统的建设尚有很长的路要走。

（3）MES系统落实生产流程。

落实生产环节是实现企业价值的命门所在，企业投入重金其核心环节应立足于生产最优化。MES是生产信息化管理系统，是智能工厂规划落地的着力点，MES系统是LP科技实现生产环节成本管理的核心系统。MES系统上承ERP系统，下启企业生产车间，承上启下实现信息收集中转。

MES系统看似与ERP系统功能有所交叉，但二者对象和功能是不同的，ERP系统、MES系统和WMS系统不可混为一谈（包瑜亮等，2019）。ERP系统是从财务角度对资源进行分配处理，是中枢神经系统，下达生产命令并提供物料清单（BOM），属于业务体系；而MES系统主要通过数据收集对生产流程进行监督控制，对ERP下达的指令下达至生产部门，对生产流程中的每一个步骤进行监督并不断进行优化，属于生产体系。MES系统以数字化、智能化系统为前提，对生产流程有效优化，致力于解决生产过程的黑匣子问题，生产流程可视化、透明化，ERP系统提供总体目标，MES系统对生产和执行计划过程进行优化，并返回执行结果，MES系统填补了ERP系统与生产设备实时控制相脱节的空白，有效消除企业计划层和过程控制层相脱节的情况（魏震，2013）。若企业仅使用ERP系统，而未使用MES系统，ERP系统无法感知并收集控制层执行情况，执行信息无法得以反馈，生产流程因此无法得以优化，难以适应瞬息万变的市场需求。因此对于流程化、数字化完善的企业，MES和ERP应相辅相成，不应割裂开来（韩静和吴智慧，2018）。下面是ERP系统和MES系统的比较分析（见表4-10）。

表4-10　ERP系统和MES系统的比较分析

	ERP系统	MES系统
功能	生产计划/管理、销售管理、购买管理、财务管理、管理会计、人事管理等	小日程计划、指令和记录管理、称量管理、库存管理、到货和出入库管理、物料跟踪管理、品质管理、系统管理等
优点	具有整合性、系统性、灵活性、实时控制性等显著特点。供应链管理思想对企业提出了更高的要求，是企业在信息化社会、在知识经济时代繁荣发展的核心管理模式	具有集成性、柔性、开放性、自组织、自适应和重构能力，使得企业敏捷的应对市场变化，生产的透明化、信息的及时反馈，利于企业及时优化生产流程
ERP和MES系统结合的原因	表面上看信息化已经全部集成在一起，但是当企业的某条生产线要实现更深层次的信息化时，会很明显的表现出：ERP只是在计划层面发挥着巨大作用，而生产线上真正发挥作用的是MES系统	MES系统关注计划执行情况，对生产和执行计划进行优化，并返回执行结果，填补了ERP系统与生产设备实时控制相脱节的空白，消除企业计划层和过程控制层相脱节的情况

数据来源：作者整理。

使用MES系统的意义有：

优化生产流程，提高经营效率。LP科技通过DCS系统将生产数据源源不断地传递给

MES 系统中，摒弃无效作业，提高生产经营效率，所有的工序实现互联共通，产品生产数量的实时监测，有效提高了交货的及时率，通过在线成本分析对生产流程进行实时优化，实现降本增效。

生产流程可视化，实现质量监管。产品生产的每一道工序都反映在 MES 系统中，产品的重量、原料、生产线名称、生产工人工作时长、产品质量信息等实时显示，MES 系统对最新作业执行情况进行收集，通过看板使生产经营可视化、透明化，质量控制实现可追溯（陈汉明和洪莛，2018）。

提高产品质量，降低产品会损率。可通过产品二维码，进行产品生产工序有效追溯，优化产品生产工序，降低纠错成本。

利于管理层经营决策，进行精细化管理，降低管理成本。工人工作效率、完工程度时时显示，利于管理员工作业，监控完工进度；设备维护情况可提前预知，防止因设备毁损造成生产流程受阻。

4.5.2.4 仓储成本管理

仓储环节是供应链中的重要节点，是连接供应方和需求方的中介。优化仓储系统，使企业在前端销售环节高歌猛进的同时，免除了后备仓储乏力、物流效率低迷等后顾之忧。有效的仓库管理系统在有效降低仓储成本的同时，还有效联通其他系统模块优化原料、半成品、产成品等的储存及供应，向上连接供应商，向下连接需求方，是物资的“蓄水池”，实现各方互联，也预示着物联网时代的到来。

WMS 系统（Warehouse Management System）即仓库管理系统，是信息化背景下，企业对仓储环节进行精细化管理的重要工具，包括入库、出库、仓库调拨、库存调拨和虚仓管理等功能，对批次管理、物料对应、库存盘点、质检管理、虚仓管理和即时库存管理、跟踪仓储变动物流、监管仓库变动全过程的成本管理等功能综合运用的管理系统（杨建成，2018），以实现仓储状态最佳，既满足基本生产需求，也满足客户需求，提高整体效益。

（1）使用 WMS 的必要性。

传统仓库管理模式，目光短视仅注重单一环节，忽视整体效应；各工序相互独立未实现信息融通，上下游沟通成本高，效率低下；工序繁琐、费时费力，管理成本居高不下；仓储数量控制不够精准、盘点困难等问题层出不穷等。企业迫切需要优化成本管理，WMS 系统也因此有了更加广阔的市场。

WMS 系统是继 ERP 系统下达出库、入库、盘点指令后，面向仓库管理环节的执行者，是连接 ERP 与执行终端的中储环节（赵剑道等，2014）。以信息化为依托，使仓储环节立体化；精细化的库存管理，库存定位准确，快速分拣，是准时化生产（JIT）的重要一步（陈叙龙，2014）。出入库指令的下达以及指令的执行情况，库存原料、物料、产品等的情况，都可以通过看板及时查看、纠偏。终端执行情况不断反馈给 MES 系统，MES 系统又再次将执行数据反馈给 ERP 系统，ERP 系统根据最新执行情况不断更正，使指令与执行不断贴合。

（2）WMS 系统实施效果分析。

使用帕累托分析法，快速定位库存位置，将货物分为高频、次高频、低频三种，按频率高低进行货物存放，优化仓库使用空间节约仓储成本，提高出库率。

库存定位精准，提升拣货效率，提升产品出入库效率。出库量由原来的每日 700t，提升为每日 1200t，出库率提高 71%。

盘点效率大幅提升，减少人工成本，提升仓库管理效率，减少管理成本。例如，在使用 WMS 系统之前年末盘点大概需要一周时间，而使用后仅需要一天时间即可，效率大大提升。

减轻人工统计成本，通过系统信息化存储产品进仓日期以及保质期，严格使用先进先出法，降低货物滞留带来的毁损率，高效的库存管理，提升企业竞争力。

流程运转透明化，责任到人，过程可追溯，避免相互推诿，降低管理成本。WMS 系统使用前后的效果，具体如表 4－11 所示。

表 4－11　　WMS 系统使用前后效率变化

效率属性	使用前	使用后
出库率	700t/日	1200t/日（提升 71%）
盘点效率	年末全面盘点需一周时间	年末全面盘点需一天时间（提高 86%）
存货呆滞毁损率	3%	0.5%
盘点准确率	准确率 85%	准确率 95%
数据采集	人工采集，效率低下且易出差错	RF 枪扫描，系统自动生成数据
管理成本降低率	—	管理费用降低 30%

数据来源：LP 内部资料。

4.5.2.5　产品质量成本管理

企业如何在供过于求的产品制造业背景下，增加获客率、降低获客成本、赢得市场口碑？产品质量保证是企业向外树立口碑、向内降低成本的举措之一。产品质量控制减少产品毁损率、降低返工率、降低合格产品成本的重要途径。LIMS（Laboratory Information Management System）实验室信息管理系统，是一个包括信号采集设备、数据通讯软件、数据库管理软件在内的高效集成系统。MES 在 LP 科技中应用在生产调度中心，负责生产车间的工艺控制，物料变化，设备运行，生产数据等，而 LIMS 系统主要是为 MES 提供各项原辅料、产品、半成品、油质等这些与生产息息相关的质量检验数据。除了以上主要的系统支持，LIMS 系统还能与企业的其他相关系统相联，实现数据交流，并及时将各种重要信息和数据上传至相应的系统里，实现信息共享，降低信息传递成本。以下是实施 LIMS 系统的意义所在。

提高数据准确性，增加检测结果可靠性，降低误差成本。工作人员通过登录 LIMS 系统，并对系统内的数据进行登记、分析和查询。此外，系统增加了自动收集、分析以及计算等程序，进一步提高了数据的精准性和可获得性，降低了误差的可能性。综合来看，这种管理形式不但使测试方法更加标准，而且减少了人为因素的干扰，为测试结果的科学性和实验结果的真实性提供了保障。

增强数据统计高效性，提高工作效率，降低员工成本和决策成本。LIMS 系统使数据的查询和统计变得更加方便和高效。LP 科技运用 LIMS 系统自动生成诸如：产品正确率统计，仪器使用率统计等各种统计图表和质量报表，大大地促进和提升了 LP 科技的质量管理效果和工作效率，同时也极大地降低了大量的人力资源成本。通过利用系统的统计控制图和趋势分析功能，查询和统计出每天检测的大量数据并对其进行深入分析，使管理层能够快速并综合地了解生产质量情况，并作出相关决策，降低决策成本。

促进了质量信息的共享性，降低废品损失率，节约生产成本。LP 科技通过 LIMS 系统，实现了产品质量信息能够在公司内部的质量检验中心、生产部门以及管理层之间进行实时共享，并及时对质量进行跟踪和控制。同时也预防和降低了废品损失的产生，节省了大量的原料，降低了材料成本，间接地提高了公司的质量控制能力，进而促进了生产优化，最终提升了公司的整体价值。

“虽然咱们公司智能工厂起步时间晚，2016 年才正式投入使用，但是自投入使用以来，智能工厂带来的效率提升可见一斑。”“程教授也帮我们做了智能工厂投资绩效的分析，最终得出的结果是智能工厂投资项目。”

4.5.3 按名责实，任重道远：创效益阶段

智能工厂的建设使接单、排程、生产、仓储、客户、供应商等生产链的各个节点集为一体，在企业数字化转型的基础上，实现数字化与供应链无缝衔接，是企业生产经营活动的“心脏”。智能工厂所实现的供应链成本管理、客户成本管理、生产流程成本管理、仓储成本管理以及质量成本管理进一步完善和优化了企业的成本管理模式，实现模块化管理，是 LP 科技在“大智移云”浪潮下实现企业转型的重要举措，对 LP 科技的发展具有重要意义。

客观来看，LP 科技智能工厂的建设仍处于试点阶段，智能工厂建设尚待进一步完善，这与我国外部环境是相适应的，虽然中国制造 2025 使智能化、数字化、互联网如雨后春

算般发展起来，智能工厂的建设需要大量专业人才、技术支撑以及大量的财力支持且建设期限长，智能工厂建设依然道阻且长。LP科技以“绿色润滑”为理念，已经实现ERP、APS、MES、WMS等系统的集成，实现了数据库与生产环节相结合，但是智能工厂的建设不应仅仅是随波追流，而应使之落到实处，切实将其落到生产、销售、仓储、供应商、客户等供应链的各个环节。智能工厂的建设在实现优化生产的同时，应同时注重提升人员技能，应加大研发投入，使设备和软件技术的国产化，增加知识产权。智能工厂的完善和优化依然任重而道远。

智能工厂的建设是LP科技历史性变革，对LP科技的未来发展具有战略性意义，智能工厂的建设投资到底带来了多大的投资绩效？下面将通过盈亏平衡点分析和可比产品成本预测分析两种方法，对LP科技建设智能工厂后带来的投资绩效进行分析。

4.5.3.1 盈亏平衡点分析

LP科技历经三次转型后，主营产品销售量大幅增加，利润也随之逐年稳步增长。究竟这是稳中有进，还是利润的回光返照？为了辨明LP科技在经历第三次智能工厂转型升级，在可预测的年份内，下面用盈亏平衡点分析模型，以2018年12月各种产品的单价作为计算依据。

盈亏平衡点分析模型主要有加权平均模型和联合单位模型两种。当企业各种产品的生产比例完全固定，可以采取联合单位模型计算保本点；当企业各种产品生产比例可以调整，则要采取加权平均模型计算保本点。由于LP科技的生产流程众多，可以根据市场行情对产品产量进行适当的调整。因此，本案例采取加权平均模型计算LP科技的保本点。

LP科技的主营产品为润滑油、柴油发动机尾气处理液、发动机冷却液、车用养护品和车用尿素溶液。由于其余产品占比较小，仅占LP科技主营收入的2%，所以在以下计算中假设LP科技只生产润滑油、柴油发动机尾气处理液、发动机冷却液、车用养护品和车用尿素溶液五类产品，其权数总和为“1”。

LP科技主营产品的销售总额、销售比重以及边际贡献率等计算数据（见表4-12、表4-13）。

表4-12　　LP科技主营产品边际贡献率计算表

产品	单价（元/吨）	销量（吨）	销售总额（元）	销售比重	边际贡献（元）	边际贡献率
润滑油	14177.82	56962.21	807600024.13	54.76%	435642279.47	53.94%
柴油发动机尾气处理液	1968.83	169435.10	333588924.60	22.62%	185371706.45	55.57%

续表

产品	单价（元/吨）	销量（吨）	销售总额（元）	销售比重	边际贡献（元）	边际贡献率
发动机冷却液	5405.02	49516.18	267636107.19	18.15%	131641518.65	49.19%
车用养护品	3061.07	14384.76	44032819.54	2.99%	27297854.97	61.99%
车用尿素溶液	1925.31	11367.19	21885372.31	1.48%	11044394.29	50.46%

数据来源：LP 科技内部资料。

表 4－13　　LP 科技主营产品成本性态分析表

产品	固定成本（元）	变动成本（元）
润滑油	177728346.16	371957744.66
柴油发动机尾气处理液	79528968.32	148217218.15
发动机冷却液	67970839.62	135994588.54
车用养护品	10083602.38	16734964.57
车用尿素溶液	6324755.79	10840978.02
总额	341636512.26	

数据来源：LP 科技内部资料。

根据表 4－12 和表 4－13，可以计算出 LP 科技主营产品的加权平均边际贡献率为：

54.76%×53.94%＋22.62%×55.57%＋18.15%×49.19%＋2.99%×61.99%＋1.48%×50.46%＝53.64%

从而盈亏平衡点销售额为：341636512.26÷53.64%＝636950152.25（元）

再计算安全边际：1474743247.77－636950152.25＝837793095.52（元）

最后，计算安全边际率：837793095.52÷1474743247.77×100%＝56.81%

计算结果说明：销售量减少超过 56.81%，LP 科技将会出现亏损。

由于 LP 科技主营产品加权平均安全边际率为 56.81%，根据经营安全性测试等级表，因而从经营角度来看 LP 科技是安全的。

4.5.3.2　可比产品成本预测法

LP 科技智能工厂的建设是制造业亟待转型的必由之路，也是顺应时代潮流的不二法门，LP 科技智能工厂的建设在成本管理方面发挥了巨大的作用。石油制造业的原材料主要来源是进口，原材料成本很难进行控制，且在人工成本不断上涨的情况下，该行业唯有通过控制自身供应链节点的成本才能提升利润。

根据调研，2018 年在用工成本上涨 15% 的情况下，LP 科技在使用智能工厂，优化供应链各个环节，可比产品生产增长率为25%，原材料消耗定额降低10%，原材料平均价格上涨8%，劳动生产率提高30%，生产工人工资增加10%，管理费用降低约10%，废品损失率降低0.5%，我们假设在其他条件未发生较大变化的情况下，计算得出建造智能工厂使得成本降低率约为4.12%，计算过程（见表4－14、表4－15）如下：

表4－14　　影响成本的主要因素

因素	百分比
可比产品生产增长	25%
原材料消耗定额降低	10%
原材料价格平均增长	8%
劳动生产率提高	30%
生产工人工资增加	10%
管理费用降低	10%
废品损失率降低	0.5%

数据来源：LP科技内部资料。

表4－15　　使用智能工厂前可比产品成本项目比重

项目	比重
原材料	90%
生产工人工资	5%
管理费用	3%
废品损失	2%
合计	100%

数据来源：LP科技内部资料。

根据以上数据可以分项计算可比产品成本降低率和降低额：

（1）由于原材料消耗定额下降及平均价格上升而形成的成本节约：

成本降低率 $=90\% \times [1-(1-10\%)(1+8\%)]=2.5\%$

（2）因生产率提升效率超过工资增长而形成的成本节约

成本降低率 $=5\% \times [1-(1+10\%) \div (1+30\%)]=0.77\%$

（3）产品生产增长和管理费用降低而产生的成本节约

成本降低率 $=3\% \times [1-(1-10\%) \div (1+25\%)]=0.84\%$

（4）由于废品损失减少而形成的节约

成本降低率 $=2\% \times 0.5\%=0.01\%$

综合以上结果，可知因使用智能工厂导致可比产品成本总的降低率约为4.12%（2.5%+

0.77% +0.84% +0.01%)。

通过本量利分析和可比产品成本预测两种方法得出结论：LP 科技经过智能工厂转型后企业经营是安全的，且智能工厂转型后企业的成本得以有效降低，即智能工厂的转型对 LP 科技的成本管理产生了很大的作用。

“咱们企业的三次转型之路并不是一帆风顺的，虽然在转型过程中也遭遇了不少质疑与阻挠，但是秦总在企业转型方面有着长远的战略眼光，这才带领咱们 LP 科技走向一条方向对的道路，提升企业效率的同时也最大程度的控制了成本。”石董不住地夸赞坐在身旁的秦总。

秦总谦虚道：“哪里哪里，明明是我们在石董的带领下发展壮大呀。”

“秦总就别谦虚啦。今天这回忆录也看了一下，写得不错。王记者，我们公司打算明年出本传记，就找你来写啦。”石董说道。

“感谢石董您的赏识。这回忆录还有些细节要改，待我回去润色一下，再送到我们杂志社出版。”王记者回答道。

“张秘书，送送王记者吧，准备准备会议材料，下午三点开董事会。”石董吩咐道。

时间过得很快，谈话间便到了下午三点。

LP 科技正在召开一季度一次的董事会，通报 2019 年第一季度的经营状况。在财务总监李总汇报完 2019 年 LP 科技第一季度经营状况后，石董开始了他的发言。

4.6 绿海虽赊，扶摇可接——建议与展望

随着社会的不断进步和科技的迅猛发展，互联网技术的萌芽初现到现今的日益成熟，探索着大数据的应用，孕育了智能化的横空出世，不断创新移动互联网，开发升级云计算。从最初的 IT 时代逐渐过渡到 DT 时代再转变到现在的 AI 时代（潘永花和宋斐，2016），身处在这个变革时代的企业，同时也创造着这个变革的时代。

新时代、新经济和新模式的到来，使本就身处于变幻莫测的市场中的企业面临着更加激烈的竞争和更加严峻的挑战。市场环境的变化、信息技术的变化、管理环境等因素的综合变化，影响着企业的组织架构，变革着企业的信息技术，改变着企业的管理观念，而这些都对企业的成本管理造成了巨大的冲击。

4.6.1 产品多元降低成本，技术培养沅江九肋

在这样的时代背景下，LP 科技经历了一步步转型和一次次创新，每一次的转型和创新虽然在一定的程度上解决历史问题，但同时暴露出许多潜在问题，因此，基于转型过程中发现的潜在问题和行业发展趋势对 LP 科技提出一些相关的建议。

4.6.1.1 迎合绿色理念，开发新型产品

由于能源危机的出现和环境污染的加剧，各个行业都面临着不同程度的商业模式或产品转型的问题。众所周知，石化企业所面临的最大问题就是环境污染。尤其这些年来国家大力提倡环保理念，竭力推广新能源的应用（邹才能等，2019），LP 科技的生产成本也就越来越高。与此同时，绿色化工理念也提出来，所谓绿色化工理念是指在整个化工生产过程中都运用绿色环保理念，以期从源头开始就减少污染。因此，LP 科技需要在迎合绿色环保理念的同时，积极开发环保的新型产品，适应市场的新需求。

除此以外，各汽车厂商也响应“绿色汽车”的口号，目前汽车行业已经推出环保汽车系列，主要包括混合动力汽车、纯电动汽车、燃料电动汽车。其中最普遍应用的是混合动力汽车，当前混合动力电动汽车一般是指内燃机车发电机，再加上蓄电池的电动汽车。这种汽车显著提高了燃油效率，同时减少传统燃油汽车的尾气排放，克服纯电动汽车的缺点。未来的汽车时代将是属于绿色环保汽车的时代。因此，LP 科技的主要产品消费对象的转型，也促使了其产品与之匹配，开发一些新型车用养护产品。

开发新型环保产品，就需要对相关技术进行不断革新，需要对现代科技的充分了解，并具备一定的创新和研发能力，因此，技术研究这一工作需要放在首位，使用先进的技术和环保产品来降低污染、减少成本。截至目前，LP 科技已经开发出了相对应的多款环保型润滑油、机油和柴油，但是在品种和销售市场上还没有完全成熟，LP 科技应该大力开发环保型产品（张骥等，2015），顺应市场需求，占领市场份额，降低企业成本，增加企业经营效益。

4.6.1.2 提升平台技术，降低构建成本

这些年来，云计算的发展和应用十分迅速和普及，很多公司都开始涉足并计划引入云计算，由于云计算的建造成本相对较高，很多公司多采用租赁的方式，这种情况下引入的云计算是公有云，其特点是价格低廉，除了通过网络提供服务外，客户只需为他们使用的资源支付费用，此外，他们也不用考虑安装和维护的问题。但缺点其安全性和保密性有待

商権，公共云通常不能满足许多安全法规遵从性要求，而且网络问题也使保密性大大降低，而且公有云有着自身的标准模式，并不能与每个公司的实际情况完美适应。鉴于这些方面，LP 摒弃了租用共有云的想法，而选择构建一个符合自身情况的私有云计算。

私有云的构建带来了保密性的提高（王泽霞，2017），与 LP 科技的实际情况也更好地契合起来，在此基础上，云计算与大数据的完美融合使企业的数据分析、预测得到了最有效的发挥和应用。但是，由于 LP 科技毕竟不是专门研究云计算开发和运行的企业，其能力和水平有限，因此，在云计算的功能开发和实际运行层面可能存在一些不足和限制，而且虽然在长期看来，自行开发的私有云可能更加经济划算，然而就短期来说，自行开发还是一笔不小的投资，而且在后期的安装和维护等也面临着不小的挑战。

LP 科技应合理考虑私有云的构建，充分提高和改进现有的云计算开发技术，使之在功能不断升级、更加与公司实际情况契合的同时，降低其开发成本，节约资金和资源，实现在云计算完美升级的情况下，公司成本逐渐下降的理想目标。

4.6.1.3 升级智能工厂，加强人才培养

随着信息化的浪潮逐渐席卷各个国家，以互联网为基础的各种新型技术不断发展和进步，使信息通信与制造技术、新能源技术等相互融合，极大地推动了生产力发展。信息通信技术的发展和变革对传统产业造成了极大的影响，建造智能工厂现在已经成为制造行业的重要发展趋势，形成了全新的行业发展格局，也使企业不断创新商业模式和生产方式。2015 年 5 月 19 日，国务院在发布的《中国制造 2025》中提出“以促进制造业创新发展为主题，以提质增效为中心，以加快新一代信息技术与制造业深度融合为主线，以推进智能制造为主攻方向”。

LP 科技正是意识到了智能工厂的重要性才开始大力投资进行建设，在享受到智能工厂带来的种种便利的同时，也开始显露出一些问题。

LP 科技的智能工厂初始建设涉及的系统种类和范围过多，导致了一方面初始投资成本和建设成本的过大，为了取得大量资金，因此大量举债，企业的资金成本过高，财务费用大幅度增长，管理费用等相关费用也是呈上升趋势，对公司的现金流和经营状况产生了一定的影响。另一方面，由于涉及系统过多，而且智能工厂仅处于试点阶段，LP 科技的各个系统的功能还不够全面和完善。虽然是在原有基础上对其进行了全方位的升级，大大提高了其生产能力、仓储能力、接单生产速度等多方面的流程效率，但仍然停留在较为浅薄的层面上，目前还没有上升到更加深入的层面，比如进行更加全方面、全系统的实时跟进和控制。

此外，由于智能工厂的新颖性、复杂性和智能化程度较高的特点，造成了相关人员对

其并不能很好地熟练操作，简单地说，就是人员和系统之间的融合程度和关联程度没有达到很好的水平，还有很大的提高空间。

而且，LP 科技的财务人员和生产人员基本都是只了解和熟悉自己的领域，对其他领域较为陌生，但是智能工厂所包含系统种类多且联系程度密切，这就要求操作人员更加全能，提升自身的综合知识和综合能力，从“专一型”人才转向“复合型”人才，不仅仅只是单纯的生产人员或财务人员，亦是信息人员、计算机人员。因此，LP 科技需要重视这方面的问题，加大力度宣传复合型人才的重要性，通过开展讲座、举办培训活动等方式提高人员的综合能力和专业能力，重视人才的培养和提高。只有当人员的能力水平达到一定高度，才能与系统完美融合，熟练高效地操作，智能工厂也才能发挥到最佳水平，为企业带来最优效益。

综上所述，身处于“大智移云”时代背景下的 LP 科技经历了一次次转型，在不断发现问题、解决问题的路上一路前进，一路探索。LP 科技不只是一家公司，它还是这个时代背景下整个制造业的缩影，它的转型之路值得整个行业深思和借鉴，或许它并不完美，或许它依然存在问题，但它仍然在勇敢地寻找创新的方向，它对整个行业的转型趋势有着深刻的意义。

石董慷慨激昂的演讲道出了 LP 科技在过去的发展中存在的问题，同时，也给 LP 科技全体员工都提出了企业未来发展的建议。讲话结束，全场发出如雷般的掌声。

董事会结束，石董邀请程教授为 LP 科技管理层人员开展讲座，讲座主题为《“大智移云”背景下石化行业成本管理创新建议》。讲座开始前 10 分钟，会议室里座无虚席。

4.6.2 绿色转型响应政策，投入产出择善而长

“大智移云”时代背景下，如何转型成为企业在互联网时代脱颖而出的关键，石化行业曾是数字化的先行者，但近几年伍德・麦肯兹研究报告显示，石化行业数字化举措过于保守，数字化程度位列倒数第五名，荣光已不复从前。2050 年中国能源转型的节点，强力控碳的政策导向，电气化消费将达到 48%，电力将占据能源需求的半壁江山，石化行业将遇到空前的挑战，所有石化企业终不能幸免。亟待转型，如何转型，成为石化行业需要思考的问题。

作为以进口原油为背景的石油石化企业，因“OPEC +”与美国之间的博弈仍在继续，原油价格裹挟政治因素，原料价格受国际因素影响而“情绪化”难以调控；受政策支持，新能源汽车的迅速崛起，汽车电气化转型，石油石化行业无疑响起一声惊雷；“环保风暴”的冲击，绿色环保的方针政策，消费逐渐转向新能源；经济新常态下，市场经济不景气，产品供产销不平衡，利润空间不断收缩；人口红利的消失，劳动力结构转向刘易斯拐点，

即劳动力过剩现象消失转向劳动力短缺，企业用工成本增加成为利润压缩的原因之一。面对内忧外患，企业应敲响警钟，也在考验企业战略的选择，“大智移云”时代下企业转型避无可避。

4.6.2.1 慎思索洛悖论，研发多样产品

“索洛悖论”指出，互联网的使用无法直接带来企业投资回报。因此“大智移云”的运用并非企业前进的“万能药”。石油石化行业不应舍本逐末，“大智移云”不应仅仅是噱头，“大智移云”仅仅是工具，是增效提速的助推器，企业应立足产品创新与用户体验，究其根本企业应聚焦产品本身及技术提升，以用户为中心，在“仰望星空”的同时“脚踏实地”。

经济新常态下，石化行业增速放缓、产能过剩的现象成为行业发展的瓶颈之一。如何顺应新常态，提质增效、精益化生产成为企业优化产能的重中之重。实行供给侧改革，减少无效供给，淘汰落后产能，升级产业链。较少低端产品供给，开拓新产品、高端产品，迎合低碳经济，淘汰碳化产品，去产能，大力发展高端产品提高占有率。

石油石化行业产品结构不合理，高端产品匮乏、低端产品积压，无法满足市场需求，产能过剩究其根本是产品创新不足，难以满足多元化需求，谋求高质量发展是关键所在，企业应及时调整产品生产结构，避免造成产能浪费。

国内中高端产品与国外产品差距较大，高端产品因技术问题、原材料供应、投入门槛过高、生产周期过长等问题，使企业不得不依赖进口填补高端产品的空缺，产品供应受制于人。为实现精细化生产（匡祥华，2018），一方面，企业应立足于研发投入，研发新材料，实现原料供应自给自足，实现供应链上游自我调节；另一方面，企业应注重产品多元化需求。国内企业精细化水平仅达到45%，水平较低，因此高精尖、多元化产品转型成为石油石化企业的首选。

“大智移云”背景下，产品转型依托高效的设备运营和强大的软件支撑，但国内企业设备、软硬件主要依赖进口，企业应尽量摆脱对国外进口的依赖。重视人才培养，重金购买技术难以细水长流，唯有迎头直上，实现自主创新方为上策。同时，实现精细化产品规模化生产，满足市场需求，实现大批量生产，方能降低单位固定成本，从而实现单位成本降低，扩大市场占有率，增强企业竞争力。

4.6.2.2 避免盲目跟风，谨慎技术投入

“大智移云”为转型中的企业送来了一剂良药，但对症与否尚需考证。企业以移动互

联网为依托，以大数据、云计算建立强大的数据分析能力，以智能工厂将供应链各个环节融会贯通。”大智移云”像是催化剂一般，点燃了石油石化行业转型的火焰。大数据、云计算、移动互联网、智能工厂，每一个工具的自建都将投入大额的费用，且专业人员要求极高，构建时间较长。无论是投资成本，还是人员配置，以及时间投资，都让很多企业望洋兴叹。

无法自建，是否企业就应该放弃这一有力工具？当然不是。一些中小型石油石化企业，正常运转已经难以为继，要想自建这样一条“护城河”，将会“元气大伤”，但转型迫在眉睫，此时企业可以选择租用手段以降低固定成本投入，维持正常经营效益。“大智移云”工具的运用，企业到底是自建，还是“借船出海”，值得每一个希望巧借“大智移云”东风的企业斟酌。提效降本是企业实现长远运营的最有效路径，但成本分摊是上游业务的弱势所在。企业要想实现盈利，销售额需突破盈亏临界点，企业应尽力靠近消费环节，增强获客能力（李超，2014），并锁定用户。石油石化行业又如何锁定用户群体呢？答案只有做好长期战略发展目标，做好产品转型，多元化产品结构满足客户需求，以客户为中心，提升用户体验。

4.6.2.3　响应低碳政策，拥抱新型能源

石油行业有着长远的发展历史，其能源之王的位置尚难撼动。但是原油的不可再生性，以及全球积极响应低碳经济的呼声越来越高，国家政策风口走向为新能源政策；我国原油主要依赖进口，价格波动难以掌控，为降低国际政策影响、增加自主性，寻找并拥抱新能源是企业转型的重要突破口。

首席能源研究员指出，综合能源公司是转型的方向之一，打造智慧能源（郭永伟和程傲南，2015）。“欧盟 2020 战略”，走在世界新能源前列。可持续发展、绿色环保，推动新能源消费不断升级。虽然曾经试水新能源的企业大多以失败告终，但是现在有着信息化的支撑和国家政策的支持，涉足新能源与初次涉足该领域再也不可同日而语。

众所周知，新能源的开发成本大、技术水平高、盈利水平低，很多企业只能望洋兴叹，或者在中途没有达到期望的收益时就半途而废。而现在不仅技术水平有了质的飞跃，信息化、智能化的成本管理也为企业节省了大量的生产耗费、简化了生产流程，从而大幅度地降低了企业成本，进一步提高企业盈利。因此，“大智移云”的时代背景为企业转向新能源提供了一个良好的转型环境。企业需要牢牢把握时代背景所赋予的机会，成功迎合低碳理念、发展环保新能源，在转型的同时合理运用信息化和智能化管理在降低成本的同时提高盈利水平。

4.6.3 创新巧借大智移云，数字转型芳华尽显

其实，无论是LP科技还是其他石油石化行业，必将经历“大智移云”时代的洗礼，数字化、智能化不可避免地成为决定企业未来十年转型质量的决定性因素。企业应做好积极迎接挑战的准备，“大智移云”不是洪水猛兽，它带来许多新的机遇，但如果运用不当也不会成为“灵丹妙药”。能否转型成功，能否实现双赢，最重要的是取决于企业是否有长远的发展战略规划，正确合理地运用信息化技术，选择适合企业自身的成本管理模式，并在此基础上积极响应政策，做好产品转型、技术创新。希望所有企业都能巧借“大智移云”的东风，转型升级，尽显芳华。

程教授演讲完毕，会议室里掌声雷动。

石董接过话筒做讲座结束语：“感谢程教授为我们公司员工开展讲座，讲座到这里就结束了。程教授提出的石化行业转型创新建议值得我们学习，在‘互联网+’‘中国制造2025’以及‘工业4.0’政策的背景下，我们企业不断披荆斩棘，虽然一路遇到不少艰难坎坷，我们停留过，我们失意过，我们受到阻碍，我们经历挫折，但是只要我们团结一心，力求创新，不断调整成本管理模式，不断适应政策背景，不断在试错中吸取教训，我们的企业之帆，定能远航!”

参考文献

[1] 包瑜亮，熊先青，邱富建，黄琼涛，许朝霭．基于数字化技术的木家具制造车间计划排产的研究［J］．林产工业，2019，46（03）：65-68.

[2] 蔡兴发．红海？黑海？畅游蓝海！——谈物业服务企业的战略创新［J］．城市开发，2010（11）：7.

[3] 陈叙龙．美的物流WMS系统设计与实现［J］．物流技术，2014（06）：62-66.

[4] 陈汉明，洪苙．价值链导向下质量成本管理动态循环模型研究［J］．财会通讯，2018（14）：85-88.

[5] 陈溪，周颖．企业成本管理的“利器”［J］．企业管理，2015（05）：104-105.

[6] 董西红．ERP系统下制造企业供应链成本管理探讨［J］．财会通讯，2015（35）：67-70.

[7] 冯毅雄，宋轩，胡耀光，张瑞君．基于自主ERP和商业BI工具的制造业商务智

能发展模式研究［J］. 机械工程师，2010（10）：27－29.

［8］郭燕青，李海铭．信息化对我国制造业技术创新影响的实证研究［J］. 技术经济与管理研究，2018（11）：104－108.

［9］郭伟，张凯强，崔立真，徐猛．支持SaaS应用多维异构性能需求的云资源放置方法［J］. 计算机学报，2018，41（06）：1005－1017.

［10］郭永伟，程傲南．“互联网＋”智慧能源：未来能源发展方向［J］. 经济问题，2015（11）：61－64.

［11］韩静，吴智慧．板式定制家具企业制造执行系统的构建与应用［J］. 林业工程学报，2018，3（06）：149－155.

［12］韩向东．管理会计信息化的应用现状和成功实践［J］. 会计之友，2014（32）：85－88.

［13］何雪锋，陈静利，张鑫．基于人工智能、大数据和云计算的作业成本法探究——以我国烟草工业企业为例［J］. 财会月刊，2018（17）：69－72.

［14］黄思杰．基于大数据的智能ERP系统设计［J］. 现代电子技术，2018，41（24）：94－97.

［15］金帆．价值生态系统：云经济时代的价值创造机制［J］. 中国工业经济，2014（04）：97－109.

［16］匡祥华．M公司目标成本下的精细化成本控制［J］. 财务与会计，2018（17）：24－25.

［17］劳本信．ERP产业链商业模式的形成与发展研究［J］. 企业经济，2010（08）：34－37.

［18］刘丽霞，王世水．大数据时代企业管理会计工具的创新与应用——基于成本控制视角［J/OL］. 会计之友，2019.

［19］刘梅玲．第三方支付企业的管理会计信息化之路：以TL支付为例［J］. 会计之友，2016（4）：94－99.

［20］刘云霞．事业单位加强管理会计信息化建设研究［J］. 中外企业家，2015（25）：251－252.

［21］刘雅莉．汽车备件库存管理优化策略——以一汽大众为例［J］. 物流技术，2014（06）：30－34.

［22］刘玮瑶．图书馆信息服务市场中的红海与蓝海［J］. 现代情报，2010，30（05）：78－80.

［23］李卓．把握“互联网＋”时代脉搏共启管理会计信息化建设新篇章——“管理会

计之中国实践·走进信息化行业”研讨会召开［J］．财务与会计，2015（15）：76－77.

［24］李超．互联网时代银行零售业务渠道的发展策略［J］．新金融，2018（05）：40－44.

［25］潘永花，宋斐．从IT到DT：创新进行时［J］．统计科学与实践，2016（05）：4－8.

［26］王东旭．浅析房地产行业管理会计信息系统的设计［J］．中国商贸，2013（33）：54－55.

［27］王泽霞，江乾坤，魏美钟，周国栋．大华公司财务私有云服务平台模式创新与解决方案［J］．财务与会计，2017（05）：36－38.

［28］王江涛．采用ERP理念改进传统成本管理模式［J］．会计之友，2006（04）：33－35.

［29］王洪革，王守安．论析未来的经济模式——云经济［J］．社会科学战线，2013（03）：99－102.

［30］王凡林，张瑜．信息化投资、IT治理与公司绩效提升——基于中国上市公司500强的实证分析［J］．会计之友，2017（21）：17－22.

［31］魏震．钢铁企业APS系统与MES的整合方案及实现［J］．冶金自动化，2013，37（05）：25－30.

［32］温素彬，陈晨，薛斌．全面成本管理及其在OTC公司的应用［J］．会计之友，2017（07）：134－137.

［33］谢春林．面向业务流程的营运资金管理探析［J］．财会通讯，2018（26）：83－87.

［34］许汉友，陈茜，罗昊．A纺织公司供应链成本管理存在的问题及相关建议［J］．财务与会计，2018（08）：57.

［35］吴俊．ERP系统对企业财务绩效影响的研究［D］．苏州大学，2014.

［36］杨定泉．信息化对企业绩效的影响分析［J］．会计之友，2011（17）：45－47.

［37］杨建成．云会计背景下企业仓储管理的优化探析［J］．财会通讯，2018（04）：108－111.

［38］尹钧惠，刘亮．基于价值链的客户成本管理研究［J］．财会通讯，2011（28）：13－14.

［39］詹新．企业信息化投资价值和绩效关联性实证研究［J］．统计与决策，2019，35（06）：185－188.

［40］张继德，刘向芸．我国管理会计信息化发展存在的问题与对策［J］．会计之友，2014（21）：119－122.

[41] 张玮，戴军．基于内容分析法的云会计发展影响因素研究 [J]．会计之友，2015 (03)：87-90.

[42] 张迎迎．上市公司ERP实施与企业绩效关系的研究 [D]．东北财经大学，2015.

[43] 张骥，王逊，栾佳仪．科技引领环保 理念成就未来——访东周化学李智伟总经理 [J]．林产工业，2015，42 (07)：3-4.

[44] 赵剑道，刘向东，任楠，丁兆宁，蔡靖．医药物流分拣系统WMS设计 [J]．制造业自动化，2014，36 (21)：149-153.

[45] 邹才能，潘松圻，党刘栓．论能源革命与科技使命 [J/OL]．西南石油大学学报（自然科学版）：1-11 [2019-05-14].

[46] Daryl Powell，Jan Riezebos，Jan Ola Strandhagen. Lean production and ERP systems in small - and medium - sized enterprises：ERP support for pull production [J]．International Journal of Production Research，2013，51 (2).

[47] Harris，S. E.，Katz，K. L.．Predicting organizational performance using information technology managerial control ratios [P]．System Sciences，1989. Vol. IV：Emerging Technologies and Applications Track，Proceedings of the Twenty - Second Annual Hawaii International Conference on，1989.

[48] Namchul Shin. Information Technology and Diversification：How Their Relationship Affects Firm Performance [J]．International Journal of e - Collaboration (IJeC)，2009，5 (1).

[49] Nirup M Menon，Byungtae Lee. Cost control and production performance enhancement by IT investment and regulation changes：evidence from the healthcare industry [J]．Decision Support Systems，2000，30 (2).

[50] Neil. Implications of The Tit Between Organizational Strcture and ERP：Astructral Contingency Theory Perspective [J]．Internationa Journa of In Tableatio，Management 2012 (26)：391-402.

[51] Osama Sohaib，Mohsen Naderpour，Walayat Hussain，Luis Martinez. Cloud computing model selection for e - commerce enterprises using a new 2 - tuple fuzzy linguisticdecision - makingmethod [J]．Computers&amp；Industrial ngineering，2019，132.

[52] Samuel Fosso Wamba，Shahriar Akter，Andrew Edwards. How "big data" can make big impact：Findings from a systematic reviewand alongitudinal case study [J]．Production Economics，2015 (165).

[53] Shaghaygh Akhtari, Taraneh Sowlati, Diana G. Siller – Benitez, Dominik Roeser. Impact of inventory management on demand fulfilment, cost and emission of forest – based biomass supply chains using simulation modelling [J]. Biosystems Engineering, 2019, 178.

[54] V. Kanimozhi, T. Prem Jacob. Artificial Intelligence based Network Intrusion Detection with hyper – parameter optimization tuning on the realistic cyber dataset CSE – CIC – IDS2018 using cloud computing [J]. ICT Express, 2019, 138.

[55] Vikneswary Batumalai, Karen Wong, Jesmin Shafiq, Timothy P. Hanna, Gabriel Gabriel, Julia Heberle, IvanKoprivic, Nasreen Kaadan, Odette King, Thomas Tran, Lynette Cassapi, Dion Forstner, Geoff P. Delaney, Michael Barton. Estimating the cost of radiotherapy for 5 – year local control and overall survival benefit [J]. Radiotherapy and Oncology, 2019, 136.

[56] Warren D., Moffitt C. Byrnes P.. How Big Data Will Change Accounting [J]. Accounting Horizons, 2015 (2): 397 –407.

案例5

LP科技数字化转型与绩效评价

制造业为我国国民经济的发展提供了重要支撑及动力，关乎国家经济命脉和国际地位，然而由于我国制造业企业劳动生产率低下、生产组织活动封闭、技术创新水平低，传统制造企业正面临着前所未有的内忧外患。而数字化转型必然成为制造企业顺应数字经济时代发展的选择，许多制造企业已加入到探索全新商业模式的行列中。在制造企业数字化转型的趋势下，企业未来战略目标的实现与否以及市场经济地位的高低在很大程度上取决于企业能否在转型期间调整自身结构，审时度势，抓住竞争优势以适应经济发展规律。制造企业数字化转型使企业的商业模式、战略目标以及评价对象都发生了本质上的变化，这对如何评价制造企业绩效提出了新要求。

本案例首先运用价值链和资源观理论揭示数字化转型制造企业特征、制造企业数字化转型的可能性与必要性和价值创造模式，在现行绩效评价指标的基础之上，通过选取具有制造企业数字化转型特征的评价指标，采用平衡计分卡与模糊综合评价方法相结合的方式构建绩效评价体系；然后从实际案例出发，揭示制造企业如何数字化转型并将绩效评价体系应用到LP科技当中，用以衡量其数字化转型价值创造效果；最后指出制造企业数字化转型实践中可能存在的问题，本案例所构建的绩效评价体系能够促进我国制造企业加快数字化转型步伐，旨在帮助我国制造企业更好地数字化转型实践以及从绩效评价指标体系构建方面出发，更加深刻地掌握并应对数字化转型趋势给企业带来的机遇与挑战，有助于提升与增强制造企业制定战略决策的可行性及有效性。

5.1 绪论

5.1.1 研究背景和意义

5.1.1.1 研究背景

中国经济建设随着改革开放进程的不断推进发生了翻天覆地的变化。2017 年政府工作报告中首次出现“数字经济”一词，报告中指出，优化我国经济结构必然离不开数字经济等新兴产业的蓬勃发展。在中共中央政治局集体会议中，习近平总书记强调：建设我国数字经济的基石是企业的数字化转型，将数字经济与实体经济深度融合已然成为当今市场的热点话题。国家发改委于 2020 年 5 月提出“数字化转型伙伴行动”倡议，这都表明数字化是企业未来转型的方向和重点。

大数据、云计算、人工智能等数字化技术的不断创新与突破使企业适应时代变革离不开数字化转型。国际数据公司 IDC 调查数据显示，截至 2020 年，全球已经进行数字化转型的企业接近 30%，同时 36.4% 的企业也紧跟数字化转型潮流，计划在未来两年打造全新的数字化转型商业模式。据此可以推测，数字化转型必将成为产业升级的强大驱动力。埃森哲于 2020 年 9 月发布的《2020 中国企业数字转型指数研究》表明：若理想数字化转型企业评价标准为 100 分，那么 2020 年我国企业整体平均分是 50 分，较上一年的 45 分提高了 10% 以上，这说明企业已经开启数字化转型的大门，同时也掀起数字经济新浪潮。

企业要可持续发展，迎合市场需求是企业至关重要的价值导向，而数字化转型则是企业实现发展目标的一剂良药。数字经济的建设方兴未艾，虽然很多企业的战略核心为数字化转型，投入了大量的人力物力进行数字化改造，然而，《2020 中国企业数字转型指数研究》数据显示：面临突如其来的疫情危机以及复杂多变的经济形势，归属于数字化转型成效显著的领军企业仅仅占比 11%，不少企业至今仍然未能达到真正的目的与效果，面临着转型的困境。与此同时，制造企业是上市公司的主导力量，占据我国上市公司的半壁江山。“中国制造”的技术和理念虽然已经全球化，然而，中国制造企业与发达国家相较而言，无论是管理还是技术方面都还存在亟待改进之处。加快制造企业数字化转型的步伐对于我国实现制造强国具有深远的影响。

那么，究竟制造企业数字化转型本质特征是什么？数字化转型如何帮助制造业企业实现价值创造？利用何种方法来评价其所能够产生的效果和影响？这一系列问题还有待进一步分析和检验。

5. 1. 1. 2　研究意义

（1）理论意义。

一方面，在理论上丰富了制造企业数字化转型相关的理论体系与结构框架。相对于大多数制造企业而言，制造企业数字化转型是非常陌生的概念，制造企业缺乏对其全面系统的了解。然而，数字化转型已成为制造企业顺应时代发展的必经之路。因而，本案例关于制造企业数字化转型的有关研究将有助于相关人员全面认知制造企业数字化转型相关的理论，同时还将丰富制造企业数字化转型相关理论内涵，厘清制造企业数字化转型结构框架，从而为相关利益者学习与研究相关制造企业数字化转型提供较为全面系统的参考依据，有利于制造企业在激烈的市场竞争中全面有效地分析市场、行业以及自身资源配置的各种情况，继而制定出符合自身且具备可行性与高效的数字化转型战略决策。

另一方面，拓展制造企业绩效评价研究。目前鲜少有针对数字化转型企业特征并结合具体行业而采用具有制造企业数字化转型特色的绩效评价方法研究。因此，本案例在现有研究的基础上，着眼于数字化转型对制造企业的全息重建，提出具有数字化转型特色的绩效评价指标，旨在进一步丰富和拓展制造企业绩效评价相关研究。

（2）实践意义。

一方面，为我国市场经济创造新的利润增长点提供可参考的路径。众所周知，制造业无疑是我国市场经济的重要组成部分，然而，着眼于我国制造业发展现状，可以发现，我国制造业在技术创新、研发投入等方面与先进国家仍然存在比较大的差距。事实上，世界上不少先进国家由于抓住了市场经济发展规律，为能够顺应数字经济时代的发展，将数字技术和企业业务从赋能到使能不断精进，促使制造企业数字化转型的趋势日益明显。然而我国制造企业在数字化转型进程中面临着诸多障碍与挑战，进程相当缓慢，原因之一就在于很多制造企业未从根本上认识到数字化转型所具备的潜在优势与效益。本案例通过相关研究旨在说明制造企业数字化转型的利好作用，为我国制造业市场经济的发展创造新的突破口，继而推动我国制造行业不断发展。

另一方面，为我国进行数字化转型的制造企业合理评价自身绩效提供切实可行的依据与建议，从而有效地促进制造企业的发展。传统的制造企业将关注点聚焦在产品本身的制造，过度地重视生产相关的成本与效益，同时忽视了数字技术存在赋予产品附加价值的可能性。本案例为我国制造企业正确评价自身经营绩效提供较为合理的方法论，有助于我国制造企业在掌握自身特点及外界数字化商业模式的基础之上，制定既适应时代发展又科学合理的战略决策、应用更加符合实际的绩效评价体系，继而帮助制造企业获得并保持竞争优势。

5.1.2 研究内容与方法

5.1.2.1 研究内容

本案例针对制造企业数字化转型本质特征，数字化转型如何帮助制造业企业实现价值创造以及利用何种方法来评价其所能够产生的效果和影响展开研究。

本案例共分为五节，各节内容如下：

5.1 绪论。本节从制造企业数字化转型实务与发展现状的角度出发，首先介绍本案例的研究背景，由此提出本案例的研究问题及研究意义，然后说明本案例所采用的研究方法，最后构建整体研究框架以及阐述可能的创新点。

5.2 文献综述与理论基础。首先，从制造企业数字化转型、价值创造及绩效评价方法三方面相关研究来回顾现有文献资料。通过梳理相关领域研究的发展脉络和研究现状，寻找到合适的研究切入点；然后，阐述与本案例撰写相关的理论依据，包括价值链理论、资源观理论、平衡计分卡理论和模糊综合评价理论；最后，在此基础之上分析制造企业数字化转型的特征、可能性与必要性及如何实现价值创造。

5.3 制造企业绩效评价体系构建。通过对比现行绩效评价方法，强调在制造企业数字化转型趋势下采用基于平衡计分卡的模糊综合评价方法对于评价制造企业绩效的优势所在。最后，详尽介绍构建的绩效评价体系使用方法。

5.4 LP 科技案例分析。首先，介绍案例企业基本情况及数字化转型的背景及路径；然后，将基于平衡计分卡的模糊综合评价体系应用到 LP 科技；最后，基于评价结果分析 LP 科技数字化转型所带来的价值创造效果。

5.5 结论与展望。主要从制造企业数字化转型及绩效评价体系两个方面总结并提出相关建议，最后论述研究的不足之处，研究框架如图 5－1 所示。

5.1.2.2 研究方法

（1）文献分析法。

通过对国内外学者关于制造企业数字化转型、价值创造及绩效评价方法等文献进行研

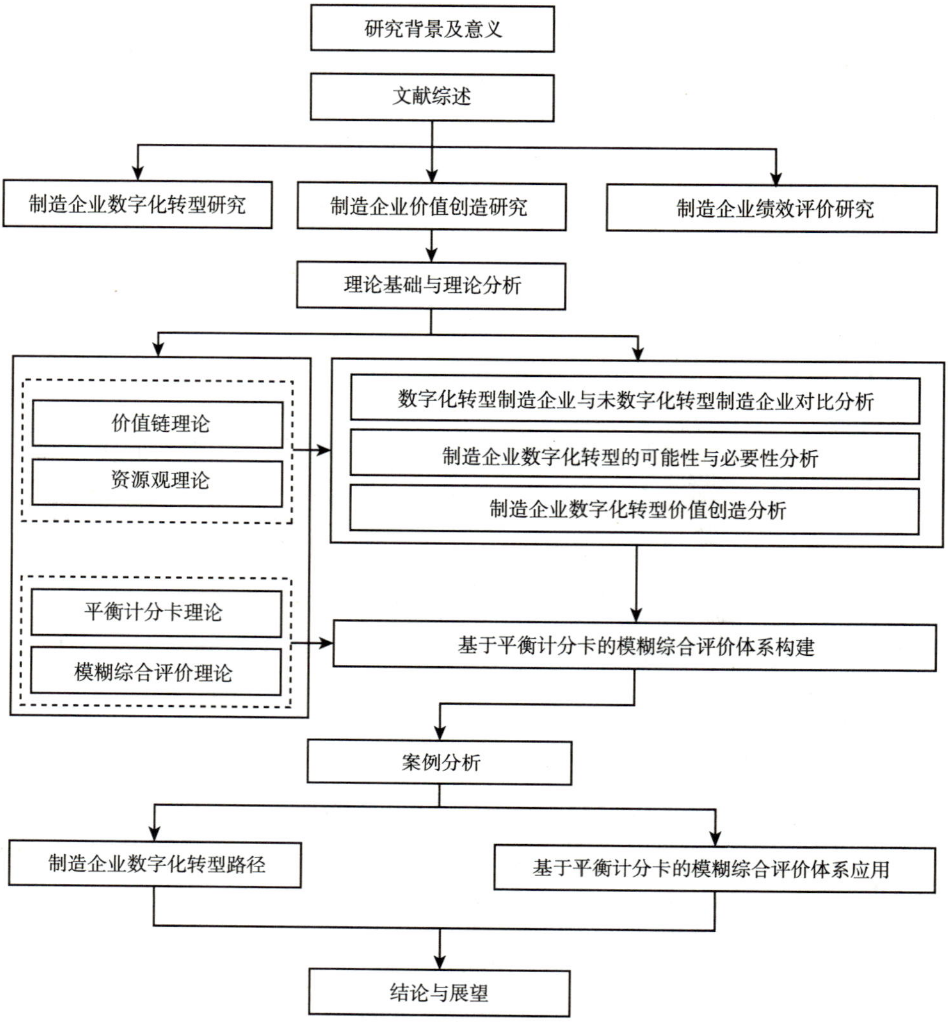

图 5－1　研究框架

读，梳理出已有研究成果的同时寻找其不足之处，并且借助相关政府网站和财经论坛实时了解案例公司数字化转型动态、出台的相关政策和法律法规，为本案例研究提供文献与理论支持。

（2）案例分析法。

通过 LP 科技官方网站、微信公众号、实地调研等方式搜集 LP 科技相关资料与数据，整理出 LP 科技数字化转型的实践经验并基于构建的绩效评价体系的应用结果分析 LP 科技数字化转型价值创造效果，在此基础上分析总结案例企业转型升级对其他制造企业所产生的启示。

（3）基于平衡计分卡的模糊综合评价方法。

该评价方法下的指标体系主要包括四个维度，即财务、客户、内部流程及学习与成长。运用该方法最重要的目标则是通过从四个维度出发，将企业的战略目标转化到各个绩效指标上。设计平衡计分卡有助于企业构建合理的绩效管理体系，有效落实战略目标。由于平衡计分卡中包含定量与定性指标，因而本案例通过模糊综合评价方法将定性指标定量化，直观反映出制造企业数字化转型对绩效产生的影响。

5.1.3 可能的创新点

第一，评价指标的创新：选取符合制造企业数字化转型特征的评价指标，运用平衡计分卡方法构建模糊综合评价矩阵，采用模糊函数的数学方法客观分析出案例企业数字化转型的价值创造效果。

第二，研究视角的创新：数字化转型为数字经济背景下较为前沿的概念，本案例以此为视角并结合制造企业特点展开研究，厘清制造企业数字化转型的结构框架。

第三，研究案例的创新：LP 科技数字化转型进程居于行业前列，以 LP 科技具体案例为分析对象，更具代表性及现实意义。

5.2 文献综述与理论基础

5.2.1 文献综述

5.2.1.1 制造企业数字化转型研究

（1）制造企业数字化转型概念。

早期国内外学者对于制造企业数字化转型的概念多集中于研究数字化技术方面。例如，制造企业的数字化被 Lerch 和 Gotsch（2015）定义为数字化技术驱动的机器智能连接现象。

然而，随着数字经济的不断发展，人们开始关注数字技术对企业业务更深层次的影响，制造企业数字化转型获得了新的内涵。Berman（2012）将其定义为利用数字技术改造企业运营模式，重塑客户价值主张，改变传统制造企业的商业模式和价值创造模式，促使企业在数字经济中形成不可复制的核心竞争力。赵振（2015）则认为数字化转型是制造企业利用以数字化技术为依托的先进运营方法，重新整合资源从而形成全新的价值创造方式。Ahmed（2016）将其定义为在企业内外部使用数字化系统、数字符号及数字产品等应用的新发展。Gimpel 和 Rau（2017）认为数字化转型是通过借助数字化技术打破行业内以及层级间的信息壁垒，提升企业运行效率。孟凡生和赵刚（2018）认为制造企业数字化转型是将制造及数字化技术二者紧密结合，对企业运营各环节实现大数据管理，确保企业生产及资源配置达到最优状态。王华（2018）将其定义为利用数字技术解决企业产品和服务问题，用数字技术整合公司的运营和日常管理资源，在企业全面转型升级的基础上，加强公司与客户和市场的沟通，不断推动市场、业务系统和客户的全面创新和转型，从而提高运营效率和经济效益。

（2）制造企业数字化转型特征。

在企业外部层面，王吉斌和彭盾（2015）认为由技术变迁引发的数字化转型改变了产业结构，价值链由链式演变为环式，利基市场愈发繁荣，社群化现象以及粉丝经济出现。李辉（2020）认为企业之间已经形成“快吃慢”的竞争模式，而非传统的“大吃小”。

在企业内部层面，不少学者认为数字化转型下的制造企业在组织管控方面、生产与营销方面都存在着显著特征。

组织管控方面：张小峰（2015）认为数字化转型使组织管理思维发生变化，一方面是组织结构的变化，另一方面是组织中各种关系发生改变。例如，组织开始趋向于自组织形态的组织结构与管理模式，组织结构逐渐趋于扁平化，信息不对称的问题得到很大改善，生产方式由大批量生产转变为规模定制；钟慧澜（2015）认为企业边界日渐模糊；高山行和刘嘉慧（2018）认为数字技术的不断变革打破传统组织层级，使得个体与组织间成为“联盟”关系。吕文栋、刘巍和何威风（2016）提出数字化转型对于企业管理思维产生了一定的影响。荆浩、刘垭和徐娴英（2017）提出企业的市场开拓模式、交易机制以及消费者接触方式的数字化转型促使旧的商业模式逐渐被新的商业模式替代。Rialti（2019）指出数字化提高了组织的灵活性、敏捷性和适应性，增强了组织对环境动态变化的适应性，使企业能够快速整合内部和外部资源，推出新技术和产品，从而获得市场竞争地位。戚聿东和蔡呈伟（2020）认为数字化转型推动着企业内部管理模式的一系列变革。

在生产与营销方面：Büchi（2018）指出数字技术不仅可以帮助企业实施大批量生产，提高企业的生产效率，降低生产成本，而且通过个性化定制和服务延伸，提升客户体验，提升企业行业客户反应能力和精准营销能力，用更低的成本对接用户日益差异化的需求。数字化可以改善企业搜索、感知、获取和消化内部和外部信息的能力。郑瑛琨（2020）认为数字技术从三个方面支撑着传统制造业的优化升级：第一，数字技术推动了制造企业工艺设计方案和产品的创新；第二，数字技术支持制造企业实现智能制造和绿色生产；第三，数字技术促进制造业的定制生产。

（3）制造企业数字化转型路径。

关于制造企业如何更好地实现数字化转型，学者给出了相关建议。

Baneijee 和 Ma（2012）强调，与大企业不同，中小企业在技术和资源上有局限性，其数字化转型也有相应的困难，必须依靠第三方技术平台来完成整个过程。罗仲伟和陆可晶（2020）认为，数字技术为中小企业在应对疫情中加快转型升级提供了方向和路径，中小企业应选择突破性变革，积极依靠数字技术加快转型。Cui 和 Pan（2015）补充了 Baneijee 和 Ma 的想法。他指出，大型企业拥有更高端的技术和更优质的资源，技术和人才的配置使大型企业可以在不使用第三方平台的情况下部署和开发自己的数字平台，从而改善企业的数字转型过程。

关于数字化转型的策略，Berman（2012）提出了三种方式：一是重视客户价值；二是利用数字化运营方式改变与用户的交流方式；三是将以上两种方法相结合。韩晶（2020）认为企业应积极增强数字化转型意识，在所有业务环节中融合现代数字技术，并根据制造企业自身业务特点对数据资源应用方式进行创新。郑夕玉（2019）建议传统制造企业加强日常数字化管理，设立专门的数字化部门为其他部门提供必要的技术支持。另外，还需提升员工的数字化应用意识。王德辉和吴子昂（2020）认为对于制造型企业来说，应着手构建数字化平台。在具体实践中应主要从三个方面着手：一是引入最新的数字化技术；二是利用数字技术促使一部分产业活动从线下转到线上，通过线上线下无缝对接、部门联动，实现对市场变化最快响应，从而增强企业竞争优势；三是企业要从全新的视角来搭建数字化转型平台，即整条产品价值链优化整合角度。

吕铁（2019）认为制造企业数字化转型的重点是实现智能制造。以大规模个性化定制为导向，建立能快速有效响应消费者需求的生产运行管理体系。李辉（2020）建议企业应利用云计算、物联网等技术实现智能生产、打通企业各个生产环节数据链以及实现网络化协同。

（4）制造企业数字化转型对绩效的影响。

大多数学者研究表明制造企业数字化转型对绩效有正向作用。何帆和刘红霞（2019）利用 A 股 2012—2017 年六年数据，考察实体企业数字化转型的绩效，结果显示其具有提升效应。戴亦舒、晏梦灵和董小英（2020）在探究国家政策和企业实践在数字化创新中的关系时，通过量化研究证明对政策的关注通过影响资源集成能力进而影响企业绩效。肖旭和戚聿东（2019）认为数字化转型的价值创造主要体现在四个方面，即跨界融合、提升效率、重塑竞争模式和助力产业升级。王才（2020）以 173 家制造企业为研究样本，探讨数字化转型对企业创新绩效中介机制的影响。研究表明，数字化转型正向影响企业的动态能力；周青、王燕灵和杨伟（2020）采用 2015—2017 年浙江省 73 个县（区、市）的面板数据，从数字化接入、装备、平台建设、应用水平四个方面实证研究区域数字化水平对创新绩效的积极影响。胡青（2020）通过对浙江省民营企业的问卷调查研究，发现数字化转型与企业绩效呈正相关关系，内部学习和外部网络关系起中间调节作用。朱勤、孙元和周立勇（2019）通过对出口跨境电商的问卷调查研究，发现数字化平台对出口跨境电商的绩效具有正向促进作用。

然而，有少数学者持不同观点。例如，戚聿东和蔡呈伟（2020）提出数字化转型影响企业绩效的路径主要是管理环节和销售环节，但是这两条路径呈相反作用于企业绩效，二者抵消后导致数字化转型对企业绩效的影响并不显著。

5.2.1.2　制造企业价值创造研究

目前学者关于制造企业价值创造方面的研究，主要集中在生产要素、价值链、客户三种视角。

生产要素视角：在要素价值论下，学者认为企业价值依靠多种要素共同来创造。茅宁（2001）提出无形资产是企业创造价值的主导要素。凌艳平（2010）认为无形资产通过与实物资产相结合，可以降低企业经营成本、增加产品销量、提升组织管理效率，进而为企业带来超额收益。在数字经济时代，无形资产为创造企业价值发挥着重要作用，但同时也应意识到无形资产对企业价值创造也存在抑制作用。蒋琰和茅宁（2011）认为财务与非财务因素的融合实现了价值创造。王清刚，徐欣宇（2016）提出在创新驱动的大环境下，企业社会责任是实现价值创造的驱动因素之一。杨柳和张友棠（2016）认为债权人、投资者、政府等利益相关者和企业自身均是企业价值创造的来源。高建来和郭超义（2016）研究发现对企业价值创造有显著正向影响的因素主要有定制、锁定、专注和社会化，然而技术与平台并不能够更好地帮助企业创造价值。李连燕和张东廷（2017）通过对高新技术企业的研究，提出研发投入和足额现金流帮助企业提升价值创造的效率。王成东和徐建中（2019）提出采取嵌入全球价值链、加强技术创新、积累知识产权、提高人力资源质量以及重视品牌建设等一系列策略帮助企业提升价值创造的效率。

价值链视角：Peter Hines（2009）把客户对产品的需求作为生产环节的终点。这种观点仅停留在企业内部行为链的层面。然而，伴随着数字经济时代的发展，传统企业价值链发展成网状结构。吴晓云，张欣妍（2015）提出企业的市场导向、整合以及技术实力可以明显提升企业的价值创造的能力，价值网则可起到中介作用。丁声一、谢思淼和刘晓光（2016）认为应激励价值网中的数字化创新者，以消费者需求为中心，促进整体生态系统更好地发展。沙秀娟、王满和钟芳等（2017）以企业价值链为视角探究如何发挥管理会计工具在企业价值创造的作用。

客户视角：企业价值是在满足客户需求和实现客户价值的过程中产生的，其实质性的客户价值管理就是通过客户获取、关系维护和拓展来实现企业价值的创造。Eric（2008）

通过研究 B2B 市场客户参与企业开发新产品情况，发现新产品开发有效性的提高得益于客户信息共享及合作。Chan 等（2010）研究发现：提升客户满意度的主要途径是客户在参与过程中与企业内部员工共创关系价值和经济价值。贾薇、张明立和王宝（2011）研究表明客户参与对企业价值创造有显著的促进作用。赵雅萍和吴丰林（2013）等提出有形产品、基础服务、经济实惠、地理区域和情感联系五个方面共同组成了客户价值管理的内容。随着市场竞争愈发激烈，企业价值创造的主要渠道逐渐演变为客户购买产品和服务的感受高于产品和服务本身的实际价值。随着数字经济的发展和消费的升级，体验经济逐渐盛行，客户体验成为创造企业价值的关键因素。钟振东、唐守廉和 Vialle（2014）在其设计的价值共创模型中更新了企业和客户在价值共创过程中的角色定位，深入揭示了客户使用价值的创造过程。裴正兵（2015）认为在盈利模式理论结构体系中起到基础性与决定性作用的是客户价值，并在此观点之上完善了盈利模式相关的理论体系。卜庆娟、金永生和李朝辉（2016）提出求助、人际互动、反馈及倡导四个层面共同构成客户价值共创行为主体，娱乐价值、社会价值和实用价值三个层面共同构成客户价值。

5.2.1.3 制造企业绩效评价研究

本部分从财务指标角度、EVA 角度、平衡计分卡角度及其他角度对企业绩效评价进行总结，旨在为制造企业新型绩效评价方法提供设计思路。

财务指标角度：徐沛勣和张泓波（2014）从盈利能力、营运能力、偿债能力、成长能力和公司规模五个层面构建绩效评价指标体系，并运用灰色关联模型综合评价及分析家电行业公司绩效。王慧明（2014）将固定资产增长率、债务保障率、权益乘数、营运指数、应收账款周转率以及总资产周转率作为考核环保企业绩效的主要财务指标。侯光文和郝添磊（2015）从财务收益能力、资产运营能力、偿债能力等层面构建了企业绩效评价指标体系评价农业企业绩效。

平衡计分卡角度：方振邦和王国良（2005）通过研究案例公司在绩效评价中存在的问题，具有针对性地设计了平衡计分卡评价体系，其中共包括三个维度：企业、部门和个人。王铁男、李一军和刘娇（2006）构建出符合信息化时代背景的绩效评价指标体系，运用平衡记分卡与层次分析相结合的方法并将其应用到案例企业中。Adrien 和 Mark（2009）从平衡计分卡的四个维度出发调查了不同企业在绩效评价中指标的选取情况。Chia－Chi Sun（2010）结合了高新技术企业的特点选取一些创新性指标，如生产能力、创新能力、供应链能力、财务运作能力、服务质量能力等层面的评价指标。杨文超和孟庆华（2014）认为平衡计分卡能够清晰地展现企业的战略路径，将其作为企业绩效评价的工具，运用层次分析法确定各指标权重，增强了指标选取过程的科学性。杨红英（2014）认为当以国有企业为评价对象时，平衡计分卡相比较其他评价方法具备一定的优越性。汪榜江、徐慧娥和郑巨坤（2016）以企业战略目标为导向，打破传统平衡计分卡框架，结合社会责任对平衡计分卡进行改良。

EVA 角度：孔军华和冯艳（2006）对我国绩效评价方法进行了全面梳理，他认为 EVA 评价方法的优势在于它能够促使企业经营者作出以企业价值最大化为目标的经营管理决策。林祥友和宋浩（2007）尝试将 EVA 指标引入传统杜邦分析评价体系，弥补其原有的缺陷，最终设计出一种新型杜邦分析评价体系，即核心指标为权益资本经济增加值率，同时该体系具有更多的层级与分支。李晓平（2016）认为 EVA 为公司价值管理者提供了一种崭新的管理理念，同时指出企业能够依据 EVA 公式的计算过程追溯到影响 EVA 的相关因素。孙光臻（2016）指出处于市场竞争日益加剧的环境下，企业可从 EVA 角度实施预算管理，从而达到企业资源合理配置的目的。曾繁荣和李晋杰（2016）通过引入 EVA 指标对我国新能源上市企业价值创造能力评价进行实证研究，将六种传统评价指标与 EVA 指标进行比较，旨在检验 EVA 评价方法是否具备有效性。

其他角度：柯健和李超（2007）针对现行企业数字化绩效评价方法存在的不足，建议从投入产出的角度综合评价信息化绩效，并结合平衡计分卡和数据包络分析方法设计了企业数字化系统的输入及输出指标体系。包耀东（2012）将数据包络分析评价模型应用到一家物流企业并基于其评价结果提出相关的应对策略。陈波和梁彤缨（2014）运用实证方法说明了利用数据包络方法来评价企业绩效具备有效性。王瑞、董明和侯文皓（2019）以制造企业为评价分析对象，分别从四个维度设计数字化成熟度评价模型，即战略、生态圈、运营技术及文化组织能力，并采用决策试验与评价实验室、层次分析方法对某车企的数字化成熟度进行全面评价。陈畴镛和许敬涵（2020）对制造企业案例进行数字化转型能力评价。具体方法为从组织变革、技术变革以及管理变革的角度出发，分析影响数字化转型的所有因素，在此基础之上，构建数字化转型能力评价指标体系，并使用层次分析法赋权。曹炳汝和樊颜青（2017）采用主成分分析与数据包络分析相结合的方法对绿色农产品供应链进行绩效评价。冯雪彬和张建英（2020）同样运用主成分分析法对农牧板块上市公司进行财务绩效评价。赵晋琳和袁帅（2019）选取 12 家企业作为实证样本，采用层次分析法对其绩效进行模糊综合评价。焦瑞（2020）同样应用模糊综合评价法对环境管理绩效进行评价。

5.2.1.4　文献评述

总的来说，国内外学者对于制造企业数字化转型、价值创造及绩效评价的研究卓有成效。但不可否认，目前研究仍有一定的局限性。

学者们很少将制造企业数字化转型及价值创造结合研究。本案例试图以价值链视角揭示制造企业如何通过数字化转型实现价值创造；基于制造企业实施数字化转型的经济背景，采用何种绩效评价体系更加有利于企业发展，鲜有学者涉及。本案例将选择科学合理的财务和非财务指标来衡量制造企业数字化转型过程中的价值创造效果，并为后续研究提供参考。

综上所述，数字化作为制造企业转型升级的主要方向，对企业价值创造有着重要的影响。通过厘清制造企业数字化转型结构框架、建立适应数字化转型时代背景的绩效评价体系，为制造企业在数字化转型中更好地创造价值提供有益的参考和对策。

5.2.2 理论基础

5.2.2.1 价值链理论

价值链理论认为，处在价值链中的每个价值点都可以实现价值创造。置于价值链中固定位置的企业除了在内部经营活动中因分工与联系形成的基本价值链之外，还可以在研发、生产、销售环节中组成可以包括上下游产业全环节价值链。而后，一部分学者基于价值链理论延伸到微笑曲线理论，另一部分学者将价值链则扩展到价值网理论。

其一，施振荣（宏碁集团创始人）在 1992 年首次提出微笑曲线理论。在微笑曲线的二维图中，纵坐标表示附加值，横坐标表示企业价值创造活动的相关环节，包括产业链上中下游三个区间，它们分别与研发设计、生产制造以及品牌服务管理一一对应。其中具有高附加值的区间是研发设计和品牌服务环节，而附加值最低的是生产制造环节。随着数字经济时代的来临，该理论也随之更新。有学者发现，价值链关于高端和低端的划分并不是绝对的，在不同情形下会发生动态变化。如果能以创新驱动为动力，强化制造能力、提质提效、压缩制造周期，生产环节的价值链地位同样可以得到提升并且上升到高端位置。例如，孙德升、刘峰和陈志（2017）认为技术进步是影响微笑曲线上附加值的主要因素。价值链的高端、低端是相对而言的，在科技进步的推动下，生产制造环节成为价值链中高端环节的可能性增加。王丹琦（2017）则认为微笑曲线被客户数据驱动的大规模定制经济完全逆转，制造企业的价值源头被重新定义。郑健壮、朱婷婷和郑雯好（2018）则指出，因为微笑曲线各环节劳动生产率存在高低差异，该曲线共存在从“U”形到倒“U”形变化的 8 种情形。但上述关于微笑曲线的研究均基于研发、生产以及销售服务三个关键环节进行研究。

其二，不少国内外学者对价值网都有类似的看法。他们认为价值网实质上是由价值链拓展而来。其以消费者为中心，将利益相关方纳入其中，从而形成一种全新的价值体系，同时也代表着一种全新商业竞争模式的出现。价值网是一种以竞争和效率为导向的运营思维，其运作原理是企业从用户需求出发，主动与相关企业达成合作并及时互动以维持合作关系。各方通过有效组合与及时协调实现各环节之间资源与技术的共享，为利益相关方创造价值。在共享利润、共获收益的形势下形成共赢互利的合作关系。

综上所述，价值链相关理论可以更加全面透彻地分析数字化转型中制造企业特征变化情况以及如何为制造企业提供价值创造的途径。

5.2.2.2 资源观理论

资源观理论是随着企业竞争优势这一概念发展而来的。Penrose 在 1959 年提出企业所拥有的资源以及对资源的利用效率决定它的成长速度，他还把企业看作是“异质”资源的集合。因为一个企业是这些资源异质性的集合，它的显性生产资源或无形生产服务给企业带来了不同的特征。这些特征的概念就是资源观理论的基础。而后有学者认为：企业所拥有的一系列可以控制和改进的信息、能力、资产和组织特征的总和，可以称为资源。每个企业所拥有的资源是不同的，而这些资源不一定充分地流动，企业的资源禀赋有不同的特点。由于资源有限，为了实现充分的流动，不同的资源可以在企业内部长期存在，为企业带来竞争优势。而能够带来竞争优势的资源一般具备四个特征：一是有潜在价值；二是比较稀缺；三是难以替代；四是难以被模仿。

制造企业数字化转型形成的数字资源，主要从以下两个方面影响企业的竞争优势：一方面，数字资源集中应用于企业对数据要求较高的业务流程中，此时，企业所拥有的数字资源成为企业可持续竞争优势的源泉；另一方面，它还可以驱动非数字资源的间接影响，从而带来企业绩效的提高。此外，由于不同企业的特点不同，数字化转型对制造企业绩效的影响也会产生不同的效果。

总之，处于制造企业数字化转型的时代背景下，资源观理论为转型后的制造企业所拥有的数字资源如何为企业在激烈的竞争环境中获取竞争优势提供理论依据。

5.2.2.3 平衡计分卡理论

1992 年，卡普兰和诺顿在分析各企业绩效成因，总结企业组织活动绩效指标的基础上，提出了平衡计分卡这种新的绩效评价方法。这种方法最突出的特点就是把企业的战略目标拆解成四个层次，既保留了传统的财务指标，又引入了非财务指标，即客户、内部流程、学习与成长相关指标。

平衡计分卡的四个维度之间相互依存又有一定的因果关系。只有对内部流程进行有效的控制，才能提高消费者的满意度，企业与顾客之间才能建立良好的相互信任关系。一旦赢得了客户，就可以占领市场，最终推动财务指标朝着有利于企业发展的方向实现。客观地讲，在数字化不够发达的工业时代，不可否认的是传统绩效考核方法还是具备实践优势的，这种方法是以财务指标为主，帮助企业掌握本企业的财务状况，把握盈亏尺度。但是随着数字经济的不断发展，仅仅通过企业的财务指标评价自身发展状况极容易脱离市场现实，很可能贻误战机，对企业战略目标的实现形成阻碍。除此之外，平衡计分卡还可以协调以下五项重要的平衡关系：即财务与非财务指标的平衡、长短期战略目标的平衡、动因导向与结果导向的平衡、内外部利益的平衡以及前进与滞后指标之间的平衡。

数字化转型对制造企业带来的变革可谓是颠覆性的，管理层在平衡计分卡理论基础下可以全面衡量企业发展状况，实现从四个维度出发综合全面评价数字化转型对制造企业内部和外部、长期和短期等各个方面的价值创造效果。

5.2.2.4　模糊综合评价理论

模糊综合评价理论具体由以下三个方面组成：

其一，隶属度理论。该理论应用模糊数学原理，对受到多种因素影响的模糊数据作出一个总体客观的评价。更好地分解不确定、模糊、难以量化的指标，得出清晰易懂的结论或结果。

其二，层次分析法。是由美国运筹学家萨蒂提出的，是定性与定量结合、主客观结合的方法。其基本原理是先总体战略目标又细分为相互关联的多层次序列结构，主要包括目标层、中层和决策层。这种方法有很强的实践意义和可操作性意义。

其三，德尔菲法。它从认识论原理出发，遵循认识—实践—再认识—再实践的思路，先提出需要面对的问题，匿名听取专家的初步意见，然后进行总结整理，将结果匿名反馈给专家，再听取他们的意见，直到得出一致的结果。

以上三种理论共同组成了模糊综合评价理论，该理论为制造企业数字化转型趋势下构建新型绩效评价体系提供了方法论。

5.2.3　理论分析

5.2.3.1　数字化转型制造企业与未数字化转型制造企业对比分析

未进行数字化转型的制造企业即传统制造企业，是指以加工制造为主要价值活动的劳动密集型企业。而数字化转型制造企业主要是以数字化技术、智能设备、互联网服务以及柔性管理理念为主要特点。正是因为数字化转型制造企业将数据作为未来的核心战略资源，将数字技术巧妙地运用到产品全生命周期，并且伴随着技术与业务的不断融合从最初数字技术服务业务到最终实现数字技术引领业务创新，最终才能够取得良好的经营效益与经济成果。

通过查阅有关资料，未数字化转型制造企业与数字化转型制造企业具有以下几个方面的不同之处。具体如表 5－1 所示。

表 5－1　未数字化转型制造企业与数字化转型制造企业差异

	未数字化转型制造企业	数字化转型制造企业
目标	单一：利润最大化	多元：整体生态系统健康发展
生产周期	漫长	短暂
向市场提供	产品	产品＋数据＋服务
技术水平	技术水平低	高精尖
要素	生产	服务
定位	低端生产	精益生产＋高端服务
关注利益	短期利益	长期利益
对环境的影响	破坏环境	绿色可持续
服务对象	有限对象	全球消费者
部门之间	相对独立	协作程度高
组织结构	扁平化	科层制
管理决策	定期决策	瞬时决策
生产方式	大批量生产	个性化定制

另外，未数字化转型制造企业与数字化转型制造企业在价值链结构上也存在着明显的差别。从图 5－2 可以看出，未数字化转型制造企业以生产产品为主，并不注重服务价值。强调个体竞争，仅关注企业利润最大化。在价值链上游仅注重单一的设计新产品。此时，无论

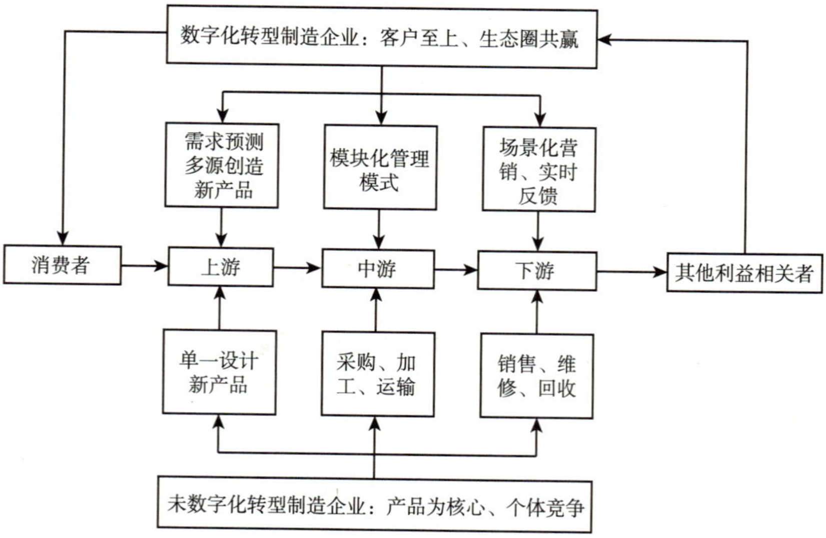

图 5－2　数字化转型制造企业与未数字化转型制造企业的价值链结构对比

是企业与消费者之间还是企业与企业之间都存在壁垒；中游阶段主要是产品采购、加工、运输等一系列环节；在价值链的下游，主要是销售、维护和回收产品，忽视了售后服务。从整个未数字化转型制造企业的价值链条中来看，生产环节前期与客户、后期与利益相关者之间没有良性循环，仅单纯强调制造和生产，整条价值链呈线性，未形成闭环状态。

数字化转型制造企业将价值链升级为价值网：制造企业秉承客户至上的服务理念，转变个体竞争思维，着力打造共赢生态圈。在价值链上游关注消费者需求并利用大数据挖掘技术实现需求预测，同时在产品设计上推行多源创造模式。在此模式下，消费者通过在线平台以及智能终端等数字化平台同时参与到产品设计过程中，设计出满足消费者个性化需求的产品；在中游阶段，通过打造智能工厂来实现企业全面资源整合与合理配置，采用模块化管理模式；而在价值链的下游，则通过建立数字化营销体系实现场景化营销挖掘潜在客户、建立信息反馈制度实时响应用户需求，也保障了其他利益相关者的利益。消费者、企业和其他利益相关者之间形成良性闭环，体现了制造业企业以消费者、服务为中心、社会、环境、经济效应协调发展的数字化转型理念。

5.2.3.2 制造企业数字化转型的可能性与必要性分析

（1）制造企业数字化转型的可能性。

我国传统制造企业存在着诸如劳动生产率低下、生产组织活动封闭、技术创新水平低等一系列问题，这将为传统制造业实施数字化转型提供可能性。

第一，劳动生产率低下。从本质上看，微笑曲线实际上描述的是企业价值链条各环节价值分布情况。而且生产方式不同，微笑曲线的开口方向也会存在差异。进一步研究发现，微笑曲线在不同区间、不同端，其产品附加值有所不同，主要是因为这些环节在劳动生产率方面存在着明显的差别。我国传统制造企业的“传统”之处在于生产环节劳动生产率较为低下，该环节的相关活动并没有向前后端传递价值，还在加工制造层面停滞不前。因此，从企业整体的价值链来看，高端低端的概念也是相对的。在特定条件下，生产环节也存在成为高端环节的可能性。

第二，生产组织活动封闭。在传统生产组织模式下的制造企业中，其生产组织活动一般遵循着规模经济的客观规律，价值创造来源主要依靠降低生产成本增加产品产量的方式，而且基本上都是在单个企业的边界内进行相关价值活动。然而在数字经济时代下，消费者个性化需求愈发多样化，那么传统生产组织方式的不适应性愈发凸显，向先进型生产组织方式转变的需求已经刻不容缓。某些先进型制造企业能够被称为“先进”的原因在于这些企业最大的特点就是：单个制造企业所拥有的有限资源总量不再限制生产组织的管理和完成产品增值的整个过程，这些价值活动能够跨越单个企业的边界，从而向外部不断延伸，将研发、生产、物流、营销等价值链区间进行有选择地分离，不盲目追求“大而全”，而是聚焦与最核心的部分，专注于达到“优而特”“小而精”的目标。传统制造企业在此种开放式生产组织活动中既能将外部的优质资源植入进产品增值链中，也能借助外部力量不断扩展市场分工的边界。

第三，技术创新水平低。《美国的先进产业》报告提出美国产业是否先进的衡量标准有两个：其一是人均技术研发支出不低于450美元，或是位于产业前五分之一；二是理工科学位的高技能型人才数量占产业队伍的百分比不得低于全国平均水平，或者在本产业中占比超过21%。如果以此为判别标准，目前中国大多数制造企业未达到此标准，特别是在研发投入方面与国际水平差距较大。然而，处于数字经济时代，传统制造企业通过在生产和研发等方面数字化转型同样也能够跃迁成为先进制造企业。

总体而言，传统制造企业的发展模式显然不再适应当前社会的发展需求，我国制造企业面临着巨大的压力和挑战，因此制造企业数字化转型势不可挡。

（2）制造企业数字化转型的必要性。

制造企业数字化转型能够助力企业实时响应消费者需求，形成差异化竞争优势，绿色可持续发展，这都充分说明了其数字化转型的必要性。

第一，制造企业数字化转型有利于实时响应消费者需求。制造企业数字化转型的主要驱动因素就是消费者需求，如果企业销售的产品不能够迎合消费者口味，不能与消费者维持长期合作的关系，仍然还是将生产制造活动作为重中之重，只是对中间商与分销商加以关注，这些企业在竞争中就不能对自身产品准确定位，那么也难以抓住发展的根本，失去客户资源也就代表着失去了持续发展的可能。

第二，制造企业数字化转型有利于企业优化整合资源从而形成差异化竞争优势。资源理论者认为，制造企业竞争优势的形成离不开优化资源配置。事实上，对于制造业企业来讲，寻求途径的差异化才是创造新商机的重点。而数字化转型恰恰是差异化的主要手段，这不仅可以帮助制造企业建立竞争优势，还可以通过增强服务的途径实现产品附加值的提升。制造企业将数字化转型战略作为差异化竞争手段的主要原因可以分为两方面：一方面是制造企业数字化转型与经济业务的演变方式同频共振，驱使产品更新更加及时，更具备竞争优势；另一方面则是制造企业数字化转型更容易帮助企业开辟新发展道路，不断形成和保持竞争优势。然而，服务本身所具备的差异性就能够在激烈的市场竞争中区分出企业的优胜劣汰。

第三，制造企业数字化转型有利于实现绿色可持续发展。如今环境污染日益加剧、能源危机出现，各个行业都面临着不同程度的商业模式以及产品转型的各种问题。众所周知，环境污染是制造企业所面临的最大问题。尤其是近年来我国大力倡导环保理念，竭力推广新能源的应用，随之而来的是制造企业的生产成本越来越高。与此同时，绿色制造的理念也被提出，所谓绿色制造是指在整个生产过程中都贯穿绿色环保理念，以期从源头开始减少污染。如果制造企业无法掌握绿色制造的相关先进技术，那么就难以为继。因此，制造企业实施数字化转型战略对于企业绿色可持续发展起到至关重要的驱动作用。

5.2.3.3 制造企业数字化转型价值创造分析

对于制造企业来说，价值链中下游各环节的数字化转型都可以成为企业价值创造的路径。

（1）研发数字化转型创造价值。

研发环节的数字化转型主要是指制造企业对研发数据的收集、整理、积累、利用，以此推动产品质量的提升、效率的提高，进而对制造生产提供综合化推动力。数字化能充分激活企业研发平台的优势，并贯穿从设计到生产的整个过程，有效贯彻产品生命周期管理的理念。企业在产品开发过程中，对产品信息进行数字化有序管理，有效地优化产品在不同阶段的最优数据，追踪产品生产制造的全过程，为保证和提升产品质量提供全面的数据信息。同时，把制造技术、计算机辅助设计及应用系统集成引入，让企业所有产品在生命周期中的所有数据都能高度融合、协调、共享。以此基础，建立数据信息详细的知识库、经验库、专家库以及人工智能系统，从而帮助制造企业在研发环节进行高度数字化集中管理。通过借助数字化资源将产品和生产线水平延伸，从而创造企业价值。另外，制造企业通过利用此优势促进自身发展的多元化，获得更多价值创造路径。

（2）生产数字化转型创造价值。

满足消费者个性化定制需求的最主要环节是以智能制造为典型特征的生产制造环节，其数字技术水平以及附加值正在大幅度提升。于生产制造环节而言，通过数字技术发展，提高制造效率和产品的科技含量，可以为企业带来一条高附加值的发展道路，成为企业主要竞争力的重要支撑。

在互联网、大数据、物联网等数字技术的推动下，智能制造正在成为一种新的生产方式，生产环节的附加值随着微笑曲线理论的更新而逐步提升。其主要原因是：一方面，互联网终端用户与企业之间的信息不对称性状况发生改变，客户受品牌以及广告等外在因素的影响趋于弱化，选择趋于理性，消费者更关心的是产品质量以及个性化特征，新型电商和应用软件的兴起正在改变传统的营销方式，传统品牌服务的数字化科技水平不断下降，那么其具有的相对附加值也开始降低；另一方面，随着数字化技术的发展和普及，制造企业能够满足消费者个性化需求的可能性大幅度增加，与此同时，这也在很大程度上释放了客户个性化需求，消费者与企业内部研究人员一同研发设计新产品成了一种潮流。而满足消费者个性化需求的重要环节就是以智能制造为典型特征的生产环节，其科技水平和相对附加值也开始出现大幅度提升的趋势。

除此以外，生产环节的数字化转型也势必形成绿色生产模式。随着环保理念在全球经济发展中的不断推广，消费者在选择产品时，越来越关注产品的环保性能。而制造企业数字化转型不仅能够向消费者提供符合环保要求的产品和服务，以此促进制造企业提高效率、保护环境、合理配置资源，也可以使消费者参与到生产、设计、创新、营销、反馈等一系列过程中，更有利于制造企业制定满足客户要求的产品、贯彻环保理念以及实现以提质增效为目的的战略规划，同时使制造企业在发展过程中也担负起绿色生产的社会责任。

（3）营销数字化转型创造价值。

营销环节的数字化转型指的是制造企业采用各种方式方法探索新颖先进的客户服务方式，为客户创造有价值的消费体验，以此增加销售环节的附加值。为了实现这一目标，企业可以通过加快产品升级或产品下移来提升企业价值。高端产品是高附加值产品。只有升级产品，才能提高产品质量，增加附加值。产品下移是指不断开发各种市场，以有效降低营销环节的固定成本、扩大规模、增质增效。在数字经济时代，通过数字化技术更新产品配置的制造企业越来越多，企业可以通过整合物联网组件和结合不同的产品和服务来创造价值的机会。例如，通过建立数字营销平台为消费者提供高端服务，满足消费者日益增长的个性化产品定制需求，以此来降低成本、创造价值。

制造企业了解消费者对数字解决方案的需求非常重要。如：在产品中增加传感器的使用，在产品的整个使用过程中对广泛的消费者数据进行深入分析，了解消费者的真实需求，避免提供不被需要的产品功能，为消费者创造价值。制造企业也可以在数据分析过程中获得有价值的、潜在盈利的信息，从而达到为企业增值的目标。数字化转型极具有破坏性，它具有重塑制造行业竞争力的巨大能力。制造企业通过更具创造性和远见的思维方式实现数字化转型，颠覆现有的商业模式。而出现新型商业模式的主要价值驱动因素就是数字组件。消费者则在企业价值创造中居于核心地位，因此在营销环节从整合客户资源到创造价值是制造企业的主要任务和长远目标。

（4）运营管控数字化转型创造价值。

运营管控数字化转型指的是企业一方面把经营中积累和沉淀的优秀管理方法通过算法打造成智能化基础，用以促进信息管理的升级；另一方面，当企业具备了丰富的信息系统并储备了大量的经营管理数据后，就对这些数据进行挖掘与分析，从中发现问题、寻找规律、积累经验知识，为企业管理、决策、提供正确的指导依据及方向，使管理决策更加科学准确，从而提高制造企业的经营管理水平。而伴随着数据体系以及数学模型的不断建立与优化，制造企业正在从传统管理决策模式下的定期决策演变为瞬时决策：数据体系提供的即时数据挖掘与分析功能，加快反馈管理层的决策效果，大大提升了决策的效率与效果。

同时，制造企业运营管控数字化转型的典型特征是模块化、面向过程和协同产品生产。它对提高产品质量和企业运营效率具有深远的意义和巨大的作用。同时，其协同效应也很明显，为控制生产成本、发挥规模效应提供了动力，为企业持续创造高额价值也有极大的促进作用。

必须要强调的是，业务流程的数字化是运营效率提升的首要条件。采用目前最先进的数字化技术并结合算子算法的操作能够带来各环节效率的提高，实现去人工化生产以及智能化控制。因此，运营管控数字化转型有助于制造企业协调各部门功能进一步创造价值。

总而言之，数字化转型能加速制造企业制造技术的不断更新换代，对从产品的设计到售后服务环节的运转产生影响，推进孤立的制造单元向智能化制造过渡。这种转型重新调整了人与机器的角色分工，催生了新的价值创造点，带来了企业商业模式根本变革。而后，企业只要能够顺利建立数字化项目平台，实现数据良性积累和互联互通，就能完成向消费者交付智能项目并帮助消费者优化项目，提高运营效率，拓展企业的服务价值链，增加利润来源。制造企业数字化转型后，就可以实现在一条价值链中把客户、生产商、供应商的合作产品、生产流程和自动化生产组织在一套流程中设计并完成。另外，还可以把生产、物流在其相应的IT系统中整合，使企业内外部数据能够及时交换。让供应商和其他利益相关者都可以从中获益，实现生产环节中人、设备以及产品之间的沟通达到实时或接近实时的状态。基于以上分析，可以得出：数字化转型通过对制造企业价值链条的重塑，使链条中的每个单元都能创造价值。

5.3 制造企业绩效评价体系构建

5.3.1 构建制造企业绩效评价体系的动因分析

5.3.1.1 制造企业数字化转型的必然要求

我国制造企业数字化转型升级已经成为适应数字经济发展的必要手段。一方面，目前的绩效评价方法本身已经不能满足这种变化的需要。从本质上讲，制造企业的数字化转型也要求制造企业采用一种更能体现数字化转型特征的方法，紧跟时代发展且能直观、全面反映企业的财务和非财务信息的绩效评价体系。另一方面，制造企业数字化转型从研发、生产、销售以及运营管控方面全面重塑了企业价值创造模式，整体价值链由链式结构演变为以客户为中心的网状结构，由此可见，企业的战略目标和评价对象在本质上已经发生了变化，这就要求评价企业绩效的方法也相应地作出改变。

5.3.1.2 现行绩效评价方法的不足

5.3.1.2.1 指标层面

现行的绩效评价指标中除了未将具有数字化转型特征的相关的评价指标融入进去，其本身都还存在一定缺陷，具体说明如下。

（1）财务指标评价方法。

虽然财务指标方法便于企业管理层根据指标数据执行预算和决策，但这种评价方法会使企业对自身可持续长期发展有所忽视，过分追求短期利益。从另外一个角度来讲，财务指标单纯衡量企业的经营效益存在一定的偏差，因为财务指标并不能将企业经营全貌体现出来。前期的开发创新、后期的维护反馈以及对外合作等一系列活动对于企业的可持续化经营都是非常重要的。因而也就难以帮助企业实现长期发展的战略目标。

（2）EVA 指标评价方法。

该方法是由斯图尔特咨询企业提出的，这种方法与以往相对传统的财务指标方法相比较具有很大的优越性，具体可解释为：如果在考虑资本成本指标的情况下，在税后利润中扣除 EVA，会使企业经营所直接创造的经济利润很真实直观地映射出来。若采取 EVA 的激励机制，使股东与管理者之间的利益结合变得更加有利，使资本效率大幅提高，避免短期行为的发生等，但不可否认的是，其本身仍然也存在一定的缺陷：它难以囊括影响企业绩效的全部动态活动，难以将企业真实的状态和情况体现。

（3）平衡记分卡指标评价方法。

虽然平衡记分卡四个维度的指标均揭示了绩效产生的因果，将企业的财务与非财务性评价与战略相结合。但仍然存在一些缺陷：一是指标数量太多很有可能会分散经理人的注意力，使评分专家感到厌烦，那么对绩效评价的有效性就进行了削弱。二是未能得出一个最终的评价结果。从实践角度考虑，财务指标可获得精准的定量数值，非财务指标则要用到定性的方法来确定数据，假设以精确数值的方法进行评估，将会产生较大的误差。在实际操作中，排除不确定因素，若沿用原来以精确值为基础建立的数学评价模型，会由于决策单元的相对有效性得到有偏差的信息，从而带来管理决策的失误。

5.3.1.2.2 综合评价方法层面

（1）层次分析法。

该方法能够将一个较为复杂的整体进行清晰地分解，主观评价指标无法量化的缺陷得到解决。针对一些无法直接获得的主观评价指标，可以通过引入合理的标度对各评价指标的相对重要性及评分值进行度量，继而又成为评价结果的依据。该方法为管理层提供了层次思维，有利于进行分层次评价。此外，这种方法可以引导思维，增强管理决策的客观性。另外，比较分析构成的判断矩阵可以增强主观判断的客观性，增强绩效评价的实用性。同时，定性和定量相结合的方法增强了绩效评价的科学性。但当评价指标过多、工作量过大时，会使评价专家在很大程度上产生厌恶心理，带来判断误差。

（2）主成分分析法。

主成分分析法通过数学坐标旋转降维，产生独立的主成分指标，消除了评价指标之间的相互影响，提高了研究的准确性。主成分分析后，根据方差对主成分进行排序，主要的指标显示出来，这避免了在其他非关键指标上花费不必要的时间。然而，在主成分分析中，评价指标的正常标准化会导致信息损失，不可避免地损失一些数据的原始信息。另外，在主成分特征向量求解中，不同软件的应用会产生不同的特征向量，结论很有可能不同，甚至出现相反的情况。

（3）数据包络分析法。

数据包络分析法是对投入产出是否有效进行评价的方法。它把单对单输入输出的概念延伸到多对多，没有考虑预先估计的参数，因此它有助于避免主观因素，简化计算，减少误差。数据包络分析法无需知道指标权重是其最大的优势，当产出指标之间的权重不明确时，其优势更加显著，使评价结果更加客观。然而，数据包络分析法只能将大量决策单位按照是否有效区分开来，很可能大量甚至所有的决策单位都是有效的。此外，相对效率是数据包络分析性能评价的基础，评价结果也是相对的，而其实际发展水平无从得知。

5.3.1.3 基于平衡计分卡的模糊综合评价体系的运用优势

基于平衡计分卡的模糊综合评价法有其巨大的优势所在。

第一，将企业的愿景、战略目标作为平衡计分卡的考核系数，从财务和非财务两大主方向出发，对企业绩效进行综合评价分析。一方面，这种方法可以直观地反映对企业战略实施有影响的每一个价值因素；另一方面可以为企业未来的成长提供切实可行的建议。

第二，它吸收了层次分析法的所有优点，增强了绩效评价的客观性和实用性。同时，克服了层次分析法的缺陷，特别是层次分析法判断矩阵中评价指标个数不能超过 9 个的限制。此外，传统数学方法中“唯一解”的问题在这一方法中得到解决。另外，由于模糊评价集中引入了专家的知识和经验，使评价过程可扩展，这一点与“柔性管理”思想不谋而合。

第三，整体而言，通过对平衡计分卡优缺点的分析，将平衡计分卡扩展到模糊数学求解，并利用模糊综合评价方法对平衡计分卡的四个维度的指标进行整合，最终得到一个总的评价值。既保留了平衡计分卡的优点又克服了其缺点，因此，它必然会成为我国数字化转型制造企业绩效评价最佳方法。

5.3.2　基于平衡计分卡的模糊综合评价体系的形成

本部分在总结现有评价指标和综合评价方法的特点后，提出制造企业应建立新的绩效评价体系，以应对数字化转型的趋势。这就是基于平衡计分卡的模糊综合评价体系。该方法以制造企业的战略目标为导向，从财务、客户、内部流程和学习及成长四维度体现企业的价值活动，并通过矩阵构造、隶属函数和层次分析法等方法对定性指标进行量化，为管理层提供更为具体直观的企业绩效评价结果。从另一个角度来看，评价结果还能够反向促使决策者根据企业自身经营状况不断调整企业战略目标，帮助制造企业加快数字化转型的步伐，最终提高制造企业经营绩效。

5.3.3　基于平衡计分卡的模糊综合评价体系的构建

5.3.3.1　战略目标的制定

制造企业构建基于平衡计分卡的模糊综合评价体系的第一步就是要结合企业自身确定战略目标，因为切实可行的目标一旦建立起来，企业的经营方向就可以确定下来，绩效评价结果的计量才有据可依，绩效评价体系的运用才富有意义。因此，数字化转型制造企业运用基于平衡计分卡的模糊综合评价体系基础和首要条件是制定战略目标。而反过来，基于平衡计分卡的模糊综合评价体系的构建又能帮助制造企业检验战略目标的可行性，根据实际情况及时将不合理的方案优化，稳步实现战略目标。然而，由于数字化转型制造企业经营情况不同，其战略目标的制定也并非千篇一律，它要求制造企业能够结合自身资源优势，根据企业实际情况，制定出切合企业自身发展特点及可操作性强的发展战略。

5.3.3.2　指标建立的原则

（1）科学性原则。

学术研究的开展既要保证研究方法和内容的科学性，又要保证数据的真实性。模糊综合评价模型建立在评价指标体系的基础上。指标体系的不合理构建或某些指标的失真和无效会影响模糊综合评价分析模型的结果。

（2）全面性原则。

基于全面性原则构建指标体系，一般遵循从目标到准则再到计划的顺序，层层获取评价指标，使评价体系所涉及的内容更加全面。同时，各层指标的选取要符合实际，有足够的解释和概括能力。因此，在构建指标体系的过程中，应以全面性原则为指导原则。

（3）有效性原则。

指标体系为层次分析法服务，层次分析法需要得到研究结果。因此，必须保证指标的可靠性和有效性，以减少分析结果的误差。在构造制造企业绩效评价指标体系时，各项指标需要可获取、可查证。

（4）发展性原则。

研究需要有发展的眼光。数字化转型制造企业正处于快速成长阶段。因此，研究需要考虑其转型过程可能发生的变化，并在评价指标体系中反映可能发生的变化。

（5）定性与定量相结合的原则。

定性分析具有主观性，但是由于缺乏客观的数据支持，很难获得定量的结果。定量分析可以揭示数据的特征，获得准确的定量结果。在制造企业绩效评价中，考虑到有些指标更适合量化，有些指标更难量化，定性和定量相结合更合适。

5.3.3.3 指标体系的初步确定

本节结合第二节所分析的数字化转型制造企业特征及价值创造，为绩效指标体系初步划定范围，具体如表5-2所示。

表5-2　　平衡计分卡指标范围

维度	指标	指标性质
财务	净资产收益率	定量
	营业毛利率	定量
	成本费用率	定量
	销售净利率	定量
	营业收入	定量
	每股经营现金流	定量
客户	客户满意度	定量
	产品交付速度	定性
	客户交互紧密度	定性
	客户数据资源拥有量	定量
	个性化定制水平	定性
	市场份额	定量

续表

维度	指标	指标性质
内部流程	产品生产周期	定性
	瞬时决策能力	定性
	高端产品占比	定量
	绿色生产能力	定性
	数据共享水平	定性
	制造敏捷程度	定性
学习与成长	数字化覆盖程度	定性
	员工与数字系统融合度	定性
	员工人均培训费用	定量
	员工知识水平	定性
	新增专利数量	定量
	员工保持率	定量

5.3.3.4 模糊综合评价矩阵的构建

构建模糊综合评价矩阵，首先要厘清各层次之间的关系并建立如图 5-3 所示的评价层次结构模型：

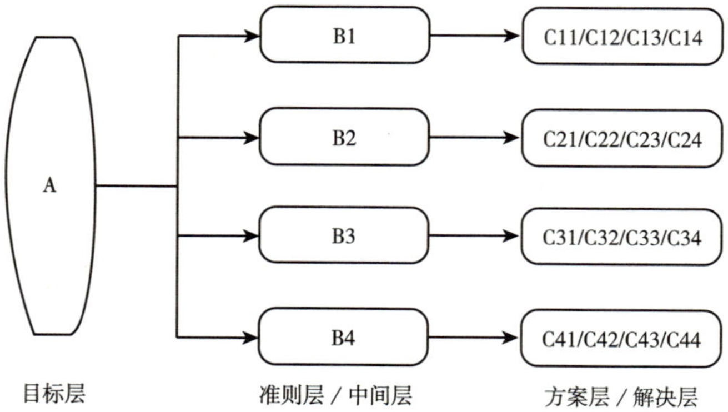

图 5-3 评价层次结构模型

(1) 建立目标集。

向专家分发调查表（见附录），确定并建立如下目标集：

$A=(B_1,B_2,B_3,B_4)=\{$财务层面,客户层面,内部流程层面,学习与成长层面$\}$；

$B_1=(C_{11},C_{12},C_{13},C_{14})=\{$净资产收益率,销售净利率 …$\}$；

$B_2=(C_{21},C_{22},C_{23},C_{24})=\{$客户满意度,客户交付速度 …$\}$；

$B_3 = (C_{31}, C_{32}, C_{33}, C_{34}) = \{$产品生命周期，瞬时决策能力 …$\}$；

$B_4 = (C_{41}, C_{42}, C_{43}, C_{44}) = \{$数字化覆盖程度，专利新增数量 …$\}$

（2）构造两两对比矩阵。

对每层因素的相对重要性进行两两对比并作出判断，通常采用如表 5－3 所示的 1－9 比例标尺，将定性因素定量化。

表 5－3　　成对比较矩阵尺度表

尺度 X_{ij}	1	2	3	4	5	6	7	8	9
$X_i:X_j$ 的重要性	相同	稍强			强	明显强			极强

在层次模型建立之后，运用德尔菲法对四个层面及其每个层面各指标的重要性进行打分，形成如表 5－4 所示的两两对比相对重要性打分表。

表 5－4　　指标相对重要性打分表

X	X_{1j}	X_{2j}	X_{3j}	X_{4j}
X_{i1}	1	3	5	9
X_{i2}	1/3	1	1/2	1/7
X_{i3}	1/5	2	1	1/5
X_{i4}	1/9	7	5	1

（3）计算各个评价指标具体权重。

求得特征向量和最大特征值，计算可参考公式 5－1，然后通过数学方法中的归一化处理解得本层次相对于上一层级的权重大小。

$$\lambda_{\max} = \frac{1}{n}\sum_{i=1}^{n}\frac{(AW_i)}{W_i} \tag{5-1}$$

（4）一致性检验。

考虑到人们的认识存在差异性，客观事物具有复杂性，因此很可能会在评价方面存在片面性，因此，进行一致性和随机性检验是必不可少的步骤，其检验公式为：

$$C.R. = C.I./R.I. \tag{5-2}$$

其中

$$C.I. = \frac{1}{m-1}\cdot(\lambda_{\max} - m) \tag{5-3}$$

或

$$C.I. = \frac{1}{n-1}\cdot(\lambda_{\max} - n) \tag{5-4}$$

值得注意的是，成对比较矩阵阶数不同，随机一致性指标 $R.I.$ 也不同，其取值范围在 0—1.49 区间范围内，具体选值如表 5－5 所示。

表 5-5　　**AHP 方法中平均随机一致性指标 R.I. 表**

N	1	2	3	4	5	6	7	8	9	10
R.I.	0	0	0.52	0.89	1.12	1.26	1.36	1.41	1.46	1.49

若 $C.R.>0.1$，说明成对比较矩阵一致性检查未通过，那么要对矩阵进行二次修正，直到通过检验为止；若 $C.R.<0.1$，就代表着两两对比矩阵的一致性可以接受。

（5）确定指标权重向量。

根据以上数据可确定出各个子集合的权重向量 $W_{X1}/W_{X2}/W_{X3}/W_{X4}$ 以及综合集合的权重向量 W_X。

（6）建立模糊综合评价矩阵向量。

设定评语集合并对每层级赋值，可得 $V=(\nu_1, \nu_2, \cdots, \nu_i)$，设置 4 个评价等级，分别为优秀［90，100］、良好［80，90）、一般［60，80）、差［0，60），则模糊评判向量 $V=(95,85,70,30)$。

方案层指标可分为定量指标与定性指标。定量指标可借助历史最值，通过隶属度函数计算隶属度向量。将各正向指标的最优值设置为ν_1，最劣值设置为ν_4，指标值为 x，由于正向指标值越大越好，因此$\nu_1 \geqslant \nu_4$。将区间［ν_1，ν_4］进行等分，加入两个点ν_2、ν_3，令 $\nu_2=\nu_1-\frac{\nu_1-\nu_4}{3}$，$\nu_3=\nu_4+\frac{\nu_1-\nu_4}{3}$，一般指标值 x 隶属度于不同标准值的隶属度函数如下：

$$\mu\nu_1(x)=\begin{cases}1, & x \geqslant \nu_1 \\ \frac{x-\nu_2}{\nu_1-\nu_2}, & x \in [\nu_1,\nu_2] \\ 0, & \text{其他}\end{cases} \tag{5-5}$$

$$\mu\nu_2(x)=\begin{cases}\frac{\nu_1-x}{\nu_1-\nu_2}, & x \in [\nu_1,\nu_2] \\ \frac{x-\nu_3}{\nu_2-\nu_3}, & x \in [\nu_2,\nu_3] \\ 0, & \text{其他}\end{cases} \tag{5-6}$$

$$\mu\nu_3(x)=\begin{cases}\frac{\nu_2-x}{\nu_2-\nu_3}, & x \in [\nu_2,\nu_3] \\ \frac{x-\nu_4}{\nu_3-\nu_4}, & x \in [\nu_3,\nu_4] \\ 0, & \text{其他}\end{cases} \tag{5-7}$$

$$\mu\nu_4(x) = \begin{cases} \dfrac{\nu_3 - x}{\nu_3 - \nu_4}, & x \in [\nu_3, \nu_4] \\ 1, & x \leqslant \nu_4 \\ 0, & \text{其他} \end{cases} \tag{5-8}$$

定性指标可通过小组成员测评，并进行归一化计算测评结果。将所有指标的隶属度向量组合起来，就构成了绩效评价矩阵，运用隶属函数求出每个层次中单因素的模糊评价矩阵，记作 R_{Xi}，从而得到单因素评价向量：

$$D_i = W_{X1} * R_{Xi} \tag{5-9}$$

给出综合评价矩阵为 $R = (D_1, D_2, \cdots, D_i)^T$，由此可以求出综合评价向量为：

$$E = W_X * R \tag{5-10}$$

（7）计算综合评分。

则综合评价分数为：

$$H = E * V \tag{5-11}$$

最后根据等级划分情况，可以得出评价对象等级状况。

5.4 LP 科技案例分析

5.4.1 案例选择依据

选用 LP 科技作为案例公司进行研究主要是基于以下几点原因：

第一，从案例资料的可获得性来看，LP 科技为上市公司，相关新闻和公告较为丰富。此外，通过实地调研可获取一手资料，数据资料来源真实可靠，案例内容也更加丰富。

第二，从行业上看，根据证监会 2012 年发布的《上市公司行业分类指引》，企业所处行业属于制造业。从细分行业来看，公司属于石油化工行业，是国家重点鼓励支持的行业之一，因此选取 LP 科技作为案例公司具有重要意义。

第三，从数字化转型来看，为了更加敏捷地满足外部客户需求的变化，真正体现“以用户为本”的服务理念，LP 科技持续在互联网领域发力，坚持精准定位、数据驱动、质量为上、注重绩效，以打造数字化工厂为核心完成从传统制造企业向数字化企业的深刻转型。

综上所述，选择 LP 科技作为案例企业，可以满足本研究要求。

5.4.2 案例介绍

5.4.2.1 企业简介

2003 年，SLP 科技股份有限公司成立。近年来，一直稳居独立润滑油企业排行榜前列，该公司产品有十一大系列，目前开拓了车用润滑油、车用化学品、工业润滑油等多个市场。LP 科技曾荣获过中国驰名商标、中国杰出营销奖、中国最佳创新企业、最佳环保零配件公司等多项荣誉及称号。

LP 科技作为国内规模领先的汽车环保精细化学品企业，秉承照顾好全球每一辆汽车的企业使命，积极投身于工业 4.0 的创新与变革大潮中。LP 科技坚持创新驱动、智能转型，公司早在 2017 年便启动集团全面数字化转型发展战略。目前，企业已率先建设完成南京新港、天津滨海、南京溧水三个数字化智慧工厂。2017 年，LP 科技积极引入工业 4.0 智造系统，通过 ERP、WMS、各工厂 MES 等系统将工厂数字化、服务数字化融为一体，建立集团一体化总调度平台，实现供应链计划整合。目前 LP 科技的三大数字智能化生产基地已经建成，数字化智能工厂总面积达 700 亩左右，其智能灌装生产线设备均采用全球先进的全自动直线式液体灌装机、全自动旋盖机、自动上盖机等。2020 年数字化智慧运营中心的启用代表着整个集团的营运管理已经进入全面数字化的阶段。智慧运营中心不仅是 LP 科技数字化运营模块、业务改革、系统开发的综合运营平台，也是集团的总计划调度平台，能够对各工厂的设备、供应商进行统一调度和控制，为每张订单、每位客户、每个产品提供更加精准与精细的服务。

5.4.2.2 企业数字化转型背景

5.4.2.2.1 政策背景

2015 年以来，中国已经出台了一系列政策大力支持和推动制造企业数字化转型，初始阶段是以《国家智能制造标准体系建设指南（2015 版）》《关于开展智能制造试点示范 2016 专项行动的通知》《智能制造试点示范 2016 专项行动实施方案》《中国制造 2025》相关政策为典型代表，发展阶段以《智能制造发展规划（2016—2020）》《智能制造工程实施指南（2016—2020）》《高端智能再制造行动计划（2018—2020 年）》以及《2017 年工业转型升级（中国制造 2025）资金（部门预算）项目指南的通知》为典型代表，成熟阶段相关政策则以《关于推动先进制造业和现代服务业深度融合发展的实施意见》《工业互联网发展行动计划（2018—2020 年）》为代表。这一系列数字化转型政策和相关推动措施的出台已经产生了积极的作用和影响，促使制造业进行数字化转型升级。

5.4.2.2.2 行业背景

石油化工行业是制造业重要组成部分，是国防、交通以及各行各业的动力、燃料和能源。石化企业具有产业链长、技术密集度大、关联性高的特点，同时被看作是新能源、新材料、新环保可持续发展的基石，肩负重任。在产业升级的倒推下，润滑油品更新换代周期延长，对润滑油品的需求量呈现稳步下滑。目前润滑油市场面对的挑战是如何提升自身实力，制定长远发展计划，适应市场消费变化。为适应目前日益多变的市场需求，进而对产品生命周期提出了更高的要求，只有对产品版本的不断更迭，才能具备核心竞争力。同样地，技术创新的步伐越发迅速，与之相应的企业生产、服务系统也不断变化，而且这种变化已成为常态。因此还处于大批量生产、大批量消费阶段的经营管理模式必将被快速变化的市场淘汰，满足消费者个性化多样化的需求潜移默化地成为新的服务方式以及表现。在这个个性化标签日益强化的时代，企业除了要注重产品质量，注重自身产品的精益求精，还得注重个性化的包装，提升自身品牌优势，打造亮点营销。如何适应“绿色、节能、经济、环保“的润滑发展理念，如何权衡把握市场环境的消费者理念，如何营销打造品牌理念，弘扬企业文化，在未来的市场，如何进行新能源的运用发展推广，将成为润滑油企业成功的关键。“数字化转型”时代背景下，如何转型成功成为企业在互联网时代脱颖而出的关键，2050 年中国能源转型的节点，强力控碳的政策导向，石化行业将遇到空前的挑战，全石化企业也不会幸免。急需转型，如何转型成为石化行业需要思考的问题。

5.4.2.2.3 公司背景

自 2017 年公司上市以来，公司的产能布局一直在扩大。一方面，需要通过数字化智能工厂的打造加强对各子公司的监管，确保各公司的生产运营情况母公司都能有效控制，且合理调度和整合各项资源。另一方面，通过数字化智能工厂的建设，促进信息化与工业化的有效结合，降低运营成本，提高管理效率，帮助公司建立和增强行业市场竞争优势，最终将“以产品为根、以用户为本”的理念付诸实践，不断满足消费者愈发个性化多样化的需求，带来更好的消费体验，以消费者需求为导向打造润滑油消费新模式，在行业内起到引领和率先示范作用；公司还需要对此涉及的研发、生产、销售等环节进行调整，而数字化智能工厂的建设也是企业满足这一需求的重要举措之一。

5.4.2.3 企业数字化转型路径

2017 年是 LP 科技开始数字化转型的关键节点。2017 年，主要工作是启动研发和生产数字化项目，进行设备采购，设计详细的业务方案，准备基础数据，准备硬件网络系统，升级系统；2018 年，公司重点完成 ERP、DCS 等平台升级建设，同时完成上线试运行，完成 MES 系统开发及相关基础硬件设施采购；2019 年，MES 系统上线，项目验收完成；2020 年 LP 科技将主要精力聚焦在营销环节数字化转型上，基于上述三个环节的数字化转型，运营管控的数字化转型打通各个环节，由此数字化智能工厂建成。以下为具体环节的转型升级。

5.4.2.3.1 研发数字化转型

LP 科技主要从以下四种主要的数字化平台优化研发环节。

第一，综合管理信息平台。该平台最主要的作用是原料数据的获取、产品生产的监控和产品营销数据的反馈，实质上则是一个集成企业信息化数据的应用系统接口。

第二，产品配方辅助设计平台。将建模的方法应用到润滑油配方管理过程当中，形成一个数学模型库，知识库的建立则主要依托于企业生产经验的积累，而后将辅助制造以及计算机辅助设计技术应用到实践，将数据模型数据库与生产经验数据库相结合，形成完整的润滑油配方辅助设计平台，为企业研发人员提供信息辅助设计支持。

第三，指标预测报警系统。该系统在产品研发中可以预测产品理化指标变化的各种可能性，帮助研发人员大大减少实验量和实验经济投资，从而保证产品质量，减少企业理化指标波动造成的经济损失。

第四，智能共性技术筛选系统。管理层可以通过绘制技术图谱来识别各层次技术之间的转移关系，利用聚类分析方法对各种技术图谱进行分析，可以快速有效地识别出共性技术特征。

5.4.2.3.2 生产数字化转型

生产环节数字化转型的创新之处主要体现在以下四个方面。

第一，集散控制系统（DCS）。LP 科技建成了 3 套适合润滑油行业的集散控制系统和 23 条自动灌装生产线，使公司的制造过程数字化、自动化、智能化。

第二，生产制造执行管理系统（MES）。此系统主要是由车间及设备管理、生产实时监视管理、生产计划与调度管理、采购管理、能耗管理以及全面质量管理等组成。其主要的覆盖范围不仅包括从原料到成品的主要生产流程，还包括了一些辅助流程，例如与主流程具有较高相关度的工艺、质量、设备维护等流程。与此同时，相关数据的采集、整理、组织与分析也可以很好地完成，进而帮助企业建立从生产计划到生成指令、执行指令、反馈结果、归档数据的生产环节工作流，保证生产过程的追溯性，总体而言，此系统有助于 LP 科技的生产管理人员监控和管理生产全流程以及确保生产设备的平稳运行。

第三，生产智能管控一体化系统（ERP/MES/DCS）。将 DCS 系统和 MES 系统进行贯通，实现控制及诊断生产过程、整合单元、平衡物料、监视过程、监测环境、计划生产、调度、排产、可以进行离线在线模拟和优化等管理操作。整合企业层和生产管理层之间的所有流程接口，联合 MES 系统和 ERP 系统，即时实现生产优化、对生产过程涉及的技术参数及信息进行记录。而后则是数据中心的搭建，此中心能够连接实时数据库和关系数据库，最终建立起生产智能管控一体化系统。

第四，润滑油个性化定制平台。定制开发“小 U 定制”微信小程序，消费者通过平台车型库的大数据进行润滑油的自动匹配，自主在线设计外包装标签，私人定制个人专属的润滑油产品；设计环节也让客户参与进来，缩短了与用户的距离，创造了行业内新的 C2M 模式，开创了润滑油行业个性化定制的先例；提交的订单自动集成到内部 ERP 和 MES 系统中，通过智能生产设备实现敏捷制造和产品快速交付。

5.4.2.3.3 营销数字化转型

LP 科技主要从以下四个方面重新定义营销。

第一，B2B 电商云平台实现经销商服务升级。该平台为企业提供统一的业务协同平台。其中电商云平台主要针对经销商的关切，例如价格的关切、促销的关切、订单执行的关切、物流的关切等．将接单、拣货、配送、结算等业务与 ERP 系统实现了无缝对接，提升整体的业务处理能力，客户外部业务与企业内部业务实现在业务协同平台统一处理，实现与经销商/客户的完美协同。LP 科技的营销部门对商品的品类建立、商品发布进行集中管理，同时对经销商的网上订单、需求计划、库存余额上报等进行审核、确认。渠道商可以进行在线订货、收货确认、对账、计划上报、库存上报等操作，在线实时的数据共享，实现了随时随地的对账信息查询。全渠道 B2B 电商平台的建设，将经销商的外部业务与企业内部业务的协调一致，信息共享，业务协同更简单、工作效率更高，经销商的满意度也得到提高。

第二，B2C 电商云平台实现全网连接升级。针对天猫、京东等网站进行平台的连接和后续订单的处理，实现销售政策的集成（价格、促销、积分）、库存业务的集成、分拣货策略的集成、物流面单的集成、财务核算的集成、售后服务的集成等等，全面的满足客户对于全网连接电商的需求。

第三，利用智能双二维码模式聚焦客户价值，将销售出库信息与手机端 APP 金牌维修互通互联。维修商、终端客户可通过扫描产品包装上的二维码，进行防码查询，积分奖励、技术交流、活动参与以及润滑油等汽车相关专业知识的学习。后端企业可以通过互联网平台与大数据销售数据，分析用户偏好、月、周、天销量，以便及时做好购产计划，分析潜在用户，及时为用户推送相关产品及促销信息，投放精准广告，为加盟店提供引流集客支持。

第四，移动访销系统提升客情管理水平。企业移动访销系统通过数据接口与 ERP 智能互联，通过访销系统对销售业务进行销售员行为管理、拜访管理，以及客户关系管理、商机管理等，提升销售管理水平，并借助移动互联网，搭建移动访销系统和对渠道、终端数据信息的采集和管理。

5.4.2.3.4 运营管控数字化转型

LP 科技运营管控数字化转型主要体现在信息治理架构上，具体分为以下两点。

第一，信息权限分级治理。LP 科技的信息化权限可以帮助企业更好地实现两级管理，即基层公司与集团分级管理。角色管理、基层公司管理员的管理由集团系统权限管理员负责；基层公司管理员对本公司用户角色、组织权限进行分配，还有员工权限变更，即由工作岗位变动等需要进行权限变更，通过公共办公流程申请，由公司管理员统一维护。在此种治理形式下，可实现权责分立、权限明晰。

第二，多组织供应链体系。LP 科技通过 ERP 实现了多组织协同采购、委托生产、调拨等业务处理，有效支撑企业多组织之间的业务协同，优化组织间效率。通过建设集团内部供应链管理子平台，有效控制及管理 LP 科技的生产、供应、销售环节的物流、信息流、资金流，对 LP 科技内部供应链业务实施全面管理，并实现了与企业的 LIMS 系统对接，使原材料、产品的质量得到有效控制。LP 科技集中采购、分散收货与结算的统采模式优化了采购需求管理流程，通过汇总采购需求将采购的规模效应发挥出来，同时降低采购成本。另外，集团统一定价以及强化物资采购的集中管理控制有助于全集团的价格监控体系能够实时、动态地监管采购价格的执行状况。与此同时，针对企业全集团供应商历史交易记录，搭建先进且实用的模型，科学地评估供应商产品的价格、质量、交期、服务等多个方面。企业多家子公司之间实现组织间受托加工生产，在跨组织间生产进度跟踪、领退料、完工入库等方面实现完整的业务管理。受托组织与接受组织之间成本核算、费用结算等流程高效简洁、数据高度共享。

总的来说，数字化转型加速了 LP 科技的技术创新，重塑了企业价值链。重新分工人与机器后，新的价值创造点由此产生，同时也革新了企业的商业模式。

5.4.3 基于平衡计分卡的模糊综合评价体系的应用

5.4.3.1 绩效评价体系的应用基础

LP 科技运用基于平衡计分卡的模糊综合评价法评价企业经营绩效的首要条件是制定切实可行的战略目标。此方法能够将企业整体战略目标通过平衡计分卡的四个层次实施到具体目标上。从最近的业务情况来看，企业早就具备了数字化转型的思路：以满足消费者需求为长期战略目标，注重将数字技术应用于企业生产经营中的具体业务，创新商业模式，注重协调客户、员工、股东的利益，形成集经济、文化、社会效益于一体的战略体系。基于以上事实，LP 科技当前的战略目标与经营状况完全符合基于平衡计分卡的模糊综合评价体系的构建基础。

5.4.3.2 绩效评价考核指标的选择

LP 科技在制定具体可行的战略目标后，通过选择合适的评价指标建立评价矩阵，利用模糊函数和层次分析法得出综合得分，进而对企业绩效进行分析和总结。在这个过程中，使用基于平衡计分卡的模糊综合绩效评价方法的基础和关键是评价指标的选择，选择合适合理的评价指标直接关系到绩效评价的结果和效果。LP 科技指标的选取采用专家评分方法，每个维度分别从指标范围中选取重要程度排名前四的代表性指标。

5.4.3.3 绩效评价指标体系的应用

（1）建立目标集。

本部分中各级评价指标的选取皆来源于 LP 科技专业管理人员打分，附表 5 – 12 为综合打分表，其最终指标选取结果具体如表 5 –6 所示。

表 5 –6　　LP 科技绩效评价指标目标集

一级指标	二级指标		三级指标	
指标代码	指标代码	指标名称	指标代码	指标名称
A	B_1	财务	C_{11}	净资产收益率
			C_{12}	销售净利率
			C_{13}	成本费用利润率
			C_{14}	每股经营现金流
	B_2	客户	C_{21}	客户满意度
			C_{22}	产品交付速度
			C_{23}	个性化定制水平
			C_{24}	客户交互紧密度
	B_3	内部流程	C_{31}	产品生产周期
			C_{32}	瞬时决策能力
			C_{33}	高端产品占比
			C_{34}	绿色生产能力
	B_4	学习与成长	C_{41}	专利新增量
			C_{42}	员工与数字系统融合度
			C_{43}	数字化覆盖程度
			C_{44}	员工人均培训投入

（2）构造两两对比矩阵。

向 LP 科技的专家介绍评分方法，并要求他们通过比较每两个指标的重要性进行评分，据此得出分数矩阵表，具体如表 5－7 至表 5－11 所示。

表 5－7　　　　二级指标相对重要性打分表

	财务维度	客户维度	内部流程维度	学习与成长维度
财务维度		2	3	4
客户维度			3	5
内部流程维度				2
学习与成长维度				

表 5－8　　　　财务维度指标两两比较

	净资产收益率	成本费用利润率	每股经营现金流	销售净利率
净资产收益率		3	5	2
成本费用利润率			4	1/3
每股经营现金流				1/5
销售净利率				

表 5－9　　　　客户维度指标两两比较

	客户满意度	客户交互紧密	产品交付速度	个性化定制水平
客户满意度		5	2	3
客户交互紧密度			1/5	1/5
产品交付速度				2
个性化定制水平				

表 5－10　　　　内部流程维度指标两两比较

	绿色生产能力	高端产品占比	瞬时决策能力	产品生命周期
绿色生产能力		2	1/5	1/3
高端产品占比			1/5	1/3
瞬时决策能力				2
产品生命周期				

表 5－11　　　　学习与成长维度指标两两比较

	专利新增数量	数字化覆盖率	员工与数字系统融合度	员工人均培训投入
专利新增数量		2	5	6
员工与数字系统融合度			7	4
数字化覆盖程度				1/3
员工人均培训投入				

（3）计算各个评价指标具体权重。

首先求出每个评价指标的最大特征值、特征向量及其对上一层级影响因素的权重，构造对比矩阵，然后计算特征向量和最大特征值，最后通过归一化处理计算出本层级相对于上一层级影响程度的权重。

由以上各层级打分矩阵，可得出以下子矩阵：

$$A=\begin{bmatrix} B_1/B_1 & B_1/B_2 & B_1/B_3 & B_1/B_4 \\ B_2/B_1 & B_2/B_2 & B_2/B_3 & B_2/B_4 \\ B_3/B_1 & B_3/B_2 & B_3/B_3 & B_3/B_4 \\ B_4/B_1 & B_4/B_2 & B_4/B_3 & B_4/B_4 \end{bmatrix}=\begin{bmatrix} 1 & 2 & 3 & 4 \\ 1/2 & 1 & 3 & 5 \\ 1/3 & 1/3 & 1 & 2 \\ 1/4 & 1/5 & 1/2 & 1 \end{bmatrix}$$

$$B_1=\begin{bmatrix} C_{11}/C_{11} & C_{11}/C_{12} & C_{11}/C_{13} & C_{11}/C_{14} \\ C_{12}/C_{11} & C_{12}/C_{12} & C_{12}/C_{13} & C_{12}/C_{14} \\ C_{13}/C_{11} & C_{13}/C_{12} & C_{13}/C_{13} & C_{13}/C_{14} \\ C_{14}/C_{11} & C_{14}/C_{12} & C_{14}/C_{13} & C_{14}/C_{14} \end{bmatrix}=\begin{bmatrix} 1 & 3 & 5 & 2 \\ 1/3 & 1 & 3 & 5 \\ 1/5 & 1/3 & 1 & 2 \\ 1/2 & 1/5 & 1/2 & 1 \end{bmatrix}$$

$$B_2=\begin{bmatrix} C_{21}/C_{21} & C_{21}/C_{22} & C_{21}/C_{23} & C_{21}/C_{24} \\ C_{22}/C_{21} & C_{22}/C_{22} & C_{22}/C_{23} & C_{22}/C_{24} \\ C_{23}/C_{21} & C_{23}/C_{22} & C_{23}/C_{23} & C_{23}/C_{24} \\ C_{24}/C_{21} & C_{24}/C_{22} & C_{24}/C_{23} & C_{24}/C_{24} \end{bmatrix}=\begin{bmatrix} 1 & 5 & 2 & 3 \\ 5 & 1 & 1/5 & 1/5 \\ 2 & 5 & 1 & 2 \\ 1/3 & 5 & 1/2 & 1 \end{bmatrix}$$

$$B_3=\begin{bmatrix} C_{31}/C_{31} & C_{31}/C_{32} & C_{31}/C_{33} & C_{31}/C_{34} \\ C_{32}/C_{31} & C_{32}/C_{32} & C_{32}/C_{33} & C_{32}/C_{34} \\ C_{33}/C_{31} & C_{33}/C_{32} & C_{33}/C_{33} & C_{33}/C_{34} \\ C_{34}/C_{31} & C_{34}/C_{32} & C_{34}/C_{33} & C_{34}/C_{34} \end{bmatrix}=\begin{bmatrix} 1 & 2 & 1/5 & 1/3 \\ 1/2 & 1 & 1/5 & 1/3 \\ 5 & 5 & 1 & 2 \\ 3 & 3 & 1/2 & 1 \end{bmatrix}$$

$$B_4=\begin{bmatrix} C_{31}/C_{31} & C_{31}/C_{32} & C_{31}/C_{33} & C_{31}/C_{34} \\ C_{32}/C_{31} & C_{32}/C_{32} & C_{32}/C_{33} & C_{32}/C_{34} \\ C_{33}/C_{31} & C_{33}/C_{32} & C_{33}/C_{33} & C_{33}/C_{34} \\ C_{34}/C_{31} & C_{34}/C_{32} & C_{34}/C_{33} & C_{34}/C_{34} \end{bmatrix}=\begin{bmatrix} 1 & 2 & 5 & 6 \\ 1/2 & 1 & 7 & 4 \\ 1/5 & 1/7 & 1 & 1/3 \\ 1/6 & 1/4 & 3 & 1 \end{bmatrix}$$

其中计算特征值及特征向量的详细方法如下，考虑到本节篇幅，仅以第二级指标对第一级指标相对权重为例体现计算过程。以此类推，按照此方法可以求出其他级数特征向量。

已知：

$$A=\begin{bmatrix} B_1/B_1 & B_1/B_2 & B_1/B_3 & B_1/B_4 \\ B_2/B_1 & B_2/B_2 & B_2/B_3 & B_2/B_4 \\ B_3/B_1 & B_3/B_2 & B_3/B_3 & B_3/B_4 \\ B_4/B_1 & B_4/B_2 & B_4/B_3 & B_4/B_4 \end{bmatrix}=\begin{bmatrix} 1 & 2 & 3 & 4 \\ 1/2 & 1 & 3 & 5 \\ 1/3 & 1/3 & 1 & 2 \\ 1/4 & 1/5 & 1/2 & 1 \end{bmatrix}$$

解得：

A	B_1	B_2	B_3	B_4
B_1	1	2	3	4
B_2	1/2	1	3	5
B_2	1/3	1/3	1	2
B_4	1/4	1/5	1/2	2
合计	2.08	3.53	7.50	13.00

$$W_1=\left(\frac{1}{2.08}+\frac{2}{3.53}+\frac{3}{7.05}+\frac{4}{13.00}\right)/4=0.4448$$

$$W_2=\left(\frac{0.5}{2.08}+\frac{1}{3.53}+\frac{3}{7.05}+\frac{5}{13.00}\right)/4=0.3349$$

$$W_3=\left(\frac{0.33}{2.08}+\frac{0.33}{3.53}+\frac{1}{7.05}+\frac{2}{13.00}\right)/4=0.1386$$

$$W_4=\left(\frac{0.25}{2.08}+\frac{0.20}{3.53}+\frac{0.50}{7.05}+\frac{2}{13.00}\right)/4=0.0817$$

又已知：

$$\lambda_{max}=\frac{1}{n}\sum_{i=1}^{n}\frac{(AW_i)}{W_i} \qquad (5-12)$$

其中，

$$AW=\begin{bmatrix} 1 & 2 & 3 & 4 \\ 1/2 & 1 & 3 & 5 \\ 1/3 & 1/3 & 1 & 2 \\ 1/4 & 1/5 & 1/2 & 1 \end{bmatrix}*\begin{bmatrix} 0.4448 \\ 0.3349 \\ 0.1386 \\ 0.0817 \end{bmatrix}$$

求得：

$$\lambda_{max}=4.0960$$

再将 $n=4$ 代入得：

$$C.I.=\frac{1}{n-1}\cdot(\lambda_{max}-n)=\frac{1}{4-1}\cdot(4.0960-4)=0.0320$$

当 $n=4$，$R.I.=0.89$，求得：

$$C.R. = C.I./R.I. = 0.0320/0.89 = 0.0360$$

同理，按照上述方法皆可求出第三级指标相对上级指标相对权重，在此不一一说明计算过程，列表得出：

表5-12　　*B*级对*A*级指标权重及特征值表

A	B_1	B_2	B_3	B_4	权重	最大特征值
B_1	1	2	3	4	0.4448	λ_{max} = 4.0960
B_2	1/2	1	3	5	0.3349	
B_2	1/3	1/3	1	2	0.1386	
B_4	1/4	1/5	1/2	2	0.0817	
合计	2.08	3.53	7.50	13.00	—	—

表5-13　　*C*级对B_1级指标权重及特征值表

B_1	C_{11}	C_{12}	C_{13}	C_{14}	权重	最大特征值
C_{11}	1	3	5	2	0.4474	λ_{max} = 4.1600
C_{12}	1/3	1	4	1/3	0.1618	
C_{13}	1/5	1/4	1	1/6	0.0607	
C_{14}	1/2	3	6	1	0.3301	
合计	2.03	7.25	16.00	3.50	—	—

表5-14　　*C*级对B_2级指标权重及特征值表

B_2	C_{21}	C_{22}	C_{23}	C_{24}	权重	最大特征值
C_{21}	1	5	2	3	0.4572	λ_{max} = 4.1456
C_{22}	1/5	1	4	1/5	0.0618	
C_{23}	1/2	5	1	2	0.2878	
C_{24}	1/3	3	1/2	1	0.1932	
合计	2.03	14.00	7.50	6.20	—	—

表5-15　　*C*级对B_3指标权重及特征值表

B_3	C_{31}	C_{32}	C_{33}	C_{34}	权重	最大特征值
C_{31}	1	2	1/5	1/3	0.1208	λ_{max} = 4.0657
C_{32}	1/2	1	1/5	1/3	0.0849	
C_{33}	5	5	1	2	0.5132	
C_{34}	3	3	1/2	1	0.2811	
合计	9.50	11.00	1.90	3.67	—	—

表 5－16　　C 级对 B_4 级指标权重及特征值表

B_4	C_{41}	C_{42}	C_{43}	C_{44}	权重	最大特征值
C_{41}	1	2	5	6	0.4918	$\lambda_{max}=4.2013$
C_{42}	1/2	1	7	4	0.3383	
C_{43}	1/5	1/7	1	1/3	0.0603	
C_{44}	1/6	1/4	3	1	0.1097	
合计	1.87	3.39	16.00	11.33	—	—

（4）一致性检验。

一方面人们在认知上存在差别，另一方面客观事物具有一定的复杂性，这就使得专家们的评价有可能是片面的。基于此，检验上述形成的矩阵的一致性和随机性是重要和必要的。

由上文公式可得出：

$$A\quad C.I.=\frac{1}{n-1}\cdot(\lambda_{max}-n)=\frac{1}{4-1}\cdot(4.0960-4)=0.0320$$

$$C.R.=C.I./R.I.=0.0320/0.89=0.0360<0.1$$

$$B_1\quad C.I.=\frac{1}{n-1}\cdot(\lambda_{max}-n)=\frac{1}{4-1}\cdot(4.1600-4)=0.0533$$

$$C.R.=C.I./R.I.=0.0533/0.89=0.0599<0.1$$

$$B_2\quad C.I.=\frac{1}{n-1}\cdot(\lambda_{max}-n)=\frac{1}{4-1}\cdot(4.1456-4)=0.0485$$

$$C.R.=C.I./R.I.=0.0485/0.89=0.0545<0.1$$

$$B_3\quad C.I.=\frac{1}{n-1}\cdot(\lambda_{max}-n)=\frac{1}{4-1}\cdot(4.0657-4)=0.0219$$

$$C.R.=C.I./R.I.=0.0219/0.89=0.0246<0.1$$

$$B_4\quad C.I.=\frac{1}{n-1}\cdot(\lambda_{max}-n)=\frac{1}{4-1}\cdot(4.2013-4)=0.0671$$

$$C.R.=C.I./R.I.=0.0320/0.89=0.0754<0.1$$

总体来看，由于以上各绩效评价指标权重均小于0.1，符合一致性检验标准，因此评分分析过程可以应用于实践。

（5）确定指标权重向量。

根据以上数据可确定出综合集合以及各个子集合的权重向量，即可得出：

$$W_A=\begin{bmatrix}0.4448\\0.3349\\0.1386\\0.0817\end{bmatrix}\quad W_{B_1}=\begin{bmatrix}0.4474\\0.1618\\0.0607\\0.0301\end{bmatrix}\quad W_{B_2}=\begin{bmatrix}0.4572\\0.0618\\0.2878\\0.1932\end{bmatrix}\quad W_{B_3}=\begin{bmatrix}0.1208\\0.0849\\0.5132\\0.2811\end{bmatrix}$$

$$W_{B_5}=\begin{bmatrix}0.4918\\0.3383\\0.0603\\0.1097\end{bmatrix}$$

（6）建立模糊综合评价矩阵向量。

本部分详细给出 2016 年综合评价计算过程。将定量指标隶属度函数的确定是第一步，然后计算各三级指标的隶属度向量，具体结果如表 5 – 17 所示，为节省篇幅，下面只给出净资产收益率隶属度向量计算事例。

设最优值为$\nu_1=20$，最劣值为$\nu_4=0$，指标值为 $x=14.9$，将区间 $[\nu_1，\nu_4]$ 加入两个点ν_2、ν_3进行等分，令 $\nu_2=20-\frac{20-0}{3}=13.33$，$\nu_3=0+\frac{20-0}{3}=6.67$，$x=14.9$ 介于 (13.33,20) 之间，则：

$$\mu\nu_1(x)=\frac{x-\nu_2}{\nu_1-\nu_2}=\frac{14.9-13.33}{20-13.33}=0.235$$

$$\mu\nu_2(x)=\frac{\nu_1-x}{\nu_1-\nu_2}=\frac{20-14.9}{20-13.33}=0.765$$

净资产收益率的隶属度向量 =（0.235　0.765　0　0）。

表 5 – 17　　三级指标中定量指标隶属度向量

三级指标	优秀	良好	一般	差
净资产收益率	0.2350	0.7650	0	0
销售净利率	0	0.1357	0.8643	0
成本费用利润率	0	0	0.2364	0.7636
每股经营现金流	0	0.6983	0.3017	0
客户满意度	0	0.6406	0.3594	0
专利新增数量	0	0	0.0392	0.9608
高端产品占比	0	0	0.2068	0.7932
员工人均培训投入	0	0.5378	0.46213	0

通过专家对各个指标的评价，结合隶属度理论，确定各个单因素模糊评价矩阵 R_{Xi}，从而得到单因素评价向量 $D_i=W_{X1}*R_{Xi}$。构建如下矩阵向量：

$$R_{B_1}=\begin{bmatrix}0.2350 & 0.7650 & 0.0000 & 0.0000\\0.0000 & 0.1357 & 0.8643 & 0.0000\\0.0000 & 0.0000 & 0.2364 & 0.7636\\0.0000 & 0.6983 & 0.3017 & 0.0000\end{bmatrix}$$

$$R_{B_2} = \begin{bmatrix} 0.0000 & 0.6406 & 0.3594 & 0.0000 \\ 0.0000 & 0.2500 & 0.7500 & 0.0000 \\ 0.0000 & 0.0000 & 0.0000 & 1.0000 \\ 0.0000 & 0.2000 & 0.8000 & 0.0000 \end{bmatrix}$$

$$R_{B_3} = \begin{bmatrix} 0.0000 & 0.1000 & 0.2500 & 0.6500 \\ 0.0000 & 0.0000 & 0.2000 & 0.8000 \\ 0.0000 & 0.0000 & 0.2068 & 0.7932 \\ 0.0000 & 0.2000 & 0.5000 & 0.3000 \end{bmatrix}$$

$$R_{B_4} = \begin{bmatrix} 0.0000 & 0.0000 & 0.0392 & 0.9608 \\ 0.0000 & 0.0000 & 0.1500 & 0.8500 \\ 0.0000 & 0.0000 & 0.2000 & 0.8000 \\ 0.0000 & 0.5378 & 0.4622 & 0.0000 \end{bmatrix}$$

$$D_{B_1} = W_{B_1} * R_{B_1} = \begin{bmatrix} 0.1051 \\ 0.4294 \\ 0.3419 \\ 0.1236 \end{bmatrix} \quad D_{B_2} = W_{B_2} * R_{B_2} = \begin{bmatrix} 0.0000 \\ 0.3772 \\ 0.4296 \\ 0.1932 \end{bmatrix}$$

$$D_{B_3} = W_{B_3} * R_{B_3} = \begin{bmatrix} 0.0000 \\ 0.0755 \\ 0.2625 \\ 0.6620 \end{bmatrix} \quad D_{B_4} = W_{B_4} * R_{B_4} = \begin{bmatrix} 0.0000 \\ 0.0434 \\ 0.1198 \\ 0.8476 \end{bmatrix}$$

又已知综合评价矩阵 $R = (D_1, D_2, \cdots, D_i)^T$，所以有 $R_A = (D_{B_1}, D_{B_2}, D_{B_3}, D_{B_4})^T$

因此，可得综合评价向量：

$$E = W_A * R_A = \begin{bmatrix} 0.4448 \\ 0.3349 \\ 0.1386 \\ 0.0817 \end{bmatrix} * R_A = [0.0468 \quad 0.3313 \quad 0.3421 \quad 0.2807]$$

（7）计算综合评价评分。

因此，LP 科技在 2016 年的模糊综合评分为：

$H = E \times FT = (0.0468 \times 95 + 0.3313 \times 85 + 0.3421 \times 70 + 0.2807 \times 30) = 64.97$

采用上述方法可得到 LP 科技 2016—2020 年的绩效综合评分，具体如图 5－4 所示。

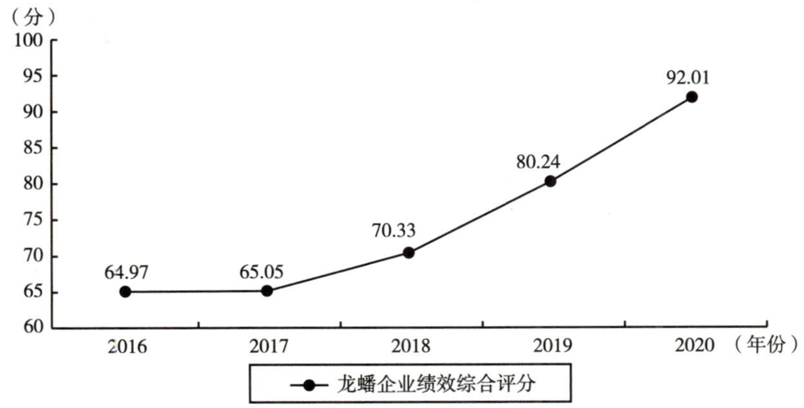

图 5-4　LP 科技 2016—2020 年绩效综合评分变化趋势

5.4.4　绩效评价分析

首先，就整体而言，LP 科技的绩效整体呈上升趋势，这恰恰说明了 LP 科技数字化转型通过对企业的全息重建帮助企业实现了价值创造。

其次，进一步的分析，2016 年为数字化转型升级前，属于典型的传统制造企业，因此得分最低。2017—2018 年得分增长较为缓慢，主要原因是此阶段为数字化转型的初始阶段。初始建设涉及的系统种类和范围过多，导致了一方面初始投资成本和建设成本的过大，为了取得大量资金，大量举债，企业的资金成本过高，财务费用增长幅度较高，同时，管理费用等相关费用也不断上升，对公司的现金流和经营状况产生了一定的影响。另一方面，由于涉及系统过多，而且数字化智能工厂仅处于试点阶段，企业的各个系统的功能还不够全面和完善。虽然大大提高了其生产能力、仓储能力、接单生产速度等多方面的流程效率，但仍然停留在较为浅薄的层面上，还没有上升到更加深入的层面，比如进行更加全方面、全系统的实时跟进和控制。此外，由于智能工厂的新颖性、复杂性和智能化程度较高的特点，造成了相关人员对其并不能很好地熟练操作，简单地说，就是人员和系统之间的融合程度和关联程度没有达到很好的水平，还有很大的提高空间。

最后，2019 年为研发和生产环节的完善阶段，初始阶段的问题得到改善，此年度的绩效得分得到较大幅度的提升，然而营销和管控还存在较大的改善空间，于是 2020 年企业着重在营销和运营管控方面数字化转型升级，重点实现企业与客户、企业价值链各个环节的紧密交互，从而形成紧密联系的价值网。由于 2020 年为 LP 科技整体数字化转型升级的收尾时刻，协同效应的价值凸显，得分增长最为陡峭。

5.5 结论与展望

5.5.1 研究结论

本研究主要结论如下：

第一，制造企业数字化转型的本质是组织商业模式的变革，而非单一的运用数字化技术或者是建立数字化平台。只有将数字化技术下沉到制造企业具体价值活动中并与业务达到深度融合才能够被称为数字化转型。

第二，制造企业价值链上研发环节、生产环节、营销环节以及整体的运营管控的数字化转型能够成为企业创造价值的路径。

第三，选取具有数字化转型特色的评价指标并采用基于平衡计分卡的模糊综合评价体系方法更适用于数字化转型制造企业对企业整体进行绩效评价。本研究在案例分析部分应用该绩效评价体系评价了 LP 科技绩效，总体来看，其 2016—2020 年绩效综合得分呈先缓慢上升到快速上升趋势。

5.5.2 研究建议

5.5.2.1 制造企业数字化转型方面

制造企业要想通过数字化转型实现价值创造，需要注意以下几点：第一，数字化转型应当将数字化技术下沉到制造企业具体价值活动，实现商业模式的颠覆。企业应避免单一地运用数字化技术或者是建立数字化平台，与企业实际业务相分离，还要注重企业人员与系统的交互融合以实现企业的高效运营。另外，还要做好长期战略发展目标，做好产品转型，满足客户多样化需求，以客户为中心，提升用户体验；第二，数字化转型的投入应循序渐进。数字化平台的自建将投入大额的费用，且专业人员要求极高，构建时间较长。无论是投资成本，还是人员配置，以及时间投资，都让很多企业望洋兴叹。企业应结合自身实际情况，从研发环节、生产环节、营销环节以及整体的运营管控由点及线到面逐步展开投入。

5.5.2.2 绩效评价方面

制造企业要想构建有助于自身可持续发展的绩效评价体系，需要注意以下几点：第一，企业在选取指标方面应当与时俱进，结合当前数字化转型的时代背景并与自身战略目标紧密结合；第二，将定性评价指标定量化有助于为管理者提供更加清晰直观的绩效信息，方便调整经营管理手段，从而实现战略目标；第三，企业应具备能够进行横向与纵向沟通的信息协调机制。当企业接收到客户反馈后能即时将其传递到生产以及研发部门，从而达到有的放矢、量体裁衣的效果；第四，构建绩效评价体系需要企业组建一支优秀的评价小组。其需要在管理思维上与时俱进、敏锐灵活，在实践操作上经验丰富、在理论掌握上专业严谨。

5.5.3 不足之处

虽然平衡计分卡与模糊综合评价相结合的方法既能定量又能定性地对企业绩效进行评价，但是这种方法存在执行困难的弊端。

对于一些偏好评价短期经营成果的企业来说，该方法并不能成为企业管理决策者的选择，主要是因为平衡计分卡适用于那些追求长期利益的企业，它并不能够做到在短时间内向管理者提供相关指标数据；第二，该方法的运用对企业内部评分人员的严谨性及专业性都提出了较高的要求。在选取指标、确定权重和构建矩阵方面，平衡计分卡并没有一个统一且可遵循的评价标准，都是依靠评分人员的主观判断，那么出现主观偏向的情况在所难免。相应地，总体评价结果也会受到影响；第三，如果企业不具备健全的信息处理系统，也没有数字化转型战略规划，该方法同样难以使用，主要因为我国不少制造企业的内控管理并不规范，也无法实现横向纵向的有效沟通。

5.5.4 研究展望

本研究只是针对制造企业数字化转型及采用符合时代发展的绩效评价方法展开相关研究。然而这种转型的理念以及将平衡计分卡和模糊综合评价相结合的方法，其使用范围不仅局限于制造企业，还可以应用到建筑业、服务业以及其他行业。换句话说，企业的数字化转型和绩效评价体系的构建不只是针对某一个行业，就数字化转型而言，其他企业可以参考制造企业价值链条上各环节转型理念，就绩效评价方面来讲，只要具备相应的基础和条件就可以执行应用。然而以上两方面的运用都要求企业管理者能够对企业自身的优势和不足有清醒的认知，从而能够从自身经营管理的实际情况出发，制定企业战略目标，选取评价指标，构建模糊评价矩阵，帮助企业可持续发展。

参考文献

[1] 包耀东．基于DEA的物流企业绩效分析实证研究［J］．物流技术，2012，31(07)：35-37+90.

[2] 陈波，梁彤缨．数据包络方法评价企业绩效的有效性研究［J］．统计与信息论坛，2014，29（04）：100-106. 术，2012，31（07）：35-37+90.

[3] 陈畴镛，许敬涵．制造企业数字化转型能力评价体系及应用［J］．科技管理研究，2020，40（11）：46-51.

[4] 曹炳汝，樊颜青．基于DEA与主成分分析的绿色农产品供应链绩效评价研究［J］．科技管理研究，2017，37（06）：72-77.

[5] 戴亦舒，晏梦灵，董小英．数字化创新中企业对政策关注与绩效关系研究［J］．科学学研究，2020，38（11）：2068-2076.

[6] 丁声一，谢思淼，刘晓光．英国《数字经济战略（2015—2018)》述评及启示［J］．电子政务，2016（04）：91-97.

[7] 裴正兵．基于"顾客价值"的盈利模式理论结构体系探讨［J］．财会通讯，2015（05）：62-64.

[8] 方振邦，王国良．基于平衡计分卡的绩效评价体系——以某合资制造类企业为例［J］．中国人力资源开发，2005（05）：64-68.

[9] 冯雪彬，张建英．基于主成分分析法对农牧板块的上市公司财务绩效评价研究［J］．饲料研究，2020，43（11）：116-120.

[10] 高山行，刘嘉慧．人工智能对企业管理理论的冲击及应对［J］．科学学究，2018，36（11）：2004-2010.

[11] 高建来，郭超义．互联网商业模式价值创造驱动因素研究［J］．科技进步与对策，2016，33（24）：31-36.

[12] 韩晶，孙雅雯，陈曦．后疫情时代中国数字经济发展的路径解析［J］．经济社会体制较，2020（05）：16-24.

[13] 何帆，刘红霞．数字经济视角下实体企业数字化变革的业绩提升效应评估［J］．改革，2019（04）：137-148.

[14] 胡青．企业数字化转型的机制与绩效 [J]．浙江学刊，2020 (02)：146-154.

[15] 侯光文，郝添磊．企业经营绩效评价指标建构与实证 [J]．统计与决策，2015 (16)：169-171.

[16] 荆浩，刘垭，徐娴英．数字化使能的商业模式转型：一个制造企业的案例研究 [J]．科技进步与对策，2017，34 (03)：93-97.

[17] 蒋琰，茅宁．多元资本网络：理论框架的构建 [J]．会计研究，2011 (02)：45-51+96.

[18] 贾薇，张明立，王宝．服务业中顾客参与对顾客价值创造影响的实证研究 [J]．管理评论，2011，23 (05)：61-69+88.

[19] 焦瑞．基于模糊综合评价法的绿色供应链中环境管理绩效研究 [J]．西南师范大学学报（自然科学版），2020，45 (09)：71-77.

[20] 孔军华，冯艳．构建中国企业绩效评价系统 [J]．商场现代化，2006 (11)：69.

[21] 柯健，李超．企业信息化绩效评价模型研究 [J]．情报杂志，2007 (10)：30-32+35.

[22] 凌艳平．无形资产在企业价值创造中的影响及量化分析 [J]．会计之友（中旬刊），2010 (04)：20-21.

[23] 李辉．数字经济推动企业向高质量发展的转型 [J]．西安财经学院学报，2020，33 (02)：25-29.

[24] 李连燕，张东廷．高新技术企业智力资本价值创造效率的影响因素分析——基于研发投入、行业竞争与内部现金流的角度 [J]．数量经济技术经济研究，2017，34 (05)：55-71.

[25] 李晓平．公司EVA现状及EVA驱动因素分析 [J]．经济研究导刊，2016 (24)：20-21.

[26] 吕文栋，刘巍，何威风．管理者异质性与企业风险承担 [J]．中国软科学，2015 (12)：120-133.

[27] 吕铁．传统产业数字化转型的趋向与路径 [J]．人民论坛·学术前沿，2019 (18)：13-19.

[28] 罗仲伟，陆可晶．转危为机：运用数字技术加速中小企业群体性转型升级 [J]．价格理论与实践，2020 (06)：10-16+36.

[29] 林祥友，宋浩．基于EVA的杜邦财务分析体系重构 [J]．财会月刊，2007 (34)：31-32.

[30] 孟凡生，赵刚．传统制造向智能制造发展影响因素研究［J］．科技进步与对策，2018，35（1）：66－72．

[31] 茅宁．无形资产在企业价值创造中的作用与机理分析［J］．外国经济与管理，2001（07）：2－8．

[32] 卜庆娟，金永生，李朝辉．互动一定创造价值吗？——顾客价值共创互动行为对顾客价值的影响［J］．外国经济与管理，2016，38（09）：21－37＋50．

[33] 戚聿东，蔡呈伟．数字化对制造业企业绩效的多重影响及其机理研究［J］．学习与探索，2020（07）：108－119．

[34] 沙秀娟，王满，钟芳，叶香君，王艺璇．价值链视角下的管理会计工具重要性研究——基于中国企业的问卷调查与分析［J］．会计研究，2017（04）：66－72＋96．

[35] 孙光臻．构建EVA视角下的企业全面预算管理［J］．企业改革与管理，2016（17）：35＋58．

[36] 孙德升，刘峰，陈志．中国制造业转型升级与新微笑曲线理论［J］．科技进步与对策，2017，34（15）：49－54．

[37] 王华．油气企业数字化转型需求与实践［J］．计算机与应用化学，2018，35（01）：80－86．

[38] 王吉斌，彭盾．互联网＋：传统企业的自我颠覆、组织重构、管理进化与互联网转型［M］．北京：机械工业出版社，2015．

[39] 王德辉，吴子昂．数字经济促进我国制造业转型升级的机制与对策研究［J］．长白刊，2020（06）：92－99．

[40] 王才．数字化转型对企业创新绩效的作用机制研究［J/OL］．当代经济管理：1－12［2020－11－26］．http：//kns. cnki. net/kcms/detail/13. 1356. F. 20201028. 1101. 002. html．

[41] 王清刚，徐欣宇．企业社会责任的价值创造机理及实证检验——基于利益相关者理论和生命周期理论［J］．中国软科学，2016（02）：179－192．

[42] 王成东，徐建中．GVC嵌入、无形资产要素与装备制造企业价值创造效率［J］．科技进步与对策，2019，36（11）：92－99．

[43] 王慧明．基于财务分析的我国环保产业上市公司综合绩效评价研究［J］．开发研究，2014（06）：103－106．

[44] 王铁男，李一军，刘娇．基于BSC的企业信息化绩效评价应用研究［J］．中国软科学，2006（04）：136－147＋155．

[45] 王瑞，董明，侯文皓．制造型企业数字化成熟度评价模型及方法研究［J］．科技管理研究，2019，39（19）：57－64．

[46] 王丹琦．大规模定制反转微笑曲线［J］．企业管理，2017（12）：30.

[47] 汪榜江，徐慧娥，郑巨坤．基于CSR与BSC整合的制造企业绩效评价指标体系构建［J］．财会月刊，2016（33）：104－108.

[48] 吴晓云，张欣妍．企业能力、技术创新和价值网络合作创新与企业绩效［J］．管理科学，2015，28（06）：12－26.

[49] 肖旭，戚聿东．产业数字化转型的价值维度与理论逻辑［J］．改革，2019（08）：61－70.

[50] 徐沛勣，张泓波．基于修正业绩评价体系的我国家电制造企业绩效评价［J］．商业时代，2014（22）：92－94.

[51] 张小峰．"自组织"——移动互联时代企业管理方式变革新举措［J］．中国人力资源开发，2015（08）：15－18.

[52] 杨柳，张友棠．企业价值创造会计指数研究——基于利益相关者视角［J］．财会月刊，2016（22）：16－19.

[53] 杨文超，孟庆华．基于AHP的企业绩效评价指标体系研究——平衡计分卡模型［J］．会计之友，2014（34）：14－17.

[54] 杨红英．基于平衡计分卡的国有企业综合绩效评价体系探析［J］．企业经济，2014（02）：5－9.

[55] 赵振．"互联网＋"跨界经营：创造性破坏视角［J］．中国工业经济，2015（10）：146－160.

[56] 赵雅萍，吴丰林．基于顾客价值的服务业顾客满意驱动模型研究——以北京市经济型饭店为例［J］．当代经济管理，2013，35（09）：29－35.

[57] 赵晋琳，袁帅．创业板公司绩效的模糊综合评价［J］．统计与决策，2019，35（12）：181－184.

[58] 钟慧澜．技术融合、网络赋权与组织变革：走向多中心的公司治理——第四次工业革命的启示［J］．沿海企业与科技，2017（01）：3－4＋8.

[59] 钟振东，唐守廉，Pierre Vialle. 基于服务主导逻辑的价值共创研究［J］．软科学，2014，28（01）：31－35.

[60] 郑瑛琨．经济高质量发展视角下先进制造业数字化赋能研究［J］．理论探讨，2020（06）：134－137.

[61] 郑夕玉．互联网时代我国数字经济发展策略研究——基于美国和欧盟发展经验的启示［J］．西南金融，2019（12）：53－60.

[62] 郑健壮，朱婷婷，郑雯好．价值链曲线真的是"微笑曲线"吗？——基于7个

制造业细分行业的实证研究［J］. 经济与管理研究，2018，39（05）：61－68.

［63］周青，王燕灵，杨伟. 数字化水平对创新绩效影响的实证研究——基于浙江省73个县（区、市）的面板数据［J］. 科研管理，2020，41（07）：120－129.

［64］朱勤，孙元，周立勇. 平台赋能、价值共创与企业绩效的关系研究［J］. 科学学研究，2019，37（11）：2026－2033＋2043.

［65］曾繁荣，李晋杰. 新能源企业价值创造的EVA评价有效性研究［J］. 会计之友，2016（16）：45－47.

［66］彼得·海因斯，理查德·拉明等. 价值流管理——供应链战略与优化［M］. 经济管理出版社，2009.

［67］Ahmed B，Digital F，Digital Transformation［M］. Switzerland：Springer International Publishing Switzerland. 2016：20－21.

［68］Adrien Chia，Mark Goh，Sin－Hoon Hum. Performance measurement in supply chain entities：balanced scorecard perspective［J］. Benchmarking：An International Journal，2009，16（5）.

［69］Büchi G.. Economies of Scale and Network Economies in Industry 4.0. Theoretical Analysis and Future Dirctions of Research［J］. Symphonya，2018，44（3）：66－76.

［70］Christian Lerch，Matthias Gotsch. Digitalized Product－Service Systems in Manufacturing Firms：A Case Study Analysis［J］. Research－Technology Management，2015，58（5）.

［71］Chan K. W.，Yim C. K.（Bennett），Lam S. S. K. Is Customer Participation in Value Creation a Double－Edged Sword? Evidence from Professional Financial Services across Cultures［J］. Journal of Marketing，2010，74（5）：48－64.

［72］Chia－Chi Sun. A performance evaluation model by integrating fuzzy AHP and fuzzy TOPSIS methods［J］. Expert Systems With Applications，2010，37（12）.

［73］Fang Eric（Er）. Customer Participation and the Trade－Off between New Product Innovativeness and Speed to Market［J］. National Marketing Review，2008，72（4）：90－104.

［74］Gimpel H，Rau D，Roglinger M. Understanding Fin Tech start－ups－a taxonomy of Consumer－oriented service offerings［J］. Electronic Markets，2017（4）：1－20.

［75］Miao Cui，Shan L. Pan. Developing focal capabilities for e－commerce adoption：A resource orchestration perspective［J］. Information & Management，2015，52（2）.

［76］Michael Porter. CompetitiveAdvantage［M］. New York：Free Press，1985.

［77］Probir Kumar Banerjee，Louis C. Ma. Routinisation of B2B E－commerce by small firms：A process perspective［J］. Information Systems Frontiers，2012，14（5）.

［78］ Rialti R. . Big Data Analytics Capabilities and Performance：Evidence from a Moderate Multi – mediation Model ［J］. Technological Forecasting and Social Change，2019，149（12）：1 – 10.

［79］ Saul J. Berman. Digital transformation：opportunities to create new business models ［J］. Strategy & Leadership，2012，40（2）.

附录　关于选取影响企业绩效评价指标的调查表

尊敬的女士/先生：

为了构建本企业绩效评价指标体系，现诚挚邀请财务人员 4 人，管理人员 4 人，研发人员 4 人，销售人员 4 人，生产人员 4 人组成专家小组参与本次指标选取过程，请各位小组成员本着客观、认真的态度填写本次的调查表，谢谢您的参与与配合。

填表说明：本次将采用德尔菲法进行打分，首先由各个部门的专家根据自身经验分别对平衡计分卡中四个维度的指标按照影响程度大小进行多轮打分，直至达成一致意见；其次采用成对比较矩阵的方法对各指标进行赋值，从而形成成对比较矩阵。

附表 5－1　　1—10 重要程度对应表

分数	指标重要程度
10	非常重要
8	比较重要
6	一般重要
4	不重要
2	非常不重要
9，7，5，3，1	两相邻判断的中间值

附表 5－2　　财务维度影响企业绩效的指标

指标名称	影响程度
净资产收益率	
营业毛利率	
成本费用率	
销售净利率	
营业收入	
每股经营现金流	
净资产收益率	

附表5－3　　客户维度影响企业绩效的指标

指标名称	影响程度
客户满意度	
产品交付速度	
客户交互紧密度	
客户数据资源拥有量	
个性化定制水平	
市场份额	

附表5－4　　内部流程维度影响企业绩效的指标

指标名称	影响程度
产品生产周期	
瞬时决策能力	
高端产品占比	
绿色生产能力	
数据共享水平	
制造敏捷程度	

附表5－5　　学习与成长维度影响企业绩效的指标

指标名称	影响程度
数字化覆盖率	
员工与数字系统融合度	
员工人均培训投入	
员工知识水平	
新增专利数量	

附表5－6　　1—9标度对应表

标度	等级
1	两者相比，同样重要
3	前者较后者，稍微重要
5	前者较后者，比较重要
7	前者较后者，十分重要
9	前者较后者，绝对重要
2，4，6，8	两相邻判断的中间值

附表 5 – 7　　二级指标相对重要性打分表

	财务维度	客户维度	内部流程维度	学习与成长维度
财务维度				
客户维度				
内部流程维度				
学习与成长维度				

附表 5 – 8　　财务维度指标两两比较

	净资产收益率	成本费用利润率	每股经营现金流	销售净利率
净资产收益率				
成本费用利润率				
每股经营现金流				
销售净利率				

附表 5 – 9　　客户维度指标两两比较

	客户满意度	客户交互紧密	产品交付速度	个性化定制水平
客户满意度				
客户交互紧密度				
产品交付速度				
个性化定制水平				

附表 5 – 10　　内部流程维度指标两两比较

	绿色生产能力	高端产品占比	瞬时决策能力	产品生命周期
绿色生产能力				
高端产品占比				
瞬时决策能力				
产品生命周期				

附表 5 – 11　　学习与成长维度指标两两比较

	专利新增数量	数字化覆盖率	员工与数字系统融合度	员工人均培训投入
专利新增数量				
员工与数字系统融合度				
数字化覆盖程度				
员工人均培训投入				

附表 5－12　　LP 科技专业人员指标重要性打分表

维度	指标	打分权重
财务	净资产收益率	100%
	营业毛利率	82%
	成本费用率	92%
	销售净利率	100%
	营业收入	87%
	每股经营现金流	89%
客户	客户满意度	100%
	产品交付速度	97%
	客户交互紧密度	92%
	客户数据资源拥有量	89%
	个性化定制水平	96%
	市场份额	89%
内部流程	产品生产周期	100%
	瞬时决策能力	100%
	高端产品占比	99%
	绿色生产能力	96%
	数据共享水平	82%
	制造敏捷程度	89%
学习与成长	数字化覆盖程度	89%
	员工与数字系统融合度	100%
	员工人均培训投入	93%
	员工知识水平	87%
	新增专利数量	100%
	员工保持率	78%

附表 5－13　　LP 科技专业人员考核指标选定表

维度	指标	选定结果
财务	净资产收益率	√
	营业毛利率	
	成本费用率	√
	销售净利率	√
	营业收入	
	每股经营现金流	√

续表

维度	指标	选定结果
客户	客户满意度	√
	产品交付速度	√
	客户交互紧密度	√
	客户数据资源拥有量	
	个性化定制水平	√
	市场份额	
内部流程	产品生产周期	√
	瞬时决策能力	√
	高端产品占比	√
	绿色生产能力	√
	数据共享水平	
	制造敏捷程度	
学习与成长	数字化覆盖程度	√
	员工与数字系统融合度	√
	员工人均培训投入	√
	员工知识水平	
	新增专利数量	√
	员工保持率	

附表 5－14　　每一层对上一层级目标权重排序表

决策层		中间层		方案层	
指标	权重	指标	权重	指标	权重
企业绩效	1	财务	0.4448	净资产收益率	0.4474
				销售净利率	0.3301
				每股经营现金流	0.1618
				成本费用利润率	0.0607
		客户	0.3349	客户满意度	0.4572
				客户交互紧密度	0.0618
				产品交付速度	0.2878
				个性化定制水平	0.1932

续表

决策层		中间层		方案层	
指标	权重	指标	权重	指标	权重
企业绩效	1	内部流程	0. 1386	产品生命周期	0. 1208
				瞬时决策能力	0. 0849
				高端产品占比	0. 5132
				绿色生产能力	0. 2811
		学习与成长	0. 0817	专利新增数量	0. 4918
				员工与数字系统融合度	0. 3383
				数字化覆盖程度	0. 0603
				员工人均培训投入	0. 1097